Sascha Spoun

# Erfolgreich studieren

2., aktualisierte Auflage

Bibliografische Information der deutschen Nationalbibliothek
Die Deutsche Nationalbibliothek verzeichnet diese Publikation in der Deutschen Nationalbibliografie;
detaillierte bibliografische Daten sind im Internet über http://dnb.d-nb.de abrufbar.

10   9   8   7   6   5   4   3   2   1


13   12   11



ISBN 978-3-86894-048-0



© 2011 Pearson Studium
ein Imprint der Pearson Education Deutschland GmbH,
Martin-Kollar-Straße 10-12, D-81829 München/Germany
Alle Rechte vorbehalten
www.pearson-studium.de
Lektorat: Martin Milbradt, mmilbradt@pearson.de
          Alice Kachnij, akachnij@pearson.de
Korrektorat: Wolfgang W.H. Löffler, München
Einbandgestaltung: Thomas Arlt, tarlt@adesso21.net
Titelfoto: Gettyimages Deutschland, Fotograf: Alan Thornton
Herstellung: Martha Kürzl-Harrison, mkuerzl@pearson.de
Satz: mediaService, Siegen (www.mediaservice.tv)
Druck und Verarbeitung: Kösel, Krugzell (www.KoeselBuch.de)


Printed in Germany

# Inhaltsübersicht

**Vorwort**  . . . . . . . . . . . . . . . . . . . . . . . . . . . . . . . . . . . . . . . . . . .  11

**Kapitel1**  **Leben und lernen**  . . . . . . . . . . . . . . . . . . . . . . . . . . . . .  13

**Kapitel 2**  **Forschend studieren** . . . . . . . . . . . . . . . . . . . . . . . . . . .  67

**Kapitel 3**  **Überzeugend argumentieren** . . . . . . . . . . . . . . . . . . . . 129

**Kapitel 4**  **Wirkungsvoll präsentieren** . . . . . . . . . . . . . . . . . . . . . 169

**Register**  . . . . . . . . . . . . . . . . . . . . . . . . . . . . . . . . . . . . . . . . . . . . 203

# Inhaltsverzeichnis

**Vorwort**                                                                                    11

**Kapitel 1    Leben und lernen**                                                             13

1.1    Selbstorganisation . . . . . . . . . . . . . . . . . . . . . . . . . . . . . . . . . . . . . . . .    14
1.2    Zeitmanagement. . . . . . . . . . . . . . . . . . . . . . . . . . . . . . . . . . . . . . . .    17
    1.2.1    Einen Zeitplan aufstellen . . . . . . . . . . . . . . . . . . . . . . . .    17
    1.2.2    Sich selbst beobachten . . . . . . . . . . . . . . . . . . . . . . . . .    21
    1.2.3    Journal führen . . . . . . . . . . . . . . . . . . . . . . . . . . . . . . .    22
1.3    Lernen . . . . . . . . . . . . . . . . . . . . . . . . . . . . . . . . . . . . . . . . . . . . .    24
    1.3.1    Motivation, Konzentration und Emotionen . . . . . . . . . . . . .    25
    1.3.2    Schlaf, Ernährung und Bewegung . . . . . . . . . . . . . . . . . .    28
    1.3.3    Planung mit Methode . . . . . . . . . . . . . . . . . . . . . . . . . .    30
        1.3.3.1    Zeitanalyse . . . . . . . . . . . . . . . . . . . . . . . . .    30
        1.3.3.2    Planerstellung . . . . . . . . . . . . . . . . . . . . . . . .    31
        1.3.3.3    Biorhythmus und Pausen . . . . . . . . . . . . . . . . . .    33
    1.3.4    Idealtypischer Lernprozess . . . . . . . . . . . . . . . . . . . . . .    35
        1.3.4.1    Strukturieren. . . . . . . . . . . . . . . . . . . . . . . . .    35
        1.3.4.2    Assoziationen und Beispiele . . . . . . . . . . . . . . . .    37
        1.3.4.3    Wiederholen . . . . . . . . . . . . . . . . . . . . . . . . .    38
1.4    Teamarbeit . . . . . . . . . . . . . . . . . . . . . . . . . . . . . . . . . . . . . . . . . .    40
    1.4.1    Sinn und Zweck. . . . . . . . . . . . . . . . . . . . . . . . . . . . . .    40
    1.4.2    Sozialer Bezugspunkt Team . . . . . . . . . . . . . . . . . . . . . .    42
    1.4.3    Prozess des Zusammenarbeitens. . . . . . . . . . . . . . . . . . .    43
    1.4.4    Typische Probleme und ihr Gegenmittel . . . . . . . . . . . . . .    48
1.5    Lesen. . . . . . . . . . . . . . . . . . . . . . . . . . . . . . . . . . . . . . . . . . . . . .    50
    1.5.1    Überblick . . . . . . . . . . . . . . . . . . . . . . . . . . . . . . . . . .    51
    1.5.2    Textlektüre . . . . . . . . . . . . . . . . . . . . . . . . . . . . . . . . .    52
    1.5.3    Nachbereitung . . . . . . . . . . . . . . . . . . . . . . . . . . . . . . .    58
    1.5.4    Hermeneutik als Verfahren des Verstehens . . . . . . . . . . . .    58
        1.5.4.1    Geschichte der Hermeneutik . . . . . . . . . . . . . . .    58
        1.5.4.2    Hermeneutische Zirkel. . . . . . . . . . . . . . . . . . .    60
        1.5.4.3    Hermeneutik und Positivismus . . . . . . . . . . . . . .    61
1.6    Literatur . . . . . . . . . . . . . . . . . . . . . . . . . . . . . . . . . . . . . . . . . . .    63
    1.6.1    Zur Selbstorganisation. . . . . . . . . . . . . . . . . . . . . . . . . .    63
    1.6.2    Zum Lernen . . . . . . . . . . . . . . . . . . . . . . . . . . . . . . . . .    63
    1.6.3    Zur Teamarbeit. . . . . . . . . . . . . . . . . . . . . . . . . . . . . . .    64
    1.6.4    Zum Lesen . . . . . . . . . . . . . . . . . . . . . . . . . . . . . . . . .    66

**Kapitel 2    Forschend studieren**                                                          67

2.1    Bedeutung wissenschaftlichen Forschens . . . . . . . . . . . . . . . . . . . . .    68
    2.1.1    Idee der Forschung . . . . . . . . . . . . . . . . . . . . . . . . . . . .    69
    2.1.2    Wissenschaftliche Modelle und Theorien . . . . . . . . . . . . . .    71

2.2 Quellen und ihre Nutzung . . . . . . . . . . . . . . . . . . . . . . . . . . . . . . . . 74
    2.2.1 Typen von Quellen . . . . . . . . . . . . . . . . . . . . . . . . . . . . . . . . 75
    2.2.2 Qualität von Quellen . . . . . . . . . . . . . . . . . . . . . . . . . . . . . . . 77
        2.2.2.1 Veröffentlichungskontext . . . . . . . . . . . . . . . . . . . . 78
        2.2.2.2 Autor . . . . . . . . . . . . . . . . . . . . . . . . . . . . . . . . . . . 83
        2.2.2.3 Text . . . . . . . . . . . . . . . . . . . . . . . . . . . . . . . . . . . . 84
    2.2.3 Literaturrecherche . . . . . . . . . . . . . . . . . . . . . . . . . . . . . . . . 85
        2.2.3.1 Zugang 1: Bibliothek . . . . . . . . . . . . . . . . . . . . . . . . 85
        2.2.3.2 Zugang 2: Datenbanken . . . . . . . . . . . . . . . . . . . . . 88
        2.2.3.3 Zugang 3: Google, Wikipedia & Co. . . . . . . . . . . . . 94
        2.2.3.4 Umfang der Literaturrecherche . . . . . . . . . . . . . . . 95
    2.2.4 Quellenauswertung . . . . . . . . . . . . . . . . . . . . . . . . . . . . . . . 96
        2.2.4.1 Richtig einsteigen . . . . . . . . . . . . . . . . . . . . . . . . . 96
        2.2.4.2 Kritisch sein . . . . . . . . . . . . . . . . . . . . . . . . . . . . . 97
        2.2.4.3 Vom Exzerpieren zum Schreiben kommen . . . . . . . . 98
    2.2.5 Zitieren . . . . . . . . . . . . . . . . . . . . . . . . . . . . . . . . . . . . . . . . 99
        2.2.5.1 Motive und Prinzipien . . . . . . . . . . . . . . . . . . . . . . 99
        2.2.5.2 Zitierregeln . . . . . . . . . . . . . . . . . . . . . . . . . . . . . 101
2.3 Entwicklung einer eigenen Forschungsfrage . . . . . . . . . . . . . . . . . . 103
    2.3.1 Funktionen . . . . . . . . . . . . . . . . . . . . . . . . . . . . . . . . . . . . 104
    2.3.2 Anforderungen . . . . . . . . . . . . . . . . . . . . . . . . . . . . . . . . . 104
    2.3.3 Methodisches und kreatives Vorgehen . . . . . . . . . . . . . . . . . 106
    2.3.4 Forschungsfrage und Methodenwahl . . . . . . . . . . . . . . . . . . 112
2.4 Forschung in der Reflexion: Wissenschaftstheorie . . . . . . . . . . . . . 113
    2.4.1 Beschreibende, erklärende und begründende Forschung . . . . . 113
    2.4.2 Wissenschaftstheoretische Grundpositionen . . . . . . . . . . . . . 116
        2.4.2.1 Kritischer Rationalismus . . . . . . . . . . . . . . . . . . . . 117
        2.4.2.2 Paradigmenwechsel . . . . . . . . . . . . . . . . . . . . . . . 119
        2.4.2.3 Konstruktivismus . . . . . . . . . . . . . . . . . . . . . . . . . 120
        2.4.2.4 Werturteilsstreit . . . . . . . . . . . . . . . . . . . . . . . . . 121
2.5 Literatur . . . . . . . . . . . . . . . . . . . . . . . . . . . . . . . . . . . . . . . . . . . 123
    2.5.1 Zum Umgang mit Quellen . . . . . . . . . . . . . . . . . . . . . . . . . 123
    2.5.2 Zu Forschungsfrage und Wissenschaftstheorie . . . . . . . . . . . 124

**Kapitel 3 Überzeugend argumentieren**     129
3.1 Arbeitshaltung . . . . . . . . . . . . . . . . . . . . . . . . . . . . . . . . . . . . . . 130
    3.1.1 Schreiben heißt Gedanken strukturieren . . . . . . . . . . . . . . . 130
    3.1.2 Nicht berichten, sondern überzeugen wollen . . . . . . . . . . . . 133
    3.1.3 Für die Leser schreiben . . . . . . . . . . . . . . . . . . . . . . . . . . . 134
3.2 Schreiben als Prozess . . . . . . . . . . . . . . . . . . . . . . . . . . . . . . . . . 134
    3.2.1 Entwerfen und Verwerfen . . . . . . . . . . . . . . . . . . . . . . . . . 135
    3.2.2 Reflexion des eigenen Schreibprozesses . . . . . . . . . . . . . . . 137
    3.2.3 Schreibstil verbessern . . . . . . . . . . . . . . . . . . . . . . . . . . . . 137
        3.2.3.1 Seinen Stil analysieren . . . . . . . . . . . . . . . . . . . . . 137
        3.2.3.2 Grammatikalisch korrekt schreiben . . . . . . . . . . . . 138
        3.2.3.3 Angemessene Sprache einsetzen . . . . . . . . . . . . . . 142
        3.2.3.4 Verständlich strukturieren . . . . . . . . . . . . . . . . . . 144

3.3     Aufbau eines Arguments . . . . . . . . . . . . . . . . . . . . . . . . . . . . . . . 145
        3.3.1     These . . . . . . . . . . . . . . . . . . . . . . . . . . . . . . . . . . . . . . 146
        3.3.2     Begründung/Beweis. . . . . . . . . . . . . . . . . . . . . . . . . . . 147
        3.3.3     Einschränkungen . . . . . . . . . . . . . . . . . . . . . . . . . . . . . 149
        3.3.4     Weltbild . . . . . . . . . . . . . . . . . . . . . . . . . . . . . . . . . . . 150
3.4     Aufbau einer wissenschaftlichen Arbeit. . . . . . . . . . . . . . . . . . 152
        3.4.1     Titel . . . . . . . . . . . . . . . . . . . . . . . . . . . . . . . . . . . . . . 152
        3.4.2     Abstract . . . . . . . . . . . . . . . . . . . . . . . . . . . . . . . . . . . 152
        3.4.3     Inhaltsverzeichnis . . . . . . . . . . . . . . . . . . . . . . . . . . . 153
        3.4.4     Einleitung. . . . . . . . . . . . . . . . . . . . . . . . . . . . . . . . . . 154
        3.4.5     Hauptteil . . . . . . . . . . . . . . . . . . . . . . . . . . . . . . . . . . 156
        3.4.6     Schluss/Zusammenfassung. . . . . . . . . . . . . . . . . . . . . 158
        3.4.7     Quellen-/Literaturverzeichnis. . . . . . . . . . . . . . . . . . 159
        3.4.8     Anhang. . . . . . . . . . . . . . . . . . . . . . . . . . . . . . . . . . . 160
3.5     Bewertungskriterien wissenschaftlicher Arbeiten . . . . . . . . . . 160
        3.5.1     Umgang mit dem Thema (Forschungsfrage). . . . . . . . . 161
        3.5.2     Inhalt . . . . . . . . . . . . . . . . . . . . . . . . . . . . . . . . . . . . 161
        3.5.3     Struktur . . . . . . . . . . . . . . . . . . . . . . . . . . . . . . . . . . 162
        3.5.4     Formale Qualität . . . . . . . . . . . . . . . . . . . . . . . . . . . . 163
3.6     Kommentiertes Beispiel einer Seminararbeit . . . . . . . . . . . . . . 164
3.7     Literatur . . . . . . . . . . . . . . . . . . . . . . . . . . . . . . . . . . . . . . . . . 166

**Kapitel 4     Wirkungsvoll präsentieren                              169**
4.1     Grundlagen kennen . . . . . . . . . . . . . . . . . . . . . . . . . . . . . . . . . 170
        4.1.1     Klassische Rede . . . . . . . . . . . . . . . . . . . . . . . . . . . . . 171
        4.1.2     Vier Ebenen einer Präsentation. . . . . . . . . . . . . . . . . . 172
4.2     Präsentationen konzipieren. . . . . . . . . . . . . . . . . . . . . . . . . . . . 173
        4.2.1     Adressaten analysieren . . . . . . . . . . . . . . . . . . . . . . . . 173
        4.2.2     Ziele festlegen . . . . . . . . . . . . . . . . . . . . . . . . . . . . . . 174
        4.2.3     Rahmenbedingungen aufnehmen . . . . . . . . . . . . . . . . 175
        4.2.4     Systematisch gliedern . . . . . . . . . . . . . . . . . . . . . . . . 177
        4.2.5     Verständlich visualisieren. . . . . . . . . . . . . . . . . . . . . . 177
                  4.2.5.1     Gestalten von Textfolien. . . . . . . . . . . . . . . . 177
                  4.2.5.2     Darstellen konzeptioneller Zusammenhänge . . . . . . . . . . 179
                  4.2.5.3     Umsetzen von quantitativen Daten in Graphiken . . . . . . . 181
                  4.2.5.4     Präsentationen als Ganze gestalten . . . . . . . . . . . . . . . . 188
4.3     Präsentationen durchführen . . . . . . . . . . . . . . . . . . . . . . . . . . . 191
        4.3.1     Haltung. . . . . . . . . . . . . . . . . . . . . . . . . . . . . . . . . . . 191
        4.3.2     Verhalten . . . . . . . . . . . . . . . . . . . . . . . . . . . . . . . . . 192
        4.3.3     Umgang mit der Technik . . . . . . . . . . . . . . . . . . . . . . 193
4.4     In Diskussionen bestehen . . . . . . . . . . . . . . . . . . . . . . . . . . . . 194
4.5     Checkliste. . . . . . . . . . . . . . . . . . . . . . . . . . . . . . . . . . . . . . . . . 199
4.6     Literatur . . . . . . . . . . . . . . . . . . . . . . . . . . . . . . . . . . . . . . . . . 201

**Register                                                             203**

# Vorwort

Dieses Handbuch möchte Ihnen ein selbstständiges Studium erleichtern. Deshalb werden gezielte Impulse angeboten, den eigenen Arbeits- und Schreibstil zu erkennen und zu verbessern. Die Leserin bzw. der Leser hält entsprechend weder fertige Rezepte noch ein wissenschaftliches Fachbuch über Lern-, Forschungs- und Schreibmethoden in den Händen, sondern die Quintessenz einer systematischen Analyse der Studienprozesse, insbesondere wie sie sich in Bachelor- und Masterstudiengängen darstellen. Es geht um die für ein erfolgreiches Studium notwendigen Erkenntnisse, Methoden und Anstöße zur Reflexion. So sollen Sie durch wissenschaftliches Arbeiten Ihre Studienziele erreichen können und sich persönlich weiterentwickeln.

Die Themen entsprechen den Teilen selbstorganisierten wissenschaftlichen Arbeitens, nämlich der Gestaltung der Lebens- und Studienzeit (Kapitel 1), der Teilhabe am Forschungsbetrieb (Kapitel 2) sowie der Darstellung der Ergebnisse und Erkenntnisse schriftlich (Kapitel 3) und mündlich (Kapitel 4). Thematisiert werden praktische und pragmatische Schritte, auch und gerade wenn große und hohe Anforderungen gestellt werden.

Grundlage bilden die Erfahrungen der Neukonzeption der Lehre der Universität St. Gallen (HSG) seit 1999 und entsprechender Lehrveranstaltungen mit bereits zehn Studierendenjahrgängen, deren fünf der Wirtschaftswissenschaften der Universität Zürich sowie vielfältiger Evaluationen, Diskussionen und Publikationen der letzten Jahre. Dazu gehört auch die Online-Plattform *www.studycube.ch*. Für jahrelange inspirierende gemeinsame Arbeit und Lehrtätigkeit danke ich besonders Prof.(em) Dr. Christoph Metzger und Prof. Dr. Sabine Seufert sowie Dr. Christel Brüggenbrock sehr herzlich. Dank gilt auch den ehemaligen Mitarbeitenden, die bereits mit so großem Engagement zur ersten Auflage beigetragen haben, Dr. Dominik Domnik, Dr. Volker Bernhard und Dr. Christian Erk. Dem Pearson Verlag und den betreuenden Mitarbeitenden danke ich für die hervorragende Begleitung. Studierenden sowie den Leserinnen und Lesern danke ich sehr herzlich für ihre Fragen und ihr Feedback und damit die Verbundenheit. Auf weiteren Dialog freue ich mich (*sascha@spoun.org*).


St. Gallen

*Sascha Spoun*

# Leben und lernen

**1.1 Selbstorganisation** . . . . . . . . . . . . . . . . . . . . . . . . . . . . . 14

**1.2 Zeitmanagement** . . . . . . . . . . . . . . . . . . . . . . . . . . . . . . . 17
   1.2.1  Einen Zeitplan aufstellen . . . . . . . . . . . . . . . . . . . . . 17
   1.2.2  Sich selbst beobachten . . . . . . . . . . . . . . . . . . . . . . 21
   1.2.3  Journal führen . . . . . . . . . . . . . . . . . . . . . . . . . . . 22

**1.3 Lernen** . . . . . . . . . . . . . . . . . . . . . . . . . . . . . . . . . . . . 24
   1.3.1  Motivation, Konzentration und Emotionen . . . . . . . . . 25
   1.3.2  Schlaf, Ernährung und Bewegung . . . . . . . . . . . . . . . 28
   1.3.3  Planung mit Methode . . . . . . . . . . . . . . . . . . . . . . 30
   1.3.4  Idealtypischer Lernprozess . . . . . . . . . . . . . . . . . . . 35

**1.4 Teamarbeit** . . . . . . . . . . . . . . . . . . . . . . . . . . . . . . . . . 40
   1.4.1  Sinn und Zweck . . . . . . . . . . . . . . . . . . . . . . . . . . 40
   1.4.2  Sozialer Bezugspunkt Team . . . . . . . . . . . . . . . . . . 42
   1.4.3  Prozess des Zusammenarbeitens . . . . . . . . . . . . . . . 43
   1.4.4  Typische Probleme und ihr Gegenmittel . . . . . . . . . . 48

**1.5 Lesen** . . . . . . . . . . . . . . . . . . . . . . . . . . . . . . . . . . . . 50
   1.5.1  Überblick . . . . . . . . . . . . . . . . . . . . . . . . . . . . . . 51
   1.5.2  Textlektüre . . . . . . . . . . . . . . . . . . . . . . . . . . . . . 52
   1.5.3  Nachbereitung . . . . . . . . . . . . . . . . . . . . . . . . . . 58
   1.5.4  Hermeneutik als Verfahren des Verstehens . . . . . . . . . 58

**1.6 Literatur** . . . . . . . . . . . . . . . . . . . . . . . . . . . . . . . . . . 63
   1.6.1  Zur Selbstorganisation . . . . . . . . . . . . . . . . . . . . . 63
   1.6.2  Zum Lernen . . . . . . . . . . . . . . . . . . . . . . . . . . . . 63
   1.6.3  Zur Teamarbeit . . . . . . . . . . . . . . . . . . . . . . . . . . 64
   1.6.4  Zum Lesen . . . . . . . . . . . . . . . . . . . . . . . . . . . . . 66

**1**

ÜBERBLICK

Das erste Kapitel behandelt die zentrale Herausforderung jedes Studiums, sich selbst zu organisieren und die Kulturtechniken des Lernens, Zusammenarbeitens und Lesens. Im ersten Abschnitt geht es um die 1.1 Selbstorganisation, die jedem erfolgreichen Studium zugrunde liegt, kurz den Habitus einer Studentin bzw. eines Studenten. Man kann dies als eine Leseanleitung verstehen, wie man sinnvoll mit diesem Buch umgeht. Anschließend (1.2) werden mit Zeitplanung, (Selbst-)Beobachtung und Führen eines Journals drei Techniken behandelt, die die Selbstorganisation wesentlich vereinfachen. Kapitel 1.3 zum Lernen widmet sich Aspekten effektiverer Lernprozesse. Zur Teamarbeit (1.4) werden Rollen, Aufgaben und Prozesse gemeinsamen Arbeitens mit Dritten thematisiert. Leseprozesse zu verbessern, ist Gegenstand des Kapitels 1.5.

## 1.1    Selbstorganisation

Zunächst mag es ungewöhnlich sein, ein Buch über erfolgreiches Studieren mit einer so allgemeinen und grundsätzlichen Frage wie derjenigen der Selbstorganisation zu beginnen. Versteht man jedoch die Bedeutung eines Studiums in vollem Umfang und betrachtet die verschiedenen studentischen Lebensmodelle, kommt man zwangsläufig zu der Einsicht, dass es beim Studium um mehr geht als die Vorbereitung einer zukünftigen Berufstätigkeit. Es geht um eine eigenständige Lebensphase, um intellektuelle wie persönliche Entwicklung.

Das Verbum „studere" bedeutet so viel wie „sich ernsthaft um etwas bemühen". Das Studium erfordert kein passives Aufnehmen, wie wir es etwa vom Fernsehen kennen, sondern aktive Gestaltung: intellektuelle wie emotionale Präsenz und die damit verbundene Selbstorganisation. Schule, Lehre oder die Ausübung einer Berufstätigkeit sind dagegen inhaltlich, methodisch und hinsichtlich des Ablaufs stark vorstrukturiert und oft reglementiert durch genau spezifizierte Richtlinien. Das Studium bietet mehr Entfaltungsspielraum und Flexibilität. Diese Freiheit ist Segen und Fluch zugleich. Sie werden es schätzen lernen, Ihre eigenen Präferenzen zu setzen und Ihren Vorlieben nachzugehen, wenn Sie Ihre zeitliche Taktung selbst bestimmen können. Andererseits erfordert diese Freiheit auch Nachdenken über sich selbst (Selbstreflexion) und entsprechende Selbstverantwortung, um überhaupt eine erfolgreiche Selbstorganisation und damit ein Studium verwirklichen zu können.

Wir müssen jeweils Unternehmer in eigener Sache werden. Deshalb wird es Ihre Aufgabe sein, Chancen und Risiken zu identifizieren, Alternativen abzuwägen und Entscheidungen zu treffen. Dies nicht nur, um erfolgreich zu studieren, sondern auch, um selbstbestimmt ein eigenes Leben zu entwickeln. So modern diese Gedanken klingen mögen, allein sie entspringen einer dauernden Fortschreibung europäischer Geistesentwicklung. „Denn mit gutem Grunde nennen die Alten das Menschsein humanitas, Bildung. Die Bildung ist durch und durch historischer Natur, und der Inhalt der Geschichte ist die rastlos werdende humanitas, die fortschreitende Bildung."[1] Gleichwohl hilft die Metapher des Lebensunternehmers dabei, die Tragweite dieser Erkenntnis zu begreifen. Möglichkeiten und Chancen stehen jedem offen, man muss sie indes nutzen. Die hier genannte Forderung entspricht unverkennbar der Humboldtschen Idee von Bildung durch Wissenschaft und bedarf eines ganzheitlichen Verständnisses der Verbindung von fachlicher Kompetenz mit reflektierter Persönlichkeitsbildung. Ein erfolgreiches Studium, das über den Erwerb eines Abschlusszertifikats hinausgeht, umfasst sein fachliches Profil (Fach- und Methodenkompetenz, Disziplinäre Basen, Schwerpunkte), sein internationales Profil (Fremdsprachenkenntnisse, Auslandserfahrungen, Kulturbewusstsein), sein praktisches Profil (Arbeitserfahrung, Sozialdienste, Praktika) und sein persönliches Profil (Werte, Interessen, sozialer Umgang) zu entwickeln. Letztlich ist es eine Frage der Selbstverantwortung, inwiefern man diese Rolle des selbständig Seins, des Unternehmers bzw. der Unternehmerin, anerkennt und annimmt sowie Bereitschaft verspürt, an sich selbst zu arbeiten. Voraussetzung und Grundlage der Selbstverantwortung ist die Selbstreflexion, die Selbsterkenntnis („*Gnōthi Seautōn*" – „Erkenne dich selbst").[2]

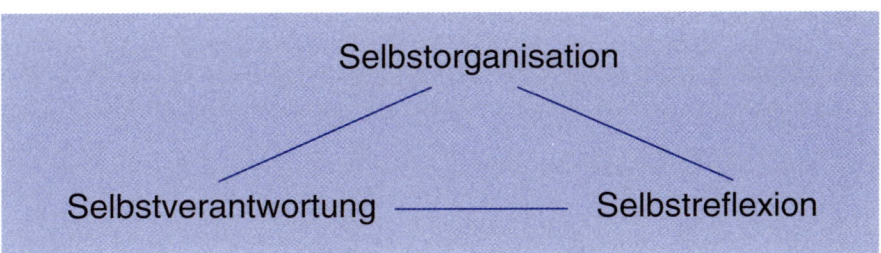

**Abbildung 1.1:** Selbstorganisation

Der hier skizzierte Habitus eines selbständigen und selbstverantwortlichen Studenten geht von einem autonomen Individuum aus und bedingt auch die Auseinandersetzung mit Maximen, die das wissenschaftliche Leben und Arbeiten bestimmen. Dies mag manchem zu abgehoben oder pathetisch erscheinen, erweist sich jedoch in jeder Hinsicht als aktuell und notwendig: In der Wissenschaft und somit auch im Studium

---

1 Dies ist ein bekanntes Zitat des Hegelschülers und Historikers Johann Gustav Droysen aus dessen Aufsatzsammlung *Historik: Vorlesungen über Enzyklopädie und Methodologie der Geschichte*. Die hier verwendete Passage ist zitiert nach Sascha Spoun und Werner Wunderlich, „Was Polybios an einer modernen Universität zu suchen hat. Der Bildungswert klassischer Sprachen bleibt aktuell", *Schweizerische Monatshefte für Politik, Wirtschaft, Kultur* 83.2 (2003): 15.

2 Am Tempel des Apoll in Delphi soll folgendes Motto gestanden haben: „*Gnôthi Seautôn*" – „Erkenne dich selbst". Es beantwortete Sokrates' Frage an die Pythia nach dem eigenen Lebensziel.

suchen wir nach Wahrheit. Die Suche nach der Wahrheit ist Quelle und Ziel der Wissenschaft. Sie treibt an, setzt Energien frei, motiviert und spendet Identität oder gibt gar manchem Lebenssinn. Eine so definierte Neugier entsteht aus Interesse am Gegenstand und eben nicht aus einer wie auch immer gearteten Relevanz für Drittes, seien es Geld, Karriere oder Annahmen über die Praxis. Die Suche nach der Wahrheit impliziert Redlichkeit in Bezug auf die eigenen Methoden und im Umgang mit den Ideen anderer. Sie erfordert Respekt dem Untersuchungsgegenstand selbst und den Kollegen gegenüber. Als Mitglied der Wissenschaftsgemeinschaft ist man bescheiden. Bescheidenheit besteht in der Fähigkeit, die eigene Begrenztheit anzuerkennen und ein Gespür für die Realität zu entwickeln. Diese Fähigkeit äußert sich in der Einordnung der eigenen Leistungen und in der Anerkennung Dritter, selbst wenn manche Dinge leicht und banal erscheinen und man selbst bislang Erfolg hatte, auch ohne andere zu würdigen.

Für ein die Maximen wissenschaftlichen Arbeitens reflektierendes, sich selbst kritisch hinterfragendes, der Selbstverantwortung verpflichtetes Studieren bietet dieses Buch einige Methoden an, weil eine gute Selbstorganisation erfolgreiche von nicht oder wenig erfolgreichen Studierenden scheidet. Die getroffene Auswahl und die Empfehlungen basieren auf einer zehnjährigen Beschäftigung mit Studienkonzepten und auf Beobachtung der Arbeitsprozesse verschiedener Studierendengenerationen an verschiedenen Universitäten. Das Buch dient Ihnen als Unterstützung, für Sie selbst und eigenständig das Vorgehen zu finden, mit dem Sie die größten (Lern-)Fortschritte erzielen und letztlich auch mit höherer Wahrscheinlichkeit „Ihren Erfolg" finden werden. Hierbei verstehen wir Erfolg nicht nur als Kompetenzerwerb und gut bestandenen Studienabschluss, sondern vor allem als Weiterentwicklung seiner eigenen Persönlichkeit durch das Studium basierend auf einer überlegten Arbeitsmethode. Sie sollen sich für Ihre Arbeitsweise bewusst entscheiden und diese verwenden können, indem Sie Alternativen prüfen und ausprobieren, die Methoden variieren und über die Zeit anpassen. Sie werden nun schrittweise die Selbstorganisation der wichtigsten Aktivitäten im Studium erlernen, zu denen diese Graphik eine Übersicht gibt:

**Abbildung 1.2:** Aufbau des Buches

Der einführende Text dieses Kapitels zur Selbstorganisation (*1.1*) stellt den Ausgangs- und Bezugspunkt der drei nachfolgenden Kapitel dar: Forschend Studieren (*2*), Überzeugend Argumentieren (*3*) und Wirkungsvoll Präsentieren (*4*). Diese sind die unserer Ansicht nach wichtigsten „Handlungen" des Studierens und bilden insofern ein Ganzes. Sie stellen den Prozess des Studierens dar.

Die Kapitel können auch unabhängig voneinander genutzt werden und Sie bei einer spezifischen Arbeit und über eine ganze Lernphase begleiten. Sie können das Buch folglich als Referenz bei auftauchenden Fragen oder Schwierigkeiten verwenden oder, was dringend empfohlen sei, zur Überprüfung und Anpassung der eigenen Praxis gebrauchen und somit Ansatzpunkte für eine Weiterentwicklung finden. Gerade wenn Sie nur einzelne Kapitel lesen, mögen Sie wissen, dass es sich um eine idealtypische Trennung der Teile des Studienprozesses aus Gründen der Didaktik und der Veranschaulichung handelt. In der Realität sind die Schritte beispielsweise folgendermaßen verbunden: Wenn Sie einen Zeitschriftenartikel lesen, werden Sie diesen immer auch vorher mit einer Recherche identifiziert und aufgefunden haben und bei der Lektüre etwas dazulernen.

Jede Leserin wird zu einigen oder allen der behandelten Inhalte ein implizites oder explizites Vorwissen mitbringen. Insofern offeriert das vorliegende Werk nichts kategorisch Neues. Doch hilft es immer, sich über die eigene Studienpraxis Gedanken zu machen. Der Neuigkeitsgehalt liegt ergo in seiner Wirkung auf die individuelle Auseinandersetzung mit dieser Tätigkeit und nicht in der inhaltlichen Aussage.

Vielleicht mag nach der Lektüre der Prinzipien der Eindruck entstehen, dieser Text sei weltfremd und basiere auf einer unrealistischen Vorstellung des „Studierens". Doch gehen wir dieses Risiko bewusst ein, da gerade in der Selbstorganisation und der damit verbundenen Haltung der Unterschied zwischen erfolgreichen und weniger erfolgreichen Studienverläufen liegt. Als zusätzliche Herausforderung zeigt sich, dass wir die Einsicht für etwas vermitteln möchten, das manchem Leser noch unbekannt ist und in seiner Bedeutung und Relevanz erst später zugänglich wird. Ein Vertrauensvorschuss ist dafür notwendig. Die Erfahrungen aus dem universitären Kontext zeigen, dass man natürlich bereits einen Nutzen aus der technischen Anwendung der Inhalte ziehen kann. Das volle Potenzial dagegen kann sich nur entfalten, wenn Sie sich auf eine systematische und reflektierte Selbstorganisation entlassen.

## 1.2 Zeitmanagement

Der nun folgende Teil behandelt Techniken der Selbstorganisation.

### 1.2.1 Einen Zeitplan aufstellen

Eine Zeitplanung ermöglicht es, über ein und mehrere Semester verteilt, Aufgaben, Aktivitäten, Termine, Freizeit und Prüfungen zu erfassen und zu planen. Neben der Übersicht, welche verhindert, dass Sie Termine verpassen, hat dieses Vorgehen den Zweck, eine höhere Dringlichkeit für wichtige Arbeiten im Studium, die zwar zeitlich noch entfernter liegen, aber bereits heute angegangen werden müssen, weil sonst die Zeit zu knapp wird, herzustellen. Diese Dringlichkeit ist notwendig, um die Motivation zum „Studieren", d.h. konsequentem Arbeiten und Lernen, zu erhöhen. Ganz konkret geht es z.B. um die Aufgabe, sich im November für die Vorbereitung einer im März anstehenden Prüfung zu motivieren.

Die Universität geht in der Regel bei einer Studienkonzeption davon aus, dass das Studium eine Vollzeitbeschäftigung ist, d.h. alle verfügbare Zeit und Kraft darauf verwendet und die übrige Zeit zur Erholung genutzt wird, um neue Studienleistungen erbringen zu können. Es empfiehlt sich deswegen, neben dem Studium weniger parallel als vielmehr sequenziell andere Dinge zu tun. Auf eine konzentrierte Studienphase kann eine „geblockte" Arbeitsphase, z.B. in Form eines Praktikums, folgen. Wenn Sie sich für ein Studium entscheiden, konzentrieren Sie sich darauf und lassen Bisheriges – soweit möglich – auslaufen. In den meisten Studienfächern und Hochschulen umfasst ein Bachelor- bzw. Masterstudienprogramm 60 European Credit Points gemäß dem Transfer System (ECTS) oder etwa 1.800 Arbeitsstunden im Jahr. Dies bedeutet 45 Wochen zu je 40 Stunden reine Studienzeit für einen durchschnittlich begabten Studenten, um eine ausreichende Studienleistung zu erbringen. Diese mit guten Gründen erwartete Studienzeit gilt es auf die einzelnen Studienfächer und Studienleistungen aufzuteilen, wobei die jeweils vergebenen Credit Points (CP) als Maßstab herangezogen werden, sodass ein Credit Point etwa 30 Stunden Arbeitszeit entspricht. Für ein Fach bzw. eine Studienleistung von 4 CPs sind folglich 120 Stunden oder zwei bis drei Arbeitswochen anzusetzen. Aufgrund der Studienleistungen und -prüfungen werden entsprechend im Studienjahr 60 Credit Points, früher allgemein „Scheine" genannt, erworben. Dies ist jedoch lediglich eine grobe Richtlinie, deren Sinn und Angemessenheit für eine Universität durchaus kritisch gesehen werden muss[3], denn sie wird der Idee der Universität als einer vertrauensvollen Gemeinschaft von Lehrenden und Lernenden, die nur der Suche nach Wahrheit verpflichtet ist, kaum gerecht. Vielmehr besteht das Risiko einer Bürokratisierung und einer unangebrachten Arbeitnehmermentalität. Ihre eigentliche Studienzeit hängt von folgenden Faktoren ab:

- dem Vorwissen,
- der Arbeitsmethode und Studienerfahrung, d.h. der Studiengeschwindigkeit,
- den Ambitionen,
- den Ansprüchen der Universität, des jeweiligen Programms und der Dozierenden sowie
- den Kommilitonen; wenn Sie beispielsweise mit leistungsfähigen und motivierten Kollegen zusammenarbeiten, werden Sie nicht nur besser, sondern auch effektiver sein.

Nachfolgend der erste Schritt einer fachlichen Studienplanung anhand des Beispiels der Assessment-Stufe (erstes Studienjahr) der Universität St.Gallen:

---

3   Vgl. Wolfgang Kemp, „Die Selbstfesselung der deutschen Universität. Eine Evaluation", *Merkur. Deutsche Zeitschrift für europäisches Denken* 58.4 (2004): 294-305.

| Fach | Arbeitszeit | | Aufteilung | |
|------|-------------|--|------------|--|
| | Gewichtung in Credit Points zu je 30 Stunden Arbeitszeit (CP) | Zeitvorgabe CP x 30 h | Unterrichtszeit SWS x Wochen/ Semester x 2 (Semester/Jahr) | Selbständiges Arbeiten Zeitvorgabe – Unterrichtszeit |
| Fach 1: BWL | 13 | 390 h | 3 SWS x 12 x 2 = 72 h | 318 h |
| Fach 2: VWL | 11 | 330 h | 3 SWS x 12 x 2 = 72 h | 258 h |
| Fach 3: Recht | 11 | 330 h | 3 SWS x 12 x 2 = 72 h | 258 h |
| Fach 4: Mathe | 7 | 210 h | 3 SWS x 12 x 2 = 72 h | 138 h |
| Fach 5: LWA | 3 | 90 h | 4 SWS x 6 = 24 h | 66 h |
| Fach 6: IPL | 2 | 60 h | 2 SWS x 6 = 12 h | 48 h |
| Fach 7: Philosophie | 2 | 60 h | 2 SWS x 12 = 24 h | 36 h |
| Fach 8: Soziologie | 2 | 60 h | 2 SWS x 12 = 24 h | 36 h |
| Fach 9: Fremdsprache | 4 | 120 h | 2 SWS x 12 x 2 = 48 h | 72 h |
| Hausarbeit | 5 | 150 h | 0 h | 150 h |
| Summen | 60 | 1.800 h | 36 SWS x 12 = 432 h | 1.368 h |

**Tabelle 1.1:** Studienplan

Dies macht deutlich, dass 75 % aller Studienleistungen, immerhin 1.368 Stunden von 1.800 Stunden, durch selbständiges Arbeiten erbracht werden. Anders ausgedrückt: Nur ein Viertel Ihrer Arbeitszeit ist vorstrukturiert durch Lehrveranstaltungen, wobei Sie für viele Ihrer Veranstaltungen, insbesondere Vorlesungen, noch die Freiheit haben, auch diese strukturierte Arbeitszeit durch eigenes Arbeiten zu ersetzen. Wenn Sie allerdings auch nur einen Monat lang die nicht strukturierte Zeit als Freizeit interpretieren und nutzen, werden Sie rasch in große Bedrängnis kommen. In manchen Fächern wird Ihnen noch für einen Teil ein strukturiertes Selbststudium mit verschiedenen Unterstützungsmaßnahmen (Lernplattform, Tutorien, Kick-off Veranstaltung etc.) angeboten.

Mögliche Konsequenzen dieser Aufstellung:

■ Wenn Sie beispielsweise im Fach 3 keinen oder kaum Unterricht besuchen, müssten Sie im Wintersemester und im Sommersemester je drei volle Wochen eigenständig nur an diesem Fach arbeiten, was angesichts anderer Anforderungen kaum möglich sein wird.

■ Wenn Sie im Fach 1 z.B. aufgrund seiner Anforderungen (Gruppenarbeit, Seminarpapiere) vor allem während des Semesters arbeiten wollten, müssten Sie zwölf Stunden in jeder der zwölf regulären Semesterwochen neben dem Unterricht investieren, z.B. Montag-, Dienstag- und Donnerstagabend von 19.00 bis 24.00 Uhr mit einigen Pausen.

■ Wenn Fach 5 beispielsweise nur während der ersten Semesterhälfte unterrichtet wird, bedeutet dies neben vier Stunden Veranstaltung in der Woche je zehn Stunden eigenständige Arbeit. Alternativ könnten Sie z.B. Dienstagnachmittag sowie den Sonntag investieren sowie einige zusätzliche Wiederholungen vor einer angenommenen Prüfung.

Es sollte klar werden, dass es zwar Organisationsoptionen gibt, aber die zur Verfügung stehende Zeit recht knapp ist und Freizeit ein rares Gut. Natürlich sind diese Zeitangaben nur Anhaltspunkte, denn sie hängen von den eingangs genannten Faktoren ab, was konkret bedeutet: Haben Sie z.B. nur wenige der für das Studium notwendigen Vorkenntnisse, müssen Sie Stoff mittels Propädeutikangeboten, d.h. Vorkenntnisse vermittelnden Angeboten, nachholen und werden mehr selbständig arbeiten müssen. Hatten Sie beispielsweise alte Sprachen und Philosophie in der Mittelschule (Gymnasium), werden Sie sich beim wissenschaftlichen Arbeiten und im Recht vermutlich leichter tun. Kommen Sie vom Wirtschaftsgymnasium, so bringen Sie begriffliche Vorkenntnisse in der BWL mit, haben aber vielleicht mit dem Verfassen von schriftlichen Arbeiten mehr Mühe. Generell spielt die Spezialisierung in der Schule aber oft eine weniger große Rolle als gemeinhin angenommen. Wichtiger ist, dass Sie Ihre schulischen Leistungen hinterfragen und in Relation zu universitären Aufgaben setzen. Wundern Sie sich also nicht über drastische Abweichungen in Ihrem Zeitbedarf. Dazu kommt, dass viele Dinge des Studienalltags beim ersten Mal sehr viel Zeit in Anspruch nehmen und – wie etwa die Bibliotheksrecherche – mühsam sind; sie gehen später leichter und schneller von der Hand. Und auch Ihre persönlichen Ambitionen bestimmen Ihre Agenda. Wollen Sie gute Noten erreichen oder eine neue Sprache lernen, so müssen Sie sich auf einen Zusatzaufwand einstellen.

In einem zweiten Schritt strukturieren Sie die einzelnen Fächer in einem Studienplan für die einzelnen Wochen mit Etappenzielen und arbeiten diesen in einen Wochenplan ein. Sehen Sie neben den Lehrveranstaltungen feste Arbeitszeiten für einzelne Fächer, Themen und Aufgaben, aber auch andere Aktivitäten (Partnerschaft, Familie, Sport, Selbstreflexion) vor. Räumen Sie Prüfungs- und Abgabeterminen Priorität ein und erfüllen Sie die jeweiligen Aufgaben vor Ablauf der Frist, denn dann können Sie leichter arbeiten und geraten nicht in Bedrängnis. Setzen Sie Schwerpunkte, jeweils ein Fach während einer Zeitperiode, damit Sie tief genug einsteigen können und Fortschritte spüren. Aus Fortschritten und damit verbundenen Erfolgserlebnissen entsteht in der Regel intrinsische Motivation („flow"[4]), also Begeisterung, die zu weiteren Arbeiten motiviert ohne gefühlte Anstrengung. Es gilt jedoch zu berücksichtigen, dass man nicht immer allen Anforderungen gerecht werden und nicht alles leisten kann. Als pragmatisches Credo gilt: Stärken stärken, also Neigung und Interesse nachgehen, andere Pflichten ausreichend erfüllen. Manche erstellen sich graphisch oder als Text für jede Woche Ziele und Pläne. Andere finden dies genauso stark einschränkend, dass es die Freiheit zum Engagement im Studium einengen würde. Die Erfahrungen zeigen, dass indes Zeitplanung, ein fester Rhythmus und Selbstdisziplin wesentlich sind. Wie Sie sich diese erwerben und sicherstellen, müssen Sie selbst festlegen.

Viele werden bei genauer Planung und Umsetzung aller Anforderungen erschreckt sein aufgrund der Arbeitsmenge, der „technischen" Planung, der wenigen Freizeit, des frühen Beginns und aus weiteren Gründen. Für ein volles Studium wird derarti-

---

4  Der Begriff ist wesentlich geprägt durch die Arbeiten des amerikanischen Psychologen Mihaly Csikszentmihalyi und bezeichnet das selbstvergessene, glückhafte Aufgehen einer Person in ihrer Tätigkeit; Mihaly Csikszentmihalyi Flow – Das Geheimnis des Glücks (Stuttgart: Klett-Cotta, 1992).

ges Arbeiten notwendig. Rhythmus und Regelmäßigkeit helfen, mit weniger Energie seine Aufgaben zu erfüllen. Deshalb empfiehlt es sich, den Tagesbeginn gleichmäßig und früh festzulegen und die Abende nicht nur für Freizeit vorzusehen. Aus Traditionen verschiedener Kulturkreise der Menschheit, z. B. den Klöstern, wissen wir, dass strukturierte Morgenaktivitäten, z. B. Wiederholung von Notizen, Korrektur von eigenen Schreibarbeiten, Vokabeln lernen für die Fremdsprache, Sport, geschickt das erste Hoch des Tages nutzen. Die übrigen Aktivitäten planen Sie selbständig aufgrund des Lehrangebots, der geforderten Arbeits- bzw. Prüfungsleistungen und Ihrer Ziele. Die Planung ist der Ausgangspunkt: Der gute Wochenplan schafft das eigene Soll, das auf Grundlage der hier gegebenen Anregungen individuell festgelegt werden muss.

Wir alle erfahren immer wieder, dass zwischen Erfolg in Form von Noten und Arbeitseinsatz keine lineare Beziehung besteht. Gründe dafür liegen in den eigenen Voraussetzungen, der Unterrichtsgestaltung der Dozierenden oder in der Tagesform. Außerdem ist der Sprung von einer ausreichenden auf eine befriedigende Note geringer als der numerisch gleiche zwischen einer guten und einer sehr guten Zensur. Ab einem bestimmten Zeiteinsatz werden Sie relativ zum Aufwand nur noch geringfügige Steigerungsraten erreichen. In der Sprache der Ökonomen würde man vom abnehmenden Grenznutzen jeder weiter investierten Stunde sprechen. Wenn Sie trotzdem überzeugt auf die Bestnote setzen, werden Sie durch die intensivere Beschäftigung – auch mit vermeintlich weniger nützlichem Stoff – zusätzliche Einsichten gewinnen. Außerdem entwickeln Sie so Ihre Methode der Selbstorganisation weiter. Und wer nach einem beruflichen Argument sucht: Zensuren sind als Auswahlkriterium immer noch sehr verbreitet.

Eine derartige Zeitplanung muss in einem insgesamt größeren Kontext (z.B. für das Studium als Ganzes) stehen und regelmäßig überprüft werden, damit sich Idee und Wirklichkeit auch einigermaßen entsprechen. Jetzt wäre es an Ihnen, solche Planungen für Ihr Studium, das nächste Studienjahr, die kommenden Wochen etc. aufzustellen, ohne dabei die Freude an der Sache und am Leben zu verlieren.

## 1.2.2 Sich selbst beobachten

Um sich in seinem Studienprozess zu verbessern, muss man sich nicht nur einige der in diesem Buch aufgeführten Techniken aneignen, sondern vor allem sich selbst genau beobachten, diese Beobachtungen festhalten, über sie nachdenken, sie mit den hier beschriebenen und anderen idealtypischen Prozessen vergleichen, sie gegen die Erfahrungen von Kommilitonen abwägen und Schlussfolgerungen für das nachfolgende Arbeiten ziehen.[5]

Hier einige Fragen zur Eigenbeobachtung:[6]

- Bin ich mir meiner Gedankenflüsse, Ideen, Urteile, Bilder und Handlungsimpulse bewusst, erkenne ich sie und kann ich sie einordnen?
- Verarbeite ich meine Eindrücke bewusst, suche ich nach zugrunde liegenden Motiven und Mustern?

---

5  Ausführlichere Hinweise zur Gestaltung eines ausgeglichenen Lebensstils finden Sie in der Ratgeberliteratur, wie z. B. bei Kai Romhardt, Slow down your life (München: Econ, 2004).

6  Die psychologischen Grundlagen zu diesen Fragen finden Sie bei Philip G. Zimbardo und Richard J. Gerrig, Psychologie (München: Pearson 2008) sowie bei Hans-Peter Nolting und Peter Paulus, *Psychologie lernen* (Weilheim, Basel: Beltz, 1999). Beachten Sie insbesondere die intuitiv erschließbare Zusammenfassung in ihrem integrativen Modell: 98-100.

- Kann ich meine Energie fokussieren und steigern, d.h. zwischen Konzentration und Entspannung wechseln und mich selbst motivieren?

- Wie habe ich mich beim Studieren und Schreiben gefühlt? Die Frage nach der Befindlichkeit ist wichtig, weil Sie in einem ausgeglichenen, ausgeschlafenen und konzentrierten Zustand körperlichen Wohlbefindens effektiver und nachhaltiger arbeiten können.

- Übersetze ich meine kognitiven Einsichten in ein ausgeglichenes Leben (Konzentration auf das Studium, intensive Lernphasen, genügend Schlaf) und in mein Handeln? Welche Unterschiede bestehen? Warum bestehen diese?

- Verspüre ich Freude am Gegenwärtigen (hic et nunc), über meine Entwicklung und am Leben insgesamt?

- Wie, d.h. in welchem physischen Zustand, mit welchem Interesse, mit welcher Motivation und welcher Wahl der Zeiten, beginne ich meine Arbeiten?

- Warum habe ich dieses und jenes weggelassen?

- Bin ich mir bewusst, dass Könnerschaft in einem Gebiet kaum vom Himmel fällt, vielmehr schrittweise durch Übung erarbeitet werden muss? Es gibt folglich kaum einen Grund, mit zu kleinen Fortschritten zu hadern und sein Selbstbewusstsein darüber zu verlieren.

- Wie stark hat sich meine Leistung durch Wiederholungen des Stoffs, meine Zusammenfassungen, Lernkarten, Übersichten (Mindmaps) und sonstige Lernhilfen verbessert?

- Wann habe ich beim Schreiben von Texten den ersten Übergang vom Vorbereiten zu eigenständigen Gedanken geschafft?

- Wie stark wurde ein Text durch Überarbeitungen verbessert?

Diese Fragen helfen, sich produktiv mit dem eigenen Sein und Handeln zu befassen und diese zu verbessern.

### 1.2.3  Journal führen

Wenn Sie sich eine sichtbare Verbesserung Ihrer Studierfähigkeit und Selbstreflexion erarbeiten wollen, sollten Sie daran denken, ein Journal zu führen. Sie benötigen dazu etwa 2% bis 5% Ihrer wöchentlichen Arbeitszeit. Die wissenschaftliche Schreibforschung unterstreicht die Bedeutung, Schreibprozesse an sich zu beherrschen und wie Menschen durch Niederschreiben häufig besser lernen.[7] Jean-Jacques Rousseau, ein Epoche prägender Genfer Philosoph, Sigmund Freud, ein nicht ganz unkreativer Psychologe, Albert Einstein, der in der Physik Wichtiges geleistet hat, Edward Weston, durch seine Fotos zu Ruhm gekommen, oder auch Albert Camus, viel gefeierter Literat, verbindet, dass sie alle Journale, Tagebücher, Logbücher oder Notizbücher geführt haben,[8] um ihr Leben und ihre Themen festzuhalten und darüber nachdenken zu können. Manchem mögen diese Personen und deren Leistungen ein Vorbild sein.

Das Journal ist breiter und weniger persönlich als ein Tagebuch und persönlicher und breiter als eine Unterrichtsmitschrift. Es kann zu allen persönlich wichtigen Fragen oder zu ausgewählten Themen und Interessen geführt werden, je nachdem, was man

---

7  Vgl. James Moffett, *Teaching the Universe of Discourse* (Portsmouth: Boynton/Cook Publishers, 1987).

8  Toby Fulwiler, „Führen eines Journals", Schreib-Guide Geschichte, Hrsg. Wolfgang Schmale (Wien/Köln/Weimar: Böhlau, 1999) 36-58, 37.

selbst für angemessen hält. Ein Journal dient der Bewusstmachung, der Reflexion, der Steuerung von Ressourcen, der Ehrlichkeit gegenüber sich selbst. Es beinhaltet persönliche Erfahrungen und Gedanken, aber auch öffentliche Ideen und Konzepte aus Lehrveranstaltungen, den Medien oder anderen Quellen. Naheliegendes und Banales können genauso Inhalt sein, wie Fernliegendes und Grundsätzliches. Ideal ist ein Journal als Projektionsfläche für Ideen, an denen weitergearbeitet wird. Deswegen werden folgende Themen häufig zu Gegenständen des Journals:[9]

- Erstens Beobachtungen, d.h. Beschreibungen von Sinneseindrücken während der Lehrveranstaltungen, bei der Lektüre von Texten, Beschreibungen des Verhaltens von Kommilitonen, von Diskussionen beim Abendessen, neu erschienener Bücher und von politischen Ereignissen, die jeweils mit konkreten Beispielen, Analogien, Empfindungen etc. festgehalten werden.

- Zweitens kommen Spekulationen hinzu, wilde Ideen, Gedankenspiele, Experimente und Hypothesen.

- Drittens dient das Journal dazu, Fragen festzuhalten, über diese nachzudenken und sie auch in Teilen zu beantworten, z.B.: Was dachte der Autor beim Schreiben dieser unverständlichen Textstelle? Was interessiert den Dozenten beim Aspekt X? Warum fühle ich mich derzeit unter Prüfungsdruck? Warum habe ich heute Morgen nichts kommentiert, sondern nur akzeptiert? Wie kam es dazu, dass Y passierte? Was soll ich mit Z anfangen? Worin besteht der Unterschied zwischen A und B wirklich? Warum ist dies dem Dozenten offensichtlich so wichtig, mir aber nicht? Warum interessiert mich C nicht, aber D so stark? Es geht darum, Unsicherheiten, Ungleichgewichte und Zweifel bewusst zu erkennen und festzuhalten.

- Viertens kann man das Journal auch nutzen, um größere Themen systematisch vorzustrukturieren oder, im Sinne eines Forschungslogbuchs, zur laufenden Erfassung von Daten, die sich bereits ergeben, und Fakten, die sich bereits ereignet haben, wenn Sie z.B. eine umfangreichere Seminararbeit verfassen. Eine umfassende Themenbeschreibung beinhaltet Aussagen zur Handlung, zu den Akteuren, zum Schauplatz und zum Zweck. Hinsichtlich des Inhalts soll gefragt werden: Was ist der zu untersuchende Gegenstand? Was ereignet sich? Was hat sich ereignet? Was hat sich nicht ereignet? Was wird sich ereignen? Was könnte sich ereignen? Hinsichtlich der Akteure lässt sich fragen: Wer handelt? Wer handelt nicht? Durch wen wurde Handlung herbeigeführt, verursacht, ausgeführt, weiter forciert oder vereitelt? Wie wird gehandelt? Welche Motive stecken dahinter? Zum Schauplatz: Wo fand bzw. findet ein Ereignis statt? Wann hat es begonnen, wann wurde/wird es beendet? Warum fand es unter diesen zeitlichen, örtlichen, kulturellen Bedingungen statt und nicht unter anderen? Wo hätte es sich auch ereignen können? Und schließlich kann dem Zweck nachgegangen werden: Warum fand das Ereignis statt? Welche Bedingungen machten es möglich? Ist es wiederholbar? Warum?

- Fünftens können im Journal eigene Entwicklungsprozesse niedergeschrieben werden: Was lese ich? Was habe ich heute gelernt? Was hätte ich lernen sollen? Wie gut bin ich in der Materie X schon? Wo will ich mich verbessern? Was hat der Stoff mit meiner Welt, mit der Welt meines Studiums, mit meiner prospektiven Berufswelt zu tun? Warum will ich wissenschaftlich arbeiten (oder auch: warum nicht)? Welche

---

9   Siehe dazu auch Lutz von Werder, Lehrbuch des wissenschaftlichen Schreibens (Berlin/Milow: Schibri-Verlag, 1993) 139-168, der sehr konkrete Anweisungen zur eigenen Journalführung abgibt; ferner D.M. Murray, Shoptalk: Learning to Write with Writers (Portsmouth: Boynton, 1990).

Urteile kann ich selbständig gut begründen? In welchen Punkten verändert sich mein Selbst- und Weltbild? Warum? In welche Richtung? Gegenstand der Einträge sind also Einschätzungen des eigenen Standorts, der Ziele, der Etappen und möglicher Gründe der persönlichen Lebensentwicklung.

- Sechstens und letztens gibt es die Möglichkeit, Kommentare zu schon vorhandenen Einträgen abzugeben: inwieweit Sie immer noch dieser Meinung sind, ob inzwischen Antworten gefunden wurden, ob andere Fragen gestellt werden müssen, ob sich Prioritäten, Ansichten verschoben haben etc.

Der Stil eines Journals ist nicht festgelegt, er muss nur zu Ihnen passen. Die einen schreiben betont korrekt, andere locker, manche mit Humor, andere mit viel Kritik und Lob; einige bemühen sich um akademischen Stil, andere pflegen einen journalistischen, einige arbeiten mit Stichworten und Skizzen, andere formulieren sorgfältig aus. Letztendlich muss es Ihnen und Ihrer Entwicklung dienen.

## 1.3   Lernen

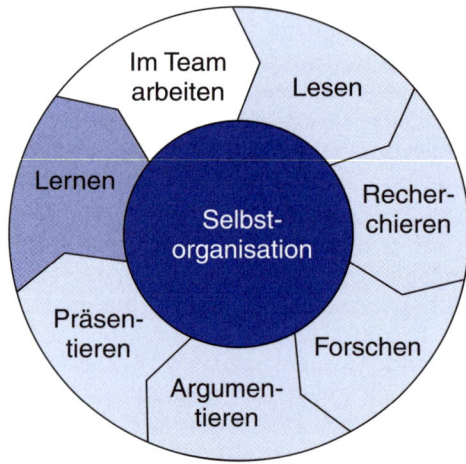

„Der Reihe von Büchern, die Lernen zum Gegenstand haben, ein weiteres hinzuzufügen, bedarf einer Rechtfertigung", so beginnt Gerhard Steiner die Einleitung zu seinem Buch „Lernen".[10] Und er hat recht damit: Es gibt einen gewaltigen Literaturapparat zum Thema Lernen. Außerdem: Sie stehen vor oder im Studium, haben folglich bereits selbst sehr viel Erfahrungen im und beim Lernen erwerben können. Wie rechtfertigt sich also das vorliegende Kapitel?

Es soll primär dazu dienen, ansatzweise die nützliche Erkenntnis zu vermitteln, wie leicht erfolgreiches Lernen zu lernen ist. Einige wenige zentrale Konzepte werden in aller Kürze vorgestellt und es wird auf einer sehr pragmatischen Ebene geklärt, was die Tätigkeit „Lernen" bedeutet und welche individuellen Entfaltungsmöglichkeiten Lernen erlaubt. Im Wesentlichen handelt es sich um einen Denkanstoss, die eigene Lernpraxis zu verbessern. Zu Beginn geht es um die inneren Voraussetzungen bei der

---

10 Gerhard Steiner, Lernen. 20 Szenarien aus dem Alltag, 2. Aufl. (Bern/Göttingen/Seattle/ Toronto: Huber, 1996) 8.

lernenden Person (1.3.1), um Rahmenbedingungen (1.3.2) und anschließend um Planungsmethoden (1.3.3). Danach wird kurz ein idealtypischer Lernprozess skizziert (1.3.4), dem Literaturempfehlungen (1.6.2) folgen.

Wenn wir über das Lernen sprechen, so sind Lernen und Lernmanagement zu differenzieren. Das gezielte Gestalten des eigenen Lernprozesses stellt eine völlig andere Aufgabe dar als die originäre Tätigkeit des Lernens selbst. Wenn wir uns Gedanken über den optimalen Lernverlauf machen und beispielsweise Lernpläne erstellen, so erfüllen wir klassische Managementaufgaben, sind quasi Manager gegenüber uns selbst, daher auch der Begriff „Selbstmanagement". Wenn wir aber dann tatsächlich über den Büchern sitzen und uns mit einer einzelnen Aussage, Theorie oder Interpretation befassen, finden wir uns in der Rolle eines „ausübenden Organs" wieder; bei der Einhaltung von Lernplänen müssen wir Regeln befolgen, die wir zuvor selbst (als Manager) aufgestellt haben. Diese beiden Rollen auseinanderzuhalten, wäre ein erster Strukturierungsschritt.[11]

## 1.3.1  Motivation, Konzentration und Emotionen

Wenn wir lernen, dann tun wir das aus bestimmten Gründen: Etwas treibt uns an oder, wie Kugemann und Gasch ausführen, wir haben ein Motiv: „Für das Lernen, aber auch für alle anderen Handlungen von Menschen ist es wichtig, aus welchen Gründen das geschieht und welche Wünsche und Bedürfnisse dahinter stehen. Die Wissenschaft fasst das unter dem Begriff ‚Motive' zusammen."[12]

Motiviert sein heißt eigentlich nichts anderes, als in irgendeiner Form Interesse daran haben, den Lernstoff aufzunehmen. Und dieses Interesse kann, muss aber nicht notwendigerweise fachlicher Natur sein. Für manche Fächer lernt man gerne (der Inhalt des Stoffgebiets an sich motiviert) und für manche weniger gerne. Die Prüfungen will man aber auch in den ungeliebten Fächern bewältigen (hier motiviert eher die Makroperspektive, z.B. die Aussicht auf den erstrebten Abschluss). Es lässt sich unschwer feststellen, dass es offenbar zwei Sorten von Motivation gibt.

Im Idealfall liegt die so genannte intrinsische Motivation vor. Das ist dann der Fall, „wenn eine Person eine Handlung um ihrer selbst willen, wegen der ihr innewohnenden Anreize ausführt."[13] Vereinfacht gesagt besteht hier „echtes Interesse" am Lerngegenstand.

Häufig aber fungiert ein externer Faktor als Antrieb für das Lernen. Man nennt es extrinsische Motivation, „wenn eine Handlung hauptsächlich wegen bestimmter mit ihr verbundener Konsequenzen, die zu der Handlung selbst in keinem direkten Verhältnis stehen, erfolgt."[14] Den wesentlichen Unterschied zwischen diesen beiden Motivationsarten kann man noch besser erkennen, wenn man näher betrachtet, wie die Begriffe in der wissenschaftlichen Debatte (der Psychologie) geprägt wurden. Daher ein kurzer Exkurs: Den Ausgangspunkt bei der Erforschung des Phänomens Motivation stellte der gesunde Menschenverstand (common sense reasoning) dar, d. h., man ori-

---

11 Vgl. dazu Verena Steiner, Erfolgreich lernen heißt ... Die besten Lernstrategien für Studium und Karriere (Zürich/München: Pendo, 2002) 15-18.

12 Walter F. Kugemann und Bernd Gasch, Lerntechniken für Erwachsene (Reinbek bei Hamburg: Rowohlt, 2002) 79.

13 Kristine Grotian und Karl Heinz Beelich, *Lernen selbst managen. Effektive Methoden und Techniken für Studium und Praxis* (Berlin/Heidelberg: Springer, 1999) 44.

14 Mihaly Csikszentmihalyi und Ulrich Schiefele, „Die Qualität des Erlebens und der Prozeß des Lernens", Zeitschrift für Pädagogik 39.2 (1993): 207.

entierte sich zu Beginn an den unter Laien gebräuchlichen Erklärungen für motiviertes Verhalten, an konkret bestimmbaren äußeren Zielen. Wie Staw es beschreibt, war die wissenschaftliche Theorie zunächst „based on an assumption of instrumentalism such that individuals are considered to be doing things for specifiable ends"[15]. Aus dieser Grundannahme erwuchs der extrinsische Motivationsbegriff. „The valued goal is [...] considered to be external to the process of ‚doing'. That is, in analyzing behavior, an individual will probably be considered to be performing an act for some goal independent of the activity itself (e.g. higher pay, promotion to a better job)."[16]

Erst später wurde die These formuliert, Motivation könne auch intrinsischer Natur sein. Staw zieht in seinen Erläuterungen eine klare Trennlinie zu den Theorien der extrinsischen Motivation: „But, actions may sometimes be valued for their own sake, and they may be self-sustained without any external inducement. In these situations, behavior can be said to be intrinsically motivated". Und er definiert abschließend: „Thus, whereas extrinsic motivation emphasizes the value an individual places on the ends of an action and the probability of reaching these ends, intrinsic motivation refers to the pleasure or value associated with the activity itself".[17]

Es hat sich gezeigt, dass intrinsisch motivierte Studierende zumeist effektiver lernen. Man spricht von „Flow" oder auch von einem „Flow-Erlebnis",[18] wenn man seine Gedanken und Empfindungen im Einklang auf eine Handlung richtet und störende Einflüsse (vgl. Konzentration) ausblendet. Entscheidend ist die unmittelbare Umsetzung der Energie, die ein solch bereicherndes Lernerlebnis freisetzt, in den weiteren Lernprozess, d.h. man sollte ohne Reibungsverlust gleich das nächste Problem anpacken. So kann man sich selbst eine „positive Aufwärtsspirale" schaffen und ein höheres Leistungsniveau erreichen.

Der Lernpsychologe Lewin entwickelte 1936 die Valenzentheorie. Er untersuchte den Lernenden selbst und die auf ihn wirkenden Kräfte der Umwelt, vor allem soziale Faktoren wie etwa Erwartungen des Lebenspartners. Diese Erwartungen stellen für den Lernenden positive Valenzen dar und er entwickelt aus ihnen heraus Motivation. Dahmer leitet aus der Lewin'schen Valenzentheorie zwei ständige Forderungen für das effektive Lernen ab:

1. „Schaffen Sie sich klare Vorstellungen von Ihrem Ausbildungsziel. Erst dann können Sie es als positive Valenz sehen, die Sie anstreben, erst dann werden Sie sich damit identifizieren. Es wird Ihr Ziel.

2. Untergliedern Sie das Gesamtziel Ihres Studiums in immer konkretere Teilziele (zum Beispiel Prüfungsabschnitte – Fächer – Themenkreise – Lehrbuchkapitel – Abschnitte). Machen Sie sich immer wieder die Bedeutung dieser Teilziele als Voraussetzung für das Erreichen des Gesamtzieles klar. Auch das augenblickliche Lernen von Einzelheiten sehen Sie dann in einem größeren Zusammenhang, und es wird zu einer positiven Valenz."[19]

---

15 Barry M. Staw, „Intrinsic and Extrinsic Motivation", *Readings in Managerial Psychology*, Eds. Harold J. Leavitt, Louis R. Pondy and David M. Boje (Chicago: University of Chicago Press, 1980) 24.
16 Staw 24.
17 Staw 25.
18 Grotian und Beelich 46 sowie Csikszentmihalyi
19 Hella Dahmer, Effektives Lernen. Didaktische Anleitung zum Selbststudium und zur Gruppenarbeit, 2. Aufl. (Stuttgart/New York: Schattauer, 1979) 51.

Die Erfahrung zeigt, dass Erfolgserlebnisse die beste Motivation sind (auch ein Flow-Erlebnis ist im Prinzip ein Erfolgserlebnis). Die Untergliederung großer Ziele und Visionen in Teilziele ist somit die wichtigste Lernstrategie, um sich zu motivieren. Man kann anschließend die Zielerreichung beispielsweise auch mit Belohnungen koppeln, was die Motivation verstärkt. Von Bedeutung ist dabei, dass die Ziele einerseits anspruchsvoll, andererseits aber erreichbar bzw. realistisch sind. „Das schaffe ich doch mit links" ist als Einstellung ebenso falsch wie „Das schaffe ich nie". Setzen Sie sich immer ambitionierte, aber erreichbare Ziele.

Um effektiv lernen zu können, ist es notwendig, sich entsprechend zu konzentrieren. Cottrell spricht in diesem Zusammenhang von „creating a state of mind for study".[20] Entscheidend ist hierbei die Intensität und nicht unbedingt die Dauer.[21] In der Praxis kann man das am besten durch ritualisierte Handlungen, sogenannte „study triggers" erreichen, die Sie auf die Arbeit einstimmen. Das können Konzentrationsübungen, stille Momente, Aufräumen des Schreibtisches, Betrachten eines Kunstwerks und vieles andere mehr sein. Für Lernende gilt es herauszufinden, welche Rituale am besten zur eigenen Persönlichkeit passen. Probieren geht dabei über studieren.

Trotz der eben genannten Möglichkeit, pro-aktiv für Konzentration zu sorgen, muss man sich natürlich auch in einer Lage befinden, in der Konzentration möglich ist. Kurz, man sollte sich eine geeignete Lernumgebung schaffen. Der Arbeitsplatz will studierfreundlich gestaltet sein.[22] Störfaktoren sollen eliminiert werden. Besonders Lärm ist ein oft unterschätzter Störfaktor. Es gibt zwar geteilte Meinungen darüber, ob und durch welche Musik das Lernen begünstigt werden könnte; empirische Befunde aus der Gehirnforschung belegen jedoch, dass gruppierte Hintergrundschalle jeglicher Natur eine Störwirkung auf kognitive Informationsverarbeitungsprozesse im menschlichen Kurzzeitgedächtnis haben.[23] Man spricht vom so genannten „Irrelevant Sound Effect" (ISE). Zwar ist die Beeinträchtigung interindividuell, d.h. von Mensch zu Mensch, verschieden stark, aber doch bei jeder Versuchsperson nachzuweisen. Zunächst vermutete man, dass nur sprachlicher Schall Lernende beeinflusst, da die semantische Bedeutung des Hintergrundschalls für die zentrale Störvariable gehalten wurde. Inzwischen ist jedoch nachgewiesen, dass auch nichtsprachliche Schalle, also Sinustonfolgen, Geräusche und rein instrumentale Musik signifikante Leistungsbeeinträchtigungen bewirken können.[24] Für die konzentrierten Lerneinheiten kommt Hintergrundmusik deshalb nicht infrage.

Zur vollständigen Behandlung des Themas Konzentration gehört auch die Erwähnung der sogenannten Lerntypen. In der pädagogisch-didaktischen Literatur ist umstritten, ob man eine zutreffende Typologisierung von Lernenden gemäß deren jeweiliger Bevorzugung bestimmter Sinnesmodalitäten überhaupt vornehmen kann. Drei dennoch aus der Diskussion hervorgegangene zentrale Lerntypen sind der auditive Lerntyp (Lernen

---

20 Stella Cottrell, *The Study Skills Handbook* (Houndmills: Palgrave, 1999) 61.
21 Siehe dazu vorne das Subkapitel „Textlektüre" unter  im Kapitel „Lesen".
22 Anregungen hierzu finden sich u.a. bei Christoph Metzger, Lern- und Arbeitsstrategien. Ein Fachbuch für Studierende an Universitäten und Fachhochschulen, 5. Aufl. (Aarau: Sauerländer, 2002) 44-45, Regula Schräder-Naef, Rationeller Lernen lernen. Ratschläge und Übungen für alle Wissbegierigen, 18. Aufl. (Weinheim und Basel: Beltz, 1994) 108-112 und Cottrell 63.
23 Manuela Spitzbarth, Irrelevant Sound Effekt. Auswirkungen gruppierter Hintergrundschalle auf die serielle Behaltensleistung (Hamburg: Kovač, 2001) 1.
24 Spitzbarth 3.

durch Hören), der visuelle Lerntyp (Lernen durch Sehen), der haptische (griech. haptikos, greifbar), auch motorisch genannte Lerntyp, der durch Handeln, durch aktives Nachahmen von Handlungen oder Vorgängen lernt).

„Das würde aber bedeuten, dass der eine Skifahren durch Hören lernt, der andere durch Sehen, der dritte durch Handeln. Das stimmt natürlich nicht, denn kein Mensch lernt Skifahren, ohne zu handeln. Genauso lernt keiner Landkartenlesen ohne zu sehen."[25] In der Realität, so auch der aktuelle Forschungsstand, sind wir daher alle Mischtypen, also zu Teilen auditiv, visuell und haptisch Lernende.[26]

Hier sei noch kurz ein Phänomen betrachtet, das sehr viel mit der bereits erwähnten intrinsischen Motivation gemein hat. Es gibt Lerninhalte, für die man „Feuer und Flamme" ist, mit denen man auch emotional sehr viel verbindet. Diese Inhalte nimmt man leichter auf als andere. Es ist empirisch belegt, „dass emotionale Beteiligung das Lernen erheblich verbessert".[27] Es müssen aber nicht unbedingt positive Emotionen sein, die unsere Behaltensleistung verbessern. Akute Aufregung und emotionale Beteiligung verursachen vermehrte Wachheit, und zwar „zunächst einmal unabhängig von der Valenz der Emotion."[28] So erinnern wir uns noch Jahre später an Details emotional aufrüttelnder Situationen, die negativ (Autounfall) oder positiv (Sieg im Sport) auf uns gewirkt haben.

Emotionen gestalten die Prädisposition des Lernenden gegenüber den relevanten Inhalten mit. Es ist daher keineswegs ratsam, die emotionale Komponente des zu Lernenden (und viele Inhalte haben eine solche) außen vor zu lassen und alles auf eine nüchterne Faktenebene zu reduzieren. Gerade in den Sozialwissenschaften meint Lernen in vielen Fällen auch die emotionale Durchdringung des Stoffes bzw. die Vermengung der verschiedenen Stoffgebiete zu einer Einheit, mit der man dann plötzlich auch emotional Dinge verbinden kann. Spitzer bringt es auf den Punkt: „Ganz allgemein lässt sich folgendes festhalten: Was den Menschen umtreibt, sind nicht Fakten und Daten, sondern Gefühle, Geschichten und vor allem andere Menschen."[29] Es ist also auch keineswegs zielführend – so sehr man dies aus einer nüchternen wissenschaftlichen Sicht vielleicht vermuten würde –, sämtliche Emotionen kategorisch aus seinem Lernumfeld zu verbannen. Das ist im Gegenteil eher kontra-produktiv, vorausgesetzt sie beeinträchtigen nicht die Konzentration oder halten auf andere Weise vom Lernen ab.

### 1.3.2 Schlaf, Ernährung und Bewegung

Schlaf ist nicht bloße „Leerzeit", in der man abschaltet. Ganz im Gegenteil, der Körper regeneriert sich im Schlaf wortwörtlich: Man lernt sogar dabei, man verarbeitet Informationen. Der Leser mag es schon einmal selbst erlebt haben: Man müht sich an einem besonders schwierigen Mathebeispiel ab, bis man nicht mehr kann, kommt zu keiner Lösung, gibt dann resigniert auf und fällt erschöpft ins Bett. Am nächsten Morgen setzt man sich erholt wieder an dieselbe Aufgabe und siehe da: Bereits beim ersten Versuch kommt man auf den richtigen Lösungsweg.

---

25 Walter F. Kugemann und Bernd Gasch, Lerntechniken für Erwachsene, 17. Aufl. (Reinbek bei Hamburg: Rowohlt, 2002) 93.

26 Christine Falk-Frühbrodt, „Lerntypen II", Website des IFLW Berlin, 2003, 24. Feb. 2004 <http://www.iflw.de/wissen/lerntypen_II.htm>

27 Manfred Spitzer, Lernen. Gehirnforschung und die Schule des Lebens (Darmstadt: Wissenschaftliche Buchgesellschaft, 2002) 159-160.

28 Spitzer 158.

29 Spitzer 160.

Das ist kein Zufall. Der Mensch durchläuft im Schlaf periodisch gewisse Phasen. Gemäß einem typischen Schlafprofil beginnt der Mensch die Nacht mit einem leichten Schlaf, fällt dann in den Tiefschlaf, dann wieder in den leichten Traumschlaf bzw. REM-Schlaf (Rapid Eye Movement), dann wieder in den Tiefschlaf etc. In den Tiefschlafphasen werden genau diejenigen neuronalen Verbindungen, die während des Lernens zuvor geknüpft worden sind, erneut aktiviert: Das so genannte „Postprocessing" findet statt. Es empfiehlt sich daher, kurz vor dem Schlafengehen wichtige Lerninhalte zu repetieren. Die Tiefschlafphasen sorgen dann für die Übertragung des Gelernten „vom eher kleinen und flüchtigen Speicher Hippocampus in den großen Langzeitspeicher Großhirnrinde".[30]

Forschungsarbeiten zeigen, dass das Off-line-Nachbearbeiten von erlebten bzw. gelernten Inhalten der Hauptzweck des Schlafens ist, dass wir sogar allein aus diesem Grund schlafen. Gehirnforscher haben sich nämlich die berechtigte Frage gestellt: „Warum […] schlafen Menschen und höhere Tiere überhaupt? Niedere Tiere tun dies nicht. Irgendwann im Verlauf der Evolution ist Schlaf also entstanden. Dies geschah offensichtlich trotz der erheblichen Nachteile, die der Schlaf für den Schläfer bringt. Lebt er im Wasser, muss er trotz des Schlafs auftauchen und Luft holen, lebt er in einer Gruppe und ist Raubtieren ausgesetzt, muss er auf der Hut sein. […] Dies zeigt jedoch überdeutlich, dass der Schlaf eine wichtige Funktion haben muss. Es gäbe ihn sonst nicht. Diese Funktion besteht […] möglicherweise in der Optimierung der Informationsverarbeitung."[31]

Wichtig für einen optimalen Lernerfolg ist daher auch die Schlafhygiene. Selbst in „heißen Phasen" der Prüfungsvorbereitung soll man so weit wie möglich ein „normales Leben führen",[32] sich also ausreichend erholen. Spitzer mahnt alle Lernwütigen und Nachtschwärmer: „Wer Fakten zu lernen hat, sollte auf seinen Schlaf achten. Keineswegs sollte er also die Nacht zum Tage machen in der irrigen Annahme, auf diese Weise noch mehr lernen zu können. Plakativ gewendet: Wer sich den Schlaf raubt, um zu lernen, der stört den im Kopf eingebauten Lehrmeister bei der Arbeit, d.h. beim nächtlichen Repetieren dessen, was tagsüber gelernt wurde. Jeder Lernende sollte durch einen vernünftigen Lebensrhythmus dafür Sorge tragen, dass der natürliche Schlaf, insbesondere die fein abgestimmte Abfolge der Schlafphasen – die Schlafarchitektur – nicht gestört wird."[33] Er gibt aber auch zu bedenken: „Leider sind gleich eine ganze Reihe gesellschaftlicher, ökonomischer und kultureller Faktoren permanent am Werk, unseren Schlaf zu sabotieren."[34] Wehren wir diesen Sabotageakten und schließen wir nachts die Augen!

Zu den physiologischen Grundvoraussetzungen, die effektives und effizientes Lernen begünstigen, gibt es verschiedene Forschungsarbeiten.[35] Von Bedeutung sind die Ernährung[36] (Vitamine, Mineralien etc. in sinnvollen Mengen) und vor allem auch

---

30 Spitzer 133.
31 Spitzer 134-135.
32 Grotian und Beelich 117.
33 Spitzer 132.
34 Spitzer 132.
35 Für einen umfassenden Überblick siehe statt vieler: Walter Edelmann, Lernpsychologie, 6. Aufl. (Weinheim: Beltz, 2000) Kapitel 3 und 6; ferner zur Wirkung der Ernährung auf das Lernen: Norman Kretchmer, J.L. Beard and Steven Carlson, „The role of nutrition in the development of normal cognition", American Journal of Clinical Nutrition 63.6 (1996): 997-1001.
36 Cottrell 47.

Sport. Geistige Ausdauer kann wesentlich durch körperliche Bewegung (Anregung der Durchblutung) und Ausdauer verbessert werden: Die Römer nannten dies „mens sana in corpore sano".[37]

### 1.3.3 Planung mit Methode

Gut geplant ist beim Lernen schon halb gewonnen. Der Abschnitt Planungsmethode widmet sich den Aufgaben, die Lernende in der schon zu Beginn des Kapitels erwähnten Rolle als Selbstmanager wahrnehmen müssen, um den Rahmen für einen erfolgreichen Lernprozess optimal zu gestalten.

### 1.3.3.1 Zeitanalyse

Ein Fehler, den viele Studierende machen, wenn sie sich die (Lern-)Zeit einteilen wollen, ist vorschnelles Handeln. Beim Thema Zeitmanagement geht es in einem ersten Schritt nicht darum, sich einen ausgefeilten Stundenplan zurechtzulegen und diesen von heute auf morgen „einzuführen". Zu Beginn muss stattdessen erst einmal das aktuelle persönliche Verhalten analysiert werden. Man muss der Frage nachgehen, wofür man eigentlich im Moment seine Zeit vorwiegend einsetzt. Ebendies geschieht mittels Zeitanalyse bzw. mittels Verfassen von „Tagesrapporten" oder „Zeittagebüchern". Bei dieser Methode beobachtet man sich selbst über den Zeitraum von etwa einer Woche einmal ein wenig genauer und fertigt eine Mitschrift über die persönliche Zeitgestaltung an. Dies kann in verschiedenen Formen erfolgen, z. B. anhand eines Standardrasters aus einem Tageskalender oder auch anhand eigens dazu erdachter persönlicher Notizsysteme, jeder nach seinem Geschmack.[38] Zweckmäßig ist dabei in jedem Fall die Gruppierung von Tätigkeiten in Oberkategorien, so kann man nämlich beispielsweise den Lern- und eventuellen Arbeitsaufwand einerseits den „Leerzeiten", der Freizeit und den im Schlaf verbrachten Stunden andererseits gegenüberstellen.

Sobald man sich einen Überblick über die Ist-Situation verschafft hat, werden sich auch ganz deutlich Möglichkeiten zeigen, wie man Zeit sparen oder zumindest effizienter zum Lernen nutzen kann:

- Fernsehzeiten radikal kürzen, am besten den Fernseher abschaffen,
- Allgemeine Informationsaufnahme durch Internet, Zeitungen, Zeitschriften, Werbung, Gebrauchsanleitungen etc. fokussieren und reduzieren,
- Zwischenzeiten beim Warten, Routinehandlungen (z.B. Anstehen in der Mensa, Zähneputzen, Spülen, Einkaufen usw.) bewusst machen und zum Repetieren nutzen,
- Unwichtiges vermeiden und absagen, d.h. Anfragen und Ideen für das Privatleben, das Studium und andere Aktivitäten kritisch hinterfragen und auf ihren Wert für Ziele und Lebenslust überprüfen.

Die Identifikation der persönlichen „Zeitdiebe" sowie die Evaluation geeigneter Maßnahmen zur Verbesserung der Zeitdisziplin und zur gewinnbringenden Zeitnutzung bilden die Grundlage zur Gewinnung zusätzlicher produktiver Zeit.

---

37 „Ein gesunder Verstand in einem gesunden Körper"; Juvenal, Satiren, Sammlung Tusculum, Übers. Joachim Adamietz (München: Artemis & Winkler, 1993) X 356.

38 Layouttechnische Anregungen finden sich u.a. bei Cottrell 69-71, Metzger 39-41, Christine Stickel-Wolf und Joachim Wolf, Wissenschaftliches Arbeiten und Lerntechniken, 2. Aufl. (Wiesbaden: Gabler, 2002) 282-284 und Schräder-Naef 140-145.

### 1.3.3.2 Planerstellung

Wenn man von Lernplänen spricht, muss klar zwischen sogenannten Stundenplänen und Plänen zur Prüfungsvorbereitung unterschieden werden.

Ein Stundenplan ist ein Lernplan für die Vorlesungszeit. Hier ist das Hauptziel, das Lernen zu einem fixen Tagesbestandteil zu machen und es gleichsam in die sonstigen (universitären) Aktivitäten einzubetten. Es ist von Vorteil, sich täglich dieselben Zeitfenster ausschließlich zum Lernen frei zu halten. Dies hat nämlich den positiven Effekt, dass man die Tugend zur Gewohnheit werden lässt und allein schon aus Routine auch während des Semesters regelmäßig mitlernt. Ein konsequenter Lernrhythmus ist mit einem Schwungrad vergleichbar: Er hilft, den toten Punkt des Anfangens und Durchhaltens zu überwinden.[39]

Bei der Prüfungsvorbereitung und in intensiveren Lernphasen muss man die Planung anders gestalten. Hier ist das Ziel nicht mehr nur die Aneignung einer Lernroutine und deren segmentäre Einpassung in das „operative Tagesgeschäft" – das Lernen ist nunmehr die dominante Tätigkeit im Tagesverlauf. Für solche Phasen empfiehlt es sich (da ist sich die gesamte Fachliteratur einig), vom Tag X an, also vom Prüfungs- oder Abgabetag an, rückwärts zu planen. „Working backwards from deadlines" heißt es bei Cottrell.[40] Gute Planungsgrundmuster für Lernphasen finden sich bei Kugemann und Gasch (123-129) und Schräder-Naef (203-204).

| Phase | Zeiteinheit (Tag bzw. Halbtag) | Tätigkeit |
|---|---|---|
| | 1 | Planerstellung |
| Vorbereitung | 2 | Allgemeine Vorbereitungen |
| | 3 | |
| | 4 | Ruhepause |
| | 5 | |
| | 6 | Informationsaufbereitung Themenfeld 1: |
| Informations-aufbereitung | 7 | Grundlagen der Managementlehre |
| | 8 | |
| | 9 | Pause |
| | 10 | Zeitreserve |

**Abbildung 1.3:** Prüfungsspirale[41]

---

39 Vorschläge, wie man einen solchen Stundenplan gestalten könnte, finden sich u.a. bei Metzger 36-37, Stickel-Wolf und Wolf 304, Müller 100 und Schräder-Naef 159 sowie in Kapitel 1.
40 Cottrell 73.
41 Nach Kugemann und Gasch 123-129.

| Phase | Zeiteinheit (Tag bzw. Halbtag) | Tätigkeit |
|---|---|---|
| Informations-aufbereitung | 11 | |
| | 12 | Informationsaufbereitung Themenfeld 2: Strategie und Technologiemanagement |
| | 13 | |
| | 14 | |
| | 15 | Pause |
| | 16 | |
| | 17 | Informationsaufbereitung Themenfeld 3: Geschäftsprozesse |
| | 18 | |
| | 19 | |
| | 20 | Pause |
| | 21 | Zeitreserve |
| Einprägen | 22 | Einprägen Grundlagen der Managementlehre |
| | 23 | |
| | 24 | Pause |
| | 25 | Einprägen Strategie und Technologie-management |
| | 26 | |
| | 27 | Pause |
| | 28 | Einprägen Geschäftsprozesse |
| | 29 | |
| | 30 | Pause |
| | 31 | Zeitreserve |
| Wiederholung | 32 | Wiederholung Grundlagen der Managementlehre |
| | 33 | Wiederholung Strategie und Technologie-management |
| | 34 | Wiederholung Geschäftsprozesse |
| | 35 | Zeitreserve |
| | 36 | Abschlusspause |
| **Prüfung** | | |

**Abbildung 1.3:** Prüfungsspirale (Fortsetzung)

Selbst wenn man sich voll dem Lernen widmet, alle übrigen Aktivitäten zurückfährt und Leerzeiten/„Zeitdiebe" soweit als möglich eliminiert, wird man kaum über 50 Stunden pro Woche reiner Lernzeit hinauskommen. Schlaf, Essen, Sport, Musik und Körperpflege erfordern ihre Zeit, weshalb regelmäßig kürzere und längere Pausen eingelegt werden müssen.

Eine Checkliste zur Prüfungsvorbereitung mit vielen guten Anregungen haben Grotian und Beelich zusammengestellt. Es folgt ein Auszug aus dieser Checkliste:[42]

- Lernziel definieren (nach Minimum-Maximum-Prinzip),
- Vollständigkeit der eigenen Unterlagen prüfen, einsetzbare Lernhilfen (Kartei) analysieren und auswählen,
- Stoffumfang mit der zur Verfügung stehenden Zeitspanne bis zur Prüfung abstimmen, Lernpakete (Teilziele) festlegen und gewichten,
- Reihenfolge der Lernpakete festlegen, Lernzeiten festlegen (Freizeitausgleich und Störungen einplanen),
- Belohnungen festlegen, z.B. Kinobesuch bei erreichten Teilzielen,
- Bei Unklarheiten: Sprechstunden des Fachgebiets wahrnehmen,
- Beantworten der vorhandenen Klausurfragen; Zeitgefühl für die Prüfung entwickeln.

Das Planen rückwärts, ausgehend vom Tag X, ist nicht nur in der Prüfungsvorbereitung, sondern auch bei der Projektplanung (Seminararbeit, Gruppenpräsentation, Extracurriculares) die adäquate Methode. Weitere Informationen zur Projektplanung haben Stickel-Wolf und Wolf zusammengestellt.[43]

Die zwei Funktionen des Lernplans:

1. Retrospektive: Die Dokumentation der vollbrachten Tätigkeiten und der lernzielorientierten Handlungsschritte motiviert und gibt Sicherheit. Sind von vier großen Themenfeldern schon drei in ausreichender Intensität und in der prognostizierten Zeit abgearbeitet worden, findet man Bestätigung, die Prüfung seriös vorbereitet zu haben. Entsprechend ruhig kann man die ausstehenden Themen lernen.

2. Vorausschauende Perspektive: Der Lernplan gibt Auskunft über die verfügbaren Zeitressourcen und deren Nutzung. Nimmt man sich beispielsweise während der Prüfungsvorbereitung auf eine große Prüfung drei Tage nicht eingeplante Ferien, erhöht sich dementsprechend die Lernzeit an den verbleibenden Tagen, da das Soll nicht weniger geworden ist. Hier gilt es, eine sich selbst gegenüber aufrichtige Kosten/Nutzen-Abwägung zu unternehmen und sich eine darauf aufbauende solide Entscheidungsgrundlage zu schaffen.

### 1.3.3.3 Biorhythmus und Pausen

Welche Art von Lernplan man auch immer erstellt, bei keinem soll das körperliche Wohlbefinden zu kurz kommen. Es ist deshalb sinnvoll, in tendenziell stressfreieren Tagen einmal in sich hinein zu hören und herauszufinden, zu welchen Tageszeiten man sich in der besten Arbeitsverfassung befindet. Es gilt, die persönliche Leistungskurve, den eigenen Biorhythmus zu erspüren. Erfahrungsgemäß schwankt die physiologische Leistungsbereitschaft innerhalb eines Tages bei allen Menschen in ähnlichem Ausmaß, wobei es aber Morgen- und Abendmenschen gibt. „Das ist eine Frage der

---

42 Grotian und Beelich 110-113.
43 Stickel-Wolf und Wolf 102-111.

Gewohnheit, des Kreislaufs und der Individualität."[44] Man sollte seinen Biorhythmus beim Erstellen eines Lernplanes mitberücksichtigen und die jeweiligen Aktivitäten so legen, dass die Lerneinheiten in die produktivsten Zeiten fallen. „Schade ist es, wenn Sie Ihre Leistungsspitzen mit unsinnigen Tätigkeiten vertrödeln und dann versuchen, in den Leistungstälern Ihr Lernpensum zu erledigen."[45]

Optimiert wird der Lernplan erst mit den oft in ihrer Bedeutung unterschätzten Pausen. Eigentlich wird der Plan durch Pausen erst umsetzbar; sie sind so wichtig wie das sprichwörtliche Salz in der Suppe. Es ist für jeden Lernenden interessant einmal auszuprobieren, wie lange er sich voll konzentrieren kann. Es ist nämlich gar nicht so einfach, nicht einmal für „nur" eine Stunde, wie Steiner ausführt: „In der Regel braucht der Geist alle 20 bis 35 Minuten eine stimulierende Kurzpause (2 bis 5 Minuten): Gähnen Sie, recken Sie sich am Fenster, trinken Sie etwas oder wechseln Sie zumindest die Tätigkeit (z.B. vom Lesen aufs Skizzieren oder Zusammenfassen). Nach eineinhalb bis zwei Stunden benötigt unser Geist jeweils zusätzlich eine Teepause (15 bis 20 Minuten). Trinken, wenig essen, Bewegung, kleine manuelle Arbeiten oder eine Dusche wecken Kopf und Körper. Bei vollen Lerntagen dürfen, ja müssen wir uns zudem nach vier bis fünf Stunden geistiger Arbeit eine große Regenerationspause (…) leisten".[46]

Auch Kugemann und Gasch folgen diesem Schema, jedoch fügen sie dem System noch eine vierte Pausenart hinzu, die so betitelte „kurze Unterbrechung": „Legen Sie den Bleistift hin, schauen Sie in die Luft oder zum Fenster hinaus, trinken Sie einen Schluck oder kratzen Sie sich nachdenklich hinter dem Ohr. Solche kurzen Unterbrechungen legt man fast automatisch ein. Sie sollten aber nicht länger als eine Minute dauern und man sollte dabei seinen Arbeitsplatz nicht verlassen."[47] Der wesentlichste Unterschied zur Kurzpause nach Steiner ist, dass man keinen Ortswechsel vornehmen soll. Kugemann und Gasch raten bereits nach einem dreistündigen Lernblock zu einer Regenerations- oder Erholungspause.

Folgende Checkliste hilft, Pausen zu gestalten und einzuteilen:

- Der Plan folgt dem eigenen Rhythmus.
- Die Konzentrationsfähigkeit bestimmt die Pausen.
- Kurz-, Tee- und Regenerationspausen sind fester Bestandteil des Plans – das motiviert und erleichtert den Wiedereinstieg nach der Unterbrechung.
- Die lange Regenerationspause liegt im Nachmittagstief (Siesta).
- Ein halber fixer Tag pro Woche bleibt frei.

---

44 Ursula Oppolzer, Super lernen. Tipps & Tricks von A-Z (München: Humboldt, 1993) 59.
45 Grotian und Beelich 34.
46 Steiner 43; dieselbe Typologie findet man bei Stickel-Wolf und Wolf 303.
47 Kugemann und Gasch 39-40.

## 1.3.4 Idealtypischer Lernprozess

Nach den drei Abschnitten zu Grundlagen des Lernens ist nun die Vorgehensweise beim Lernen selbst das Thema. Die folgenden Unterpunkte helfen bei einer erfolgreichen Auseinandersetzung mit dem Lernstoff, denn Lernen muss ein aktiver Prozess sein: „Emphasis on action!" appelliert unter anderen auch Cottrell.[48]

### 1.3.4.1 Strukturieren

Meist setzt sich der Lerngegenstand aus Einzelteilen zusammen, die sich zudem in verschiedenen Medien (Skript, Monographie, Seminar/Übung, online Material, Vorlesung, Zeitschriften etc.) befinden. Entscheidend für den langfristigen Lernerfolg ist die Erstellung einer Grobstruktur aus diesen Einzelteilen (z.B. auf Kärtchen oder großen Papierbögen), die sowohl inhaltlich vollständig als auch so einfach wie möglich (aber nicht einfacher) ist. Diese Grobstruktur muss einem als Lernenden so bekannt sein, dass sie immer mühelos wiedergegeben werden kann. Die Struktur eines Lerngegenstands lässt sich in Büchern oder im Skript oft aus dem Inhaltsverzeichnis ableiten. Meist hilft auch der rote Faden der Vorlesung, Wichtiges von weniger Wichtigem zu trennen. Dabei ist es sinnvoll, sich in die Situation des Dozenten hineinzuversetzen: Was möchte er den Studierenden vermitteln? Worauf legt er die Schwerpunkte? Wie hängen die einzelnen Themen zusammen? In welchem größeren Zusammenhang steht der Lesestoff? Welche Aufgaben lassen sich vorbereiten?

Das Strukturieren erweist sich als die Suche nach Ordnung, d.h. nach Oberbegriffen. Damit die Struktur Gestalt annimmt, und das ist der entscheidende Teil der Aufgabe, müssen die gefundenen Begriffe in eine Rangordnung gebracht werden: „Ein System mit mehreren Ebenen von Oberbegriffen, ein ‚hierarchisches' System, macht [...] eine ungeheure Zahl von einzelnen Gegenständen überschaubar und handhabbar."[49] Da diese Oberbegriffe ein theoretisches Konstrukt darstellen und somit frei wählbar sind, können sie für verschiedene Personen völlig unterschiedlich sein. Lernende können, ja müssen sich hierbei sogar mit eigenen Wortschöpfungen behelfen: „Die wenigsten Dinge, die man lernen muss, sind bereits durch ein perfektes System von Oberbegriffen geordnet. Meistens muss man beim Lernen selbst nach Oberbegriffen suchen."[50] Ein nützliches Tool beim Erstellen von Strukturen ist das sogenannte Mind Mapping.[51] Es erlaubt, die zentralen Ideen, ihre Bedeutung und ihre Verbindungen in graphisch einprägsamer Weise darzustellen.

---

48 Cottrell 78.
49 Kugemann und Gasch 52.
50 Kugemann und Gasch 53.
51 Siehe dazu ausführlich: Tony Buzan und Barry Buzan, Das Mind-Map-Buch: die beste Methode zur Steigerung ihres geistigen Potenzials, 5., aktualisierte Aufl. (Landsberg am Lech: Verlag Moderne Industrie, 2002) sowie Tony Buzan und Vanda North, Business Mind Mapping: visuell organisieren, übersichtlich strukturieren, Arbeitstechniken optimieren (Wien: Ueberreuter, 1999).

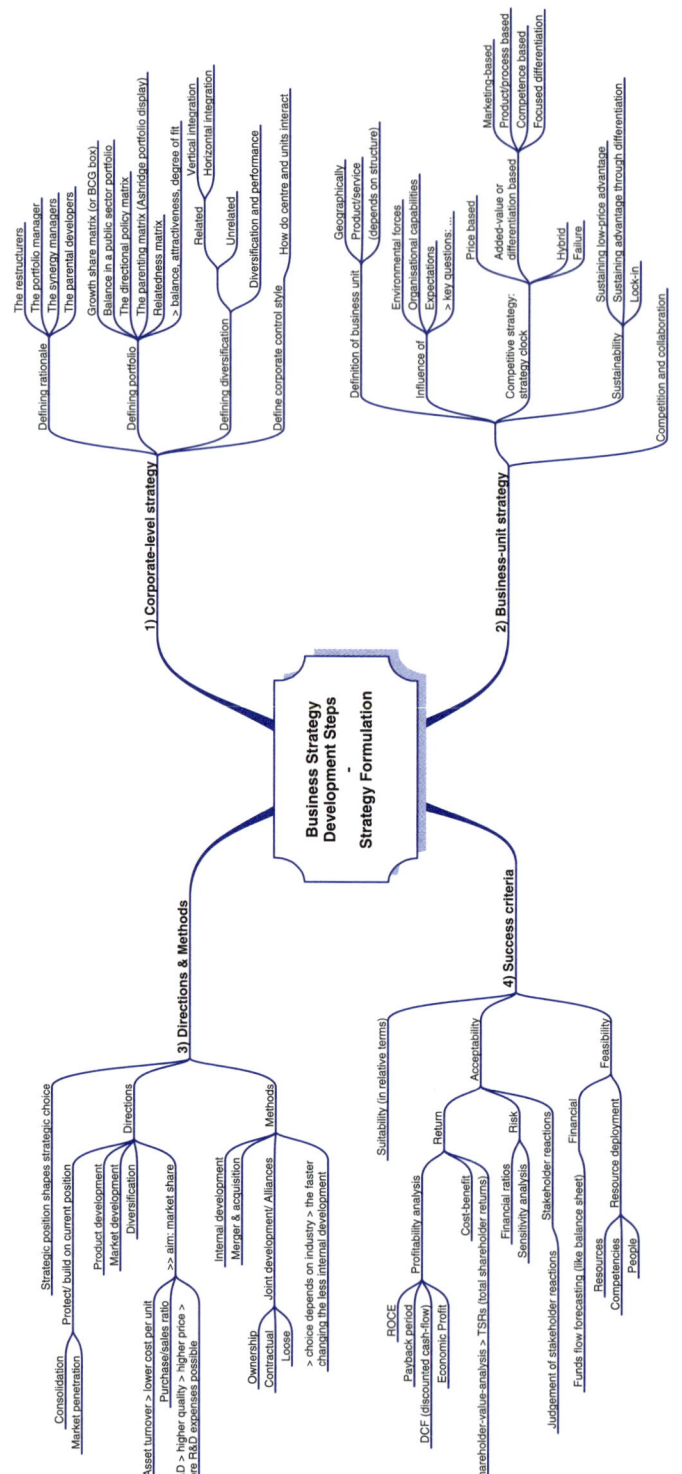

**Abbildung 1.4:**
Mindmap, Beispiel des Studenten Ch. Erk

Weitere Anregungen und Beispiele dazu gibt es bei Schräder-Naef (35), Müller (122) und Metzger (64). Für die Strukturierung gilt es, die Zusammenhänge zu erschließen, d.h. die Beziehungen zwischen Teil und Ganzem, Gemeinsamkeiten und Divergenzen, Ursachen und Folgen sowie zu Analogien herauszuarbeiten. Auch Teamarbeit kann bei der Strukturerstellung helfen, weil dabei verschiedene Zugänge und Ansichten argumentativ abgeglichen werden müssen. Dies hilft, das Wesentliche herauszuschälen.

Die herausgearbeitete Grobstruktur muss intensiv gelernt und häufig wiederholt werden. Dieser Lernprozess ist wiederum ein Paradebeispiel für typische Einzelarbeit. Teamarbeit ist hierbei nicht besonders effektiv. Es geht darum, sich mit dem Gegenstand und seiner Struktur so vertraut zu machen, dass man auf ihn und seine Aspekte jederzeit und zusammenhangslos zugreifen kann und auch in Stresssituationen wie Prüfungen in der Lage ist, mit ihm zu spielen, ihn zu variieren und anzuwenden. Wenn auch das Detailwissen noch wackelt und auf unsicheren Füssen steht: Die Grobstruktur muss sitzen! Französisch heißt das „apprendre par cœur", was sehr gut die notwendige emotionale Nähe ausdrückt.

An dieser Stelle noch ein kurzes Plädoyer für das Auswendiglernen: „Diese Lernstrategie wird zu Unrecht als völlig überholt angesehen; sie muss nur in der richtigen Situation angewendet werden. Bei ihr kommt es auf das Strategiemerkmal ‚Lerngegenstand exakt reproduktiv wiedergeben' an, denn Veränderungen stören."[52] Das Auswendiglernen stellt in vielen Fällen eine wichtige Voraussetzung für das darauf aufbauende Lernen durch Strukturieren dar. Beim Strukturieren muss die Anreicherung von Wissen nämlich schon erfolgt sein, um es entsprechend effektiv verarbeiten zu können. Das Ziel beim Lernen durch Strukturieren ist nämlich die „aktive individuelle Auseinandersetzung mit den Problemen."[53]

Oft zeigt ein Gespräch mit Laien, ob man die Grobstruktur des Lerngegenstandes beherrscht, denn ihnen gegenüber muss man den inhaltlichen Kern eines Themengebietes klar und einfach darstellen können. Hat man mit einer einfachen Darstellung Schwierigkeiten, so ist die Grobstruktur noch nicht verinnerlicht; sie muss gegebenenfalls angepasst und wiederholt werden. In diesem Zusammenhang sei auch vor der Einstellung: „Hab ich schon, kann ich schon, weiß ich schon!" gewarnt. Diese Einschätzung, die gelegentlich Absolventen eines Wirtschaftsgymnasiums zu Studienbeginn an den Tag legen, trifft in den seltensten Fällen zu. Es besteht die Gefahr, sich aufgrund gewissen Begriffswissens zurückzulehnen und die neuen Aspekte, namentlich Logik und Struktur, zu übersehen.

### 1.3.4.2 Assoziationen und Beispiele

Steht die Grobstruktur, so kann und sollte man beginnen, den Lerngegenstand mit verschiedenen Lebenswelten zu verknüpfen. Dies bedeutet, das bisher Erfasste an konkreten Situationen, Szenen oder Beispielen festzumachen. Hierbei kann auch der Zusammenhang mit bestimmten Erlebnissen, bekannten Situationen in der Familie, literarischen Figuren oder Praktikumserfahrungen etc. hergestellt werden. Ihrer Phantasie sind keine Grenzen gesetzt! Fällt einem diesbezüglich nichts ein, so kann man auch einen gegriffenen, künstlichen Zusammenhang zwischen den Fachthemen und z.B. den Gegenständen eines Raumes bilden (das Wohnzimmer verkörpert das Fach Marketing, die Lampe das Marketingkonzept, die Glühbirne die Kernbotschaft des Pro-

---

52 Grotian und Beelich 59.
53 Kugemann und Gasch 65.

dukts usw.). Diese Memotechnik funktioniert häufig gut. Je breiter und konkreter ein Thema verankert werden kann, desto weniger wird es vergessen.

Entscheidend in dieser Phase ist, dass das Detailwissen um die Grobstruktur herum schrittweise zu den jeweiligen Verknüpfungen hinzugegeben wird. Das Gerüst wird also nun um die Einzelheiten ergänzt. Sicherlich hängt es oft von der verfügbaren Zeit ab, wie viel Detailwissen verarbeitet werden kann. Das Detailwissen ist letztendlich wohl ausschlaggebend für einen guten oder sehr guten Prüfungserfolg. Das Beherrschen der Grobstruktur sichert das Bestehen der Prüfung.

Dem eben beschriebenen „Vernetzen" der einzelnen Lernthemen liegt das „Lernen durch Verknüpfen" zugrunde. In seiner Grundform, nämlich im Einprägen von einfachen Paarbeziehungen, ist diese Art des Lernens die einfachste und grundlegendste Methode. Das klassische Beispiel bildet das wortwörtliche Memorieren von Vokabeln.[54] Das Erlernen jener Paarbeziehungen kann man mit dem Einsatz von Lerntechniken optimieren. Je komplexer und interdependenter der Lernstoff jedoch wird, desto flacher steigt die Lernkurve. Es ist deshalb wichtig, komplizierte Themengebiete auf möglichst einfache, durch Verknüpfungen erfassbare Strukturen herunterzubrechen.[55]

Die exemplarische Betrachtung konkreter Fälle oder, anders gesagt, die Auseinandersetzung mit Beispielen zu einem komplexen Stoffgebiet ist vielfach von Nutzen, um Wesentliches zu erkennen und sich nicht in Einzelheiten zu verlieren.

> *„Da die Welt regelhaft ist, brauchen und müssen wir uns nicht jede Einzelheit merken. Hätten Sie jede einzelne Tomate, die Ihnen je begegnete, als jeweils diese oder jene ganz bestimmte Tomate abgespeichert, dann hätten Sie den Kopf voller (einzelner) Tomaten. Dies würde Ihren Kopf nicht nur unnötig füllen, Sie hätten auch nichts von diesem einzelnen Wissen. Nur dadurch, dass wir von Einzelnem abstrahieren, dass wir verallgemeinern und eine allgemeine Vorstellung von einer Tomate aus vielen Einzelbegegnungen mit Tomaten formen, sind wir in der Lage, z.B. die nächste als solche zu erkennen […] Im Hinblick auf das Lernen in der Schule oder an der Universität folgt, dass es nicht darum gehen kann, stumpfsinnig Regeln auswendig zu lernen. Was Kinder brauchen, sind Beispiele […] Auf die Regeln kommen sie dann schon selbst. Jedoch selbst dann, wenn es vermeintlich darum geht, eine Regel zu lernen, sind Beispiele wichtig. Nur dann, wenn die Regel immer wieder angewendet wird, geht sie vom expliziten und sehr flüchtigen Wissen im Arbeitsgedächtnis in Können über, das jederzeit wieder aktualisiert werden kann."[56]*

### 1.3.4.3 Wiederholen

Ist der Lerngegenstand in Grobstruktur und Detailwissen erarbeitet, so ist für den Prüfungserfolg die Anzahl der Wiederholungsrunden ausschlaggebend. Aus Erfahrung sind mindestens drei Wiederholungsrunden für den gesamten Stoff (Grobstruktur und Detailwissen) notwendig, die Grobstruktur kann aber auch bis zu zehnmal wiederholt werden.

Die ersten Wiederholungen sind die härtesten, wenn man den Eindruck gewinnt, schon Gelerntes sei vollkommen weg. Das Selbstvertrauen sinkt dramatisch. Manche Studierende tendieren dann dazu, diese Erfahrung zu verallgemeinern und auf das gesamte Studium und sich selbst anzuwenden nach dem Motto: „Ich kann nichts

---

54 Kugemann und Gasch 25.
55 Kugemann und Gasch 28.
56 Spitzer 77-78.

und ich bin nichts!" Dabei ist es völlig normal, dass man nach drei Wochen von dem bereits Gelernten beinahe nichts mehr weiß. Nahezu jeder Student kennt dieses Problem. Nur wenige besonders begabte Menschen behalten das, was sie einmal gelernt haben, sofort. Doch diese Hochbegabungen gibt es so selten, dass man sie für sich nicht als Maßstab nehmen darf. Das Problem des Vergessens und das damit verbundene Sinken des Selbstwertgefühls kann durch gezielte Wiederholungsrunden vermieden werden. Wichtig hierbei ist, bei anfänglichem Misserfolg sein Selbstwertgefühl zu stärken, indem man sich quasi neben sich selbst stellt und seine Eindrücke relativiert. Derjenige, der sich konsequent durch die Wiederholungsrunden kämpft und nicht aufgibt, wird langfristig mit großer Sicherheit Erfolg haben.

Läuft man, manche würden sagen, quält man sich mit Entschlossenheit und Disziplin durch die Wiederholungsrunden mit allen Höhen und Tiefen, so entsteht ein kritisches Selbstbewusstsein. Das Durchschreiten der Erfahrung mit dem Lerngegenstand und sich selbst führt zur inneren Stabilität. Man lernt sich richtig einzuschätzen und weiß, dass große Aufgaben zu bewältigen sind. Je größer die Anforderungen werden und je öfter man sich durchgekämpft hat, desto höher ist die Steigerung der Leistungsfähigkeit. Das Durchlaufen der Wiederholungsrunden ist nur in klassischer Einzelarbeit sinnvoll. Gerade die Auseinandersetzung mit sich selbst bringt auch einen Persönlichkeitsfortschritt mit sich, dessen Frucht sich in der Entwicklung überfachlicher Kompetenzen zeigt: in der Fähigkeit zur Selbstreflexion und in einem ebenso natürlichen wie begründeten Selbstbewusstsein.

Schafft man es, sich für möglichst viele Wiederholungsrunden zu motivieren, so wird man feststellen, dass man zum Schluss an einem Tag den Stoff wiederholen kann, den man in mehreren Wochen erarbeitet hat. Anzahl der Lernrunden und Behaltensleistung (d.h. Lernerfolg) hängen positiv voneinander ab. Je öfter man den Stoff wiederholt, desto größer ist der Lernerfolg, wobei der Grenzertrag, d.h. der zusätzliche Nutzen aus einer weiteren Wiederholung, ab einer gewissen Zahl Wiederholungsrunden abnimmt. Diese Zahl ist indes häufig höher als zumeist angenommen. Als Ergebnis dieses fortlaufenden Wiederholungsprozesses erhält man eine immer stärker verdichtete Kernzusammenfassung, die das breite Spektrum eines gesamten Fachgebietes etwa auf einer Seite wiedergibt. Mit einer derart verinnerlichten Ordnung und Struktur begibt man sich in die Prüfung,, analysiert sorgfältig die Prüfungsfrage, ordnet diese den verschiedenen angesprochenen Themen zu und kann entsprechende Bezüge zu den erarbeiteten Inhalten herstellen. Wie ausführlich das geschieht, ist dann eine Frage der Detailkenntnis, aber die vorgängig geleistete Analyse und Ordnung des Stoffs gewährleisten eine Übersicht des Gebietes.

Lernen und damit die Vorbereitung von Prüfungen besteht nach dem erstmaligen Erwerb im Unterricht aus erstens Strukturieren, zweitens Verknüpfen und drittens Memorieren. Es kann nur eindringlich geraten werden, mit diesen drei Arbeitsphasen früh anzufangen und sich nicht durch ein gewisses Verständnis im Unterricht in Sicherheit zu wiegen. In jedem Falle muss man sich selbst frühzeitig höchste Verbindlichkeit für Studien- und Lernaufgaben aufbauen. Aber Achtung: Je mehr Druck man gewohnt ist, desto weniger nimmt man ihn wahr und desto leichter schiebt man die zu erledigenden Arbeitseinheiten von sich weg.

Wie schon zu Beginn des Kapitels erwähnt, gibt es reichhaltige Literatur zum Lernen, auch in Ihrer Bibliothek. Teils sind es allgemeine Werke zum Lernen im Leben eines Menschen (soziologische Perspektive), teils etwas komplexere Bücher zur Lerntheorie (meist psychologische Fachliteratur), teils Ratgeberliteratur. Probieren Sie mutig neue Lerntechniken aus, optimieren Sie Ihr Selbstmanagement und modifizieren Sie das Vorgeschlagene, bis Sie sich Konzepte für Ihren individuellen Lerntyp erarbeitet haben. Erweitern Sie gemäß des hermeneutischen Zirkels Ihr Sachverständnis zum Thema Lernen und wenden Sie es auf sich selbst an, sodass Sie danach mit einem dadurch ebenfalls vergrößerten Vor- bzw. Gesamtverständnis an künftige Lernsituationen herangehen können. Beginnen Sie mit dem lebenslangen Lernen.

## 1.4 Teamarbeit

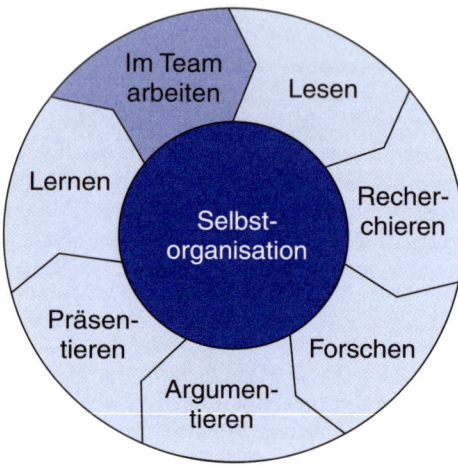

Teamarbeit ist keine neue Arbeitsmethode. Obwohl die Fähigkeit, in Gruppen gemeinsam zu arbeiten, immer für wichtig gehalten und gefördert wurde, scheint der Bedarf an guten Teamarbeitern noch lange nicht gedeckt zu sein. Zur Wertschätzung dieser Arbeitsform trägt bei, dass sie nicht nur ein Mittel zum Zweck, ein Arbeitsinstrument, ist, sondern von manchen auch als Selbstzweck angesehen wird, da die gelingende Zusammenarbeit mit anderen Freude und Bestätigung bringen und in gewissem Maße auch zur persönlichen Entwicklung beitragen kann. Darum möchte dieses Kapitel helfen, die Fähigkeit zur Teamarbeit zu verbessern, namentlich Teamarbeiten zu planen, zu betreuen und auszuwerten, um möglichst hohe Wirkung und Zufriedenheit erreichbar werden zu lassen. Nach der allgemeinen Einführung in die Teamarbeit (1.4.1) werden die soziale Arena und die sich daraus ergebenden Teamrollen (1.4.2) ausgearbeitet. Der Prozess des Zusammenarbeitens gliedert sich in fünf Phasen (1.4.3) und gestaltet sich manchmal schwierig. Um Reibungspunkte und Produktivitätsverlust bei der Teamarbeit zu vermeiden, erfolgen konkrete Handlungsempfehlungen (1.4.4).

### 1.4.1 Sinn und Zweck

Nun sind Sie, ob im Rahmen einer Lehrveranstaltung, im Privat- oder späteren Berufsleben, oftmals vor Probleme oder Aufgaben gestellt, die aufgrund ihres Umfangs, ihrer Komplexität, aufgrund der Vorgaben oder sonstiger Umstände nicht alleine, sondern nur in einem Team gelöst werden können. Sie müssen daher neben der inhaltlichen Bewältigung der Aufgabe auch die Situation der Teamarbeit meistern. Das bringt einige erwähnenswerte Punkte mit sich, derer es sich vorab einmal bewusst zu werden gilt, um den folgenden Arbeitsprozess in einer kleineren Gruppe mit einem gewissen Grad an Interaktionsintensität, die wir als Team bezeichnen, besser gestalten zu können:

Arbeiten in Gruppen erfordert – verglichen mit dem individuellen Arbeiten – grundsätzlich gesehen mehr Zeit, weil ein gemeinsames Arbeitsverständnis entwickelt werden muss, bestimmte Abläufe zu koordinieren sind und die Klärung verschiedener Ansichten oft zeitaufwendig ist. Diesen Zusatzaufwand rechtfertigen nur komplizierte und komplexe Aufgabenstellungen, die alleine nicht oder nur unzureichend gelöst werden können. Teamarbeit schafft durch die Zahl der Teilnehmenden und deren Unterschiedlichkeit im Hinblick auf Denkweisen, Kenntnisse und Erfahrungen neue Einsichten und ermöglicht dadurch bessere Problemlösungen.[57] Teams sind flexibel und können auf veränderte Rahmenbedingungen besser reagieren als Einzelkämpfer. Zeitineffizienzen im Vergleich zur individuellen Bearbeitung weichen bei größeren Aufgabenstellungen Effizienzgewinnen, da das Problem besser und häufig in einer kürzeren Zeitspanne erledigt werden kann, die Abstimmungsverluste innerhalb der Gruppe also durch Produktivitätsgewinne aufgewogen werden.[58] Aus diesen Gründen wird Teamarbeit in der Praxis oftmals bei neuartigen oder komplexen Projekten, Grundsatzfragen, Schnittstellenproblemen sowie mittel- bis langfristigen zu lösenden Aufgaben bzw. Problemen eingesetzt; diese Art des Einsatzes wird im Studium simuliert.

Unabhängig von der Absicht, ein Problem ökonomisch effizient zu lösen, besteht ein anderer wichtiger Ansporn zur Teamarbeit in der Möglichkeit des persönlichen Wachstums für die Mitglieder der Arbeitsgruppe. Zum einen wachsen wir an und mit den Aufgaben, denen wir uns gegenübersehen, und zum anderen bietet das Format der Teamarbeit auch die Möglichkeit der fruchtbaren Auseinandersetzung und des Erfahrungsgewinns im zielgerichteten Umgang mit anderen Mitstreitern in der Arbeitswelt. Hat man diese enorme Chance einmal entdeckt, so lauten die Schlüsselfragen: In welchen Bereichen kann, soll und will ich wachsen? Es geht also darum, dass sich die einzelnen Teammitglieder noch vor Beginn eines Teamprozesses selbst hinterfragen, persönliche Stärken und Schwächen suchen und sich daraus einen Zielkatalog der persönlichen Entwicklung, die sie während dieser Gruppenarbeit erreichen wollen, erstellen. Nur im Abgleich mit diesen Zielsetzungen ist es möglich, den eigenen Fortschritt durch die Gruppenarbeit zu beurteilen. Beachtet man diese einfachen Hinweise, so bietet die Teamarbeit ein großes Potenzial zur persönlichen Entfaltung – die jedoch nicht die zu erbringende Arbeitsleistung verdrängen sollte.

Zusammenfassend kann man sagen, dass Einzelarbeit methodisch dann überlegen ist, wenn aufgrund der Einfachheit der Aufgabe nur eine einzige Denkweise oder ein einziger Lösungsweg zum Ziel führt, wenn aufgrund sehr unterschiedlichen Könnens nur ein Gruppenmitglied wirklich aktiv arbeitet, während die anderen „eine ruhige Kugel schieben", oder ganz einfach die Aufgabenstellung einen so geringen Umfang hat, dass mehrere Bearbeiter sich bloß behindern würden. Ökonomisch ausgedrückt: Wenn die Transaktionskosten höher sind, als die zu erwartenden Produktivitätsgewinne lohnt sich der Einsatz eines Teams nicht. Der Entscheidung zur Gruppenarbeit geht also ein Abwägen der situationsbedingten Vor- und Nachteile voraus.

---

57 So zeigen etwa Johnson und Johnson, dass ein kooperatives Vorgehen dem individuellen, „einzelkämpferischen" überlegen ist: David W. Johnson and Roger T. Johnson, Learning together and alone: Cooperative, competitive and individualistic learning (Boston: Allyn & Bacon, 1999).

58 Vgl. Rolf Dubs, Lehrerverhalten. Ein Beitrag zur Interaktion von Lehrenden und Lernenden im Unterricht (Zürich: SKV, 1995) 304-306.

## 1.4.2    Sozialer Bezugspunkt Team

Ein Team ist eine selbstorganisierte Einheit mit einem gemeinsamen Ziel, in der jeder jeden durch seine Haltung und sein Handeln beeinflusst. Jedes Team besitzt eine Identität jenseits der individuellen Identitäten. Die Situation und Kultur eines Teams verändern sich im Lauf der Zeit, wobei ein Teammitglied allein ein Team immer nur begrenzt beeinflussen kann. Das Verhalten in Teams muss inhaltlich, menschlich und zeitlich passen. Idealerweise trägt jeder das Richtige in richtiger Weise zum richtigen Zeitpunkt bei. Was in diesem dreifachen Sinne jeweils „richtig" ist, lässt sich nicht generell festlegen. Vielmehr bestimmen dies die sachlichen und fachlichen Anforderungen, die kulturellen Gegebenheiten (z.B. Schweiz, insbesondere Region Ostschweiz, Universität St.Gallen, Studierende, insbesondere zweites Semester, Fachkultur) und der Ablauf der Teamarbeit. Je länger ein Team arbeitet, desto kürzer und gegebenenfalls auch zugespitzter kann die Kommunikation sein, weil die Gefahr der Missverständnisse geringer wird. Gewisse Beiträge sind erst nach bestimmten Phasen möglich und sinnvoll (griech. „Kairos", der richtige Zeitpunkt). In jedem Team bilden sich Grenzen des akzeptierten Verhaltens heraus. Diese liegen immer in den Spannungsfeldern zwischen Harmonie und Konflikt, Rückzug und Engagement, Eigeninteresse und Toleranz, Inhalt und Prozess, Demokratie und Führung, Qualität und Zeit etc.

Jede soziale Interaktion stärkt die Produktivität einer Gruppe bis zu einem bestimmten Punkt. Danach sinkt die Produktivität wieder, wenn die soziale Interaktion zu stark wird, weil dann die Zielorientierung, die Bereitschaft zu Konflikten und die Verbindlichkeit der Tätigkeit verloren gehen können.[59] Dieser Wendepunkt ist gruppen- und aufgabenspezifisch. Gelingt es den Teammitgliedern jedoch, sowohl auf der Sach- als auch auf der Beziehungsebene ohne größere Störungen zu kommunizieren, so entwickelt sich eine erfolgreiche soziale Interaktion und eine fruchtbare Arbeitsatmosphäre. Teams sind dann in hohem Maße produktiv.

Im Team nimmt jeder eine Rolle ein. Eine Rolle kann man als ein Set von Erwartungen fassen, die andere hinsichtlich des Verhaltens einer Person in einer Position haben. Im optimalen Fall passt die im Team zugedachte Rolle (Visionär, Analytiker, Kontrolleur, Moderator, Kritiker, Netzwerker, Coach etc.) zur Situation und Position, in der man sich selbst sieht.[60] Rollen und vor allem ihre Ausfüllung entwickeln sich durch Feedback und können gewechselt werden. Rollenkonflikte entstehen, wenn es zu Diskrepanzen zwischen Werten, Begabungen und Zielen kommt. Konflikte sind nicht a priori negativ, sondern können über Konfliktlösungsstrategien innerhalb der Gruppe zu neuen Ideen und innovativen Problemlösungen beitragen, weil sie die Reflexion fördern und Handeln erfordern. Ausmaß und Lösung der Konflikte, einschließlich der

---

59  Siehe dazu Donelson R. Forsyth, Group Dynamics (London: Brooks Cole, 1999) und Greg L. Stewart, Charles C. Manz and Henry P. Sims, Team Work and Group Dynamics (New York: John Wiley, 2000).

60  Nach Bales kann man aufgabenbezogene von sozioemotionalen Rollen unterscheiden. Erstere sind lösungsorientiert (Koordination, Organisation), letztere bedürfnisbezogen (Unterhaltung, Advocatus diaboli, Ausgleich). Dabei ist zu beachten, dass sich beide Rollen auf eine oder mehrere Personen vereinen, aber auch auf viele Gruppenmitglieder verteilen können. Vgl. Robert F. Bales, „The Equilibrium Problem in Small Groups", Small Groups: Studies in Social Interaction, Eds. A.P. Hare, E.F. Borgatta and R.F. Bales (New York: Alfred A. Knopf, 1955) 449-490. Die funktionalen Teamrollen, wie man sie beispielsweise auch bei Belbin findet, werden von der neueren Forschung zunehmend durch kognitive Rollen ergänzt bzw. ersetzt. Siehe z.B. Stephen G. Fisher, WD Keith Macrosson and John Wong, „Cognitive style and team role preference", Journal of Managerial Psychology 13.8 (1998): 544-557.

Veränderung der Teamzusammensetzung soweit möglich, sind für ihre konstruktive oder destruktive Wirkung auf das Team entscheidend.

Wenn man also zu geeignetem Gruppenverhalten raten will, so besteht dieses aus

1. Engagement für die Sache und die Teammitglieder,
2. Verantwortungsübernahme für die Gruppe als Ganze aus jeder Position heraus,
3. geteiltem Verständnis über die Aufgabe, Ziele, Handlungsmöglichkeiten, die Kompetenzen und Ressourcen der Teammitglieder sowie das Vorgehen von allen,
4. offener, aber angemessener Kommunikation,
5. integrem Handeln und schließlich
6. dem Bewusstsein über das möglicherweise schwierige Zusammenspiel von Rationalität und Emotionalität in einem Team.

Das Team seinerseits muss sich in den größeren Kontext der Lehrveranstaltung bzw. des Projekts einordnen, Verbindungen suchen, über Vorgehen und Ergebnisse informieren sowie gegebenenfalls Unterstützung sicherstellen.

## 1.4.3 Prozess des Zusammenarbeitens

Im Folgenden soll nun in Form eines fünfgliedrigen Schemas aufgezeigt werden, dass Teamarbeit erlernbar ist und wie sie für die Arbeit produktiv und für das Erleben bereichernd gestaltet werden kann.[61]

### Phase I: Teambildung

Wenn Sie sich aufgrund der vermuteten Produktivitätsgewinne entschließen, in einer Gruppe zu lernen oder zu arbeiten, oder Ihnen das vorgegeben wird, so investieren Sie als erstes in die Teambildung. Teams können durch freiwillige Wahl (1), a priori bestimmte Kriterien (2) oder zufällige Zuteilung (3) entstehen.[62] Sofern Sie selbst bestimmen können (1), mit wem und eventuell auch mit wie vielen Personen Sie zusammenarbeiten, sollten Sie sich vorher darüber klar werden, wie groß die Gruppe sein soll (Erfahrungen haben gezeigt, dass größere bis große Gruppen eher dazu neigen, in Subteams zu zerfallen, als ein Ganzes zu bilden). Bilden Sie eher ein kleines Team. Dabei sind zum einen persönliche Faktoren wie Affinität, Sympathie, Gewohnheiten oder gute Erfahrungen aus anderen Gruppensituationen sowie zum anderen technische Faktoren wie Fach-, Problemlösungs- und Entscheidungskompetenz und infrastrukturelle Faktoren (räumliche und zeitliche Koordination des Teams) zu beachten. Die Kriterien beim Abwägen dieser Faktoren und bei der Auswahl der Beteiligten sind zum einen die Möglichkeit, das Ziel mit diesem Team zu erreichen und zum anderen die Möglichkeit, aufgrund der Teamarbeit zu lernen. Wird Ihnen vorgegeben (2), mit wem zusammen Sie eine Gruppe zu bilden haben, oder stoßen Sie zu einem Team dazu (3), so erfordert die Teambildung besondere Aufmerksamkeit.

---

61 Ein alternatives, aber in den Grundzügen ähnliches sozialpsychologisches Phasenmodell geht auf Tuckman zurück, der die Phasen Forming, Storming, Norming, Performing und Adjourning/Informing unterscheidet. Pallasch differenziert darauf aufbauend noch zwischen einer Inhalts- und einer Beziehungsebene in den einzelnen Phasen. Vgl. Bruce W. Tuckman, „Developmental sequence in small groups", Psychological Bulletin 63 (1965): 384-399; und Waldemar Pallasch, „Gruppendynamische Hilfen bei der Kleingruppenarbeit", Handbuch Gruppenunterricht, Hrsg. Herbert Gudjons (Weinheim: Beltz, 1993) 111-123.

62 Heinz Klippert, Teamentwicklung im Klassenraum (Weinheim: Beltz, 1998) 48ff.

Grundlage ist immer eine situationsbezogene, kritische Selbsteinschätzung: Was kann, will und soll ich beitragen? Bin ich uneingeschränkt bereit, mein Wissen zu teilen? Wie bringe ich mich am besten ein? Wie kann ich meine eigene Agenda mit derjenigen der Gruppe abstimmen? Akzeptiere ich die übrigen Teammitglieder ohne Angst, aber mit Respekt? Und mit Blick auf bisherige Teamerfahrungen: Orientierte ich mich ausreichend, aber nicht zu stark, an den zwischenmenschlichen Erwartungen, ohne Ziel und Ergebnis aus den Augen zu verlieren? Habe ich zur Aufgabenlösung und Teambildung beigetragen? War ich offen genug, ohne mich selbst zu verleugnen oder aufzuoktroyieren? Konnte ich Rollen ausfüllen und wechseln?

Stellen Sie in Phase I eine menschliche, tragfähige Arbeitsbasis her als Grundlage für die notwendigen Diskussionen über Ziele und Teilziele, Vorgehen und Arbeitsteilung, eigene und fremde Arbeitsbeiträge, notwendigen und geleisteten Zeiteinsatz, Kommunikations- und Verhaltensregeln sowie Pflicht und Spaß. Einigen sie sich gemeinsam auf Ziele und Vorgehen. Sollten Sie trotzdem eine Form der Abneigung verspüren, mit gewissen Personen zusammenzuarbeiten, bleibt Ihnen nichts anderes übrig, als diese Gefühle unter Kontrolle zu bringen, sich an die gegebene Situation zu gewöhnen und sich damit der Erreichung des Zieles unterzuordnen. Sowohl die Aufgabe als auch ein gewisses persönliches Interesse, auch mit vermeintlich unangenehmen Situationen zurechtzukommen, erleichtern Ihnen das.

Die gegenseitige Verantwortlichkeit ist der Kitt, der eine Gruppe über den Zwang zur Aufgabenerfüllung hinaus zusammenhält. Keine Gruppe wird ohne diese selbstverständliche Voraussetzung zum Team. Teams entstehen also nicht durch bloße Auswahl oder Zuweisung von Personen zu einer Gruppe, sondern bedürfen zu diesem Zweck weiter gehender Anstrengungen. In seinem Kern beinhaltet der Aspekt der Verantwortung das Einhalten von Versprechen gegenüber den anderen Teammitgliedern und sich selbst. Eng damit zusammen hängen zwei weitere zentrale Punkte, die bei der Bildung eines Teams von enormer Bedeutung sind: Engagement und Vertrauen. „Vertrauen ist der Anfang von allem", ein bekannter Werbespruch, der genau die Situation zu Beginn eines Teamprozesses trifft. Zuerst muss Vertrauen geschaffen werden, bevor weitere Schritte erfolgreich angegangen werden können. Dieses Vertrauen kann zum einen auf der persönlichen Ebene entstehen, die mit zunehmender gegenseitiger Kenntnis der Teammitglieder immer wichtiger wird, zum andern durch das Setzen von Verhaltensregeln, die ein sozial institutionalisiertes Vertrauen schaffen. Ist diese Verhaltensbasis einmal errichtet, so stellt sich Engagement für die Aufgabe und die Gruppe leicht ein – auch wenn die zu bearbeitende Aufgabe bei einzelnen Beteiligten vielleicht nicht auf allzu große Begeisterung stößt.

Teamarbeit besteht, wie der Begriff schon sagt, zum einen aus Arbeit und zum anderen aus dem Team und damit aus einer kleinen wohldefinierten temporären sozialen Einheit. Ein gemeinsames Ziel gibt die grundsätzliche Richtung vor, motiviert und regt an, aber nur dann, wenn die sozialen Faktoren stimmen. Achten Sie deshalb von Anfang an auf diese Aspekte und versuchen Sie von Beginn des Teamprozesses an, die engagierte Zusammenarbeit und das vertrauensvolle Arbeitsklima zu stärken – egal, ob Sie Ihr Team selbst zusammenstellen dürfen oder mit einer definierten Gruppe arbeiten müssen.

### Phase II: Aufgabenanalyse

Vor der eigentlichen Aufgabenerledigung gilt es, diese zu analysieren und zu planen, ein Schritt, der bei größeren Arbeiten viel Zeit in Anspruch nehmen kann. Diskutieren Sie in der Gruppe das Endziel, die Zwischenziele und die dazugehörigen Termine und treffen Sie die entsprechenden Entscheidungen im Hinblick auf Aufgabenstellung bzw. Auftrag. Dazu tragen folgende Leitfragen bei:

- Inhaltliche Erwartungen klären: Was wird von uns erwartet (Art, Umfang, Niveau)? Nicht immer gelingt die inhaltliche Erwartungsklärung zu Beginn; man kann und sollte auf sie zurückkommen, wenn man anfangs noch nicht die ganze Höhe der Anforderungen und die Tragweite der Fragen erkennen kann.

- Abzugebendes Endprodukt quantitativ und qualitativ definieren: Was (Analyse, Bewertung, Vorschlag) ist in welcher Form (Bericht, Gutachten, Präsentation, Plakat, Vortrag etc.) zu liefern?

- Rahmenbedingungen klären: Wie viel Zeit steht uns für die Erledigung der Aufgabe insgesamt zur Verfügung? Wie viel Zeit benötigen wir für die Erledigung der Aufgabe? Welcher Zeiteinsatz wird erwartet? Welche Quellen, Personen, Hilfsmittel, Ressourcen und Beispiele sind erreichbar?

Nach der Beantwortung dieser Fragen geht es darum, das Ziel bzw. die Aufgaben in Zwischenziele bzw. kleinere Teilaufgaben zu unterteilen, damit eine sinnvolle Arbeitsteilung möglich wird. Dabei ist die Frage zu beantworten: „Wer macht was bis wann in welcher Form?" Halten Sie diese Entscheidungen in einem Protokoll zumindest stichwortartig schriftlich fest, damit Transparenz über die Zuständigkeiten und Fristen besteht und die getroffenen Abmachungen verbindlich sind.[63]

Bei der Verteilung der Arbeiten auf die einzelnen Gruppenmitglieder sollten Sie zudem folgende Punkte beachten:

- Die Grundlage jeder Teamarbeit und somit auch bei der Teilaufgabenverteilung unbedingte Voraussetzung ist das Vertrauen, dass die Aufgaben mit vollem Einsatz und nach bestem Wissen und Gewissen rechtzeitig erledigt werden und alle kritischen Punkte sowie wichtige neue Ideen dem Team mitgeteilt werden.

- Nutzen Sie als Gruppe die Stärken der einzelnen Gruppenmitglieder, indem die Teilaufgaben von den Gruppenmitgliedern so übernommen werden, dass die Aufgaben bestmöglich erledigt werden können. Allerdings sollte der Arbeitsumfang geeignet sein und von allen Gruppenmitgliedern als gerecht empfundenen werden. Leistungsschwache Teammitglieder müssen also mehr persönliche Zeit einsetzen als Leistungsstarke, um einen signifikanten Beitrag zur Gesamtleistung zu erbringen. Ein zeitlich gleich bemessener Einsatz ist – wenn er zu verschiedenen Leistungsergebnissen führt – für die Teams selten gerecht und befriedigend.

- Planen Sie neben der Verteilung der Teilaufgaben auch Sitzungstermine ein, die den Austausch innerhalb der Gruppe fördern und Meilensteine auf der Zeitleiste der Bearbeitung darstellen. Die Erfahrung hat gezeigt, dass das Anlegen eines Mailverteilers bzw. Datenbank respektive das Sammeln und Weitergeben der Telefonnummern aller Beteiligten für kurzfristige Absprachen sinnvoll ist.

- Planen Sie nicht straff bis auf die letzte Minute, sondern bauen Sie Pufferzeiten mit ein, denn Pannen, Zeitverzögerungen und unvorhergesehene Ereignisse werden trotz guter Planung vorkommen.

- Teilen Sie im Vorfeld der Gruppenarbeit einzelnen Gruppenmitgliedern gewisse Nebenrollen zu. Beachten Sie hierbei jedoch, dass diese Rollen nur Nebenrollen-

---

63 Einige lineare Modelle der Gruppenformierung betonen in dieser Phase den (potenziellen) Konflikt. Diesem wird aber meist die positive Eigenschaft zugeschrieben, zu frühe Konformität und Einseitigkeit zu verhindern. Siehe beispielsweise Stewart Tubbs, A systems approach to small group interaction (New York: McGraw-Hill, 1995).

charakter haben und die eigentliche Aufgabenbearbeitung nicht durch eine zu strikte Rollenfixierung der Teammitglieder beeinträchtigt werden darf.

| | |
|---|---|
| **Gesprächsleitung** | Führt die Teamarbeit zielorientiert, erteilt das Wort, fasst bei Bedarf zusammen, gibt Impulse etc. |
| **Arbeitsgruppen-management** | Sorgt für die Einhaltung bzw. Adaption des Zeitplans, sorgt für Protokollierung aller Ideen und Gruppenbeschlüsse, insbesondere der Verteilung von Teilaufträgen. |
| **Reflexion** | Beobachtet laufend den Gruppenprozess, d.h. das Arbeiten und Denken in der Gruppe, achtet darauf, dass für die Teamarbeit vereinbarte Regeln eingehalten werden und regt bei mangelnder Einhaltung Maßnahmen an. |
| **Qualitätssicherung** | Hat darauf zu achten, dass die Qualität der Arbeit stimmt, und gleicht zu diesem Zweck Produkte aus der Gruppenarbeit laufend mit den vorgegebenen Qualitätskriterien ab. |

Sobald die Teilziele, die dazugehörenden Termine und die Rollen festgelegt sind, können Sie an die eigentliche Arbeit gehen.

### Phase III: Aufgabenbearbeitung

Neben der rein prozessualen Arbeitsgestaltung, über die Sie sich im Verlauf der vorangegangenen Schritte geeinigt haben müssen, ist während der Aufgabenbearbeitung die Kommunikation ein wichtiges Element. Der Ton macht die Musik. Und übertragen auf zwischenmenschliche Teamarbeit bedeutet das: Die Kommunikation prägt das Ergebnis. Eine gute, von allen eingehaltene Gesprächskultur hilft, Konflikte zu vermeiden, und fördert das produktive Arbeiten. Spannungen in der Gruppe sind hemmend und können sich auf das Resultat negativ auswirken. Eine gute Gesprächskultur pflegen heißt:

- Sich verständlich ausdrücken,
- Den Gesprächspartnern aktiv zuhören,
- Den Gruppenmitgliedern zu ihren Arbeiten und ihren Äußerungen Feedback geben.

So wie die Teamarbeit als Ganze in Phasen gegliedert werden kann, so lässt sich auch die eigentliche Aufgabenbearbeitung strukturieren. Sie durchläuft erfahrungsgemäß vier Phasen:

1. **Orientierung** im Fachgebiet: ausloten dessen, was möglich ist.
2. **Positionierung** im Fachgebiet: Ansichten, Ideen, Vorschläge, Lösungen werden in der Gruppe diskutiert und häufig „zerrissen"; langsam schälen sich tragfähige Aspekte einer Lösung heraus.
3. **Lösungsentstehung:** Kernidee wird akzeptiert und gegebenenfalls modifiziert, Klarheit über das, was akzeptiert ist, entsteht.
4. **Lösungsbestätigung:** gegenseitige Bestätigung, vor allem um die Leistung nach außen zu tragen.

Entscheidungen werden folglich nicht in der Gruppe gefällt, sondern sie entstehen aus dem Gruppenprozess. Diesen muss man sich als eine Entwicklung vorstellen, in der Ideen getestet und Feedbacks gegeben werden: In einem längeren iterativen und dialektischen Prozess entstehen schließlich eine als tragfähig angesehene Einschätzung der Fragen und möglichen Lösungen. Die Gruppe zum Ziel führen heißt, ihr durch den eigenen Beitrag das Durchlaufen dieser Phasen im Gesamtkontext des Teamprozesses zu ermöglichen, wobei das stetige Entwerfen, Abwägen und Verwerfen von Ideen und Thesen normal ist.[64] Ab wann dieser Vorgang als zu lang empfunden wird, hängt von der Komplexität der Aufgabe, den Zeitressourcen der Teammitglieder und deren sozialer Situation ab, kann also nicht generell, sondern nur situativ beantwortet werden.

### Phase IV: Ergebnispräsentation

Weil es eine große Anzahl möglicher Ergebnisformate gibt, lassen sich die wesentlichen Punkte jedes einzelnen dieser Formate an dieser Stelle nicht sinnvoll darstellen. Deshalb sei hier nur auf zwei Punkte verwiesen, die sich erfahrungsgemäß als Fehlerquellen herausgestellt haben und auch für das Erbringen von Prüfungsleistungen Bedeutung haben.

Was den schriftlichen Teil der Ergebnispräsentation angeht, so ist von Anfang an darauf zu achten, dass das Ergebnis eine Einheit darstellt. Erreichen lässt sich diese Stringenz durch eine gemeinsame Struktur, durch Arbeitsleitlinien und eine Endredaktion, in der sich die Gruppe oder eine mit dieser Aufgabe betraute Person nochmals mit der fertigen Arbeit, d.h. mit einer Arbeit, die bereits verschiedene inhaltliche Revisionsrunden bestanden hat, auseinandersetzt und sprachliche, stilistische, logische Unebenheiten und andere Fehler korrigiert, um sie schließlich in ein einheitliches Format zu bringen. Dieses Überarbeiten, Redigieren und Feilen am Text wird in der Regel mehrere Runden in Anspruch nehmen und ist sehr zeitaufwendig, selbst für erfahrene und gute Schreiber. Dazu kommt dann noch die graphische Editionsarbeit mittels Computerprogramm.

Was die Präsentation als Form der Prüfungsleistung betrifft, so ist darauf zu achten, dass möglichst jedes Gruppenmitglied einen Teil des Ergebnisses präsentiert, wenn der Umfang der Präsentation das zulässt (es soll ja eine Teamarbeit sein, die als solche auch im Ergebnis sichtbar wird). Der Gruppenprozess spiegelt sich für den geübten Beobachter auch in der Darbietung der Präsentation. Sind die zu präsentierenden Abschnitte einmal zugeteilt, ist es hilfreich, einen oder mehrere Probedurchläufe der Präsentation zu machen, um die jeweiligen Zeitlimits zu prüfen, die Rhetorik und Übergänge zum Nachredner zu glätten und sonstige kleine Fehlerquellen auszumerzen. Zudem werden die einzelnen Teilnehmer so mit den eventuellen Animationen einer PowerPoint-Präsentation vertraut.

### Phase V: Reflexion der Teamarbeit

Im Hinblick auf eine künftige Gruppenarbeit sind Reflexionen über die Zusammenarbeit auch nach Abschluss der Gruppenarbeit sinnvoll. Allgemein geht es um die Frage: „Was wollen wir als Gruppe oder individuell beim nächsten Mal wieder gleich, was können wir besser machen?" Es sollte auf jeden Fall (auch bei positivem Ergebnis) in einem Gespräch geklärt werden, was schlecht und was gut gelaufen ist, wo die Ursachen lagen und insbesondere, was künftig verbessert werden könnte bzw. was beibehalten werden muss. Diese Überlegungen sollte man gemeinsam im Team anstellen und individuell im Abgleich mit den vor der Teamarbeit gesetzten Entwicklungszie-

---

64 Für Details siehe Elisabeth Ardelt-Gattinger, Hans Lechner und Walter Schlögl, Hrsg. Gruppendynamik. Anspruch und Wirklichkeit der Arbeit in Gruppen (Göttingen: Hogrefe, 1998).

len.[65] Diese persönliche Bilanzierung erfolgt meist individuell, kann Teil des Journals werden oder zum Gegenstand in einem Gespräch mit einem Coach oder einem Mentor.

## 1.4.4  Typische Probleme und ihr Gegenmittel

Im Zusammenhang mit Gruppenarbeiten tauchen immer wieder die gleichen oder zumindest ähnliche Probleme und Situationen auf, die Kooperationen und Teamarbeit als unbefriedigend erscheinen lassen:

- Ausschließliche Endproduktorientierung bzw. zeitraubende Prozesse.
- Beteiligte nehmen nur typische Rollen ein: Passive sind passiv, Aktive sind aktiv.
- Gute („Ich bin ja nicht der Depp ...") oder schwache („Kein Bock ...") Beteiligte klinken sich aus.
- Free rider/Trittbrettfahrer: Untätigkeit in Erwartung der Tätigkeit anderer.
- Schwächere Beteiligte erhalten keine Lernchance, weil die Guten lieber gleich selbst tätig werden.
- Begrenzung auf den eigenen kleinen Arbeitsteil.
- Gruppenkonflikte durch unterschiedliche Anschauungen der einzelnen Gruppenmitglieder.
- Prinzipielle Unlust auf Teamarbeit aufgrund schlechter Erfahrungen und in Erwartung unbefriedigender Ergebnisse.
- Aufkommende Unlust der Beteiligten durch unfaire Aufgabenverteilung, die über- oder unterfordert.

Wenn man diese Aufzählung mit den gesammelten Erfahrungen von Teilnehmern abgleicht, so ist eine auffällige Beobachtung zu machen: Viele hätten vermieden werden können, wenn sich die Beteiligten vorher das inhärente Gefährdungspotential bewusst gemacht, sich selbst Disziplin auferlegt und es im Team geklärt hätten. Daran zeigt sich wieder einmal, dass die wichtigsten Gegenmittel in der guten Kommunikation und den weichen Faktoren zu finden sind. Sie gehören darum in den Aufmerksamkeitsmittelpunkt einer Gruppe, die sich um das gute Gelingen ihrer Arbeit bemüht.[66]

Neben konkreten Konfliktvermeidungs- und Konfliktlösungsstrategien hat in den letzten Jahren eine Methode zur Organisation von Gruppenprozessen verstärkt Beachtung gefunden: die Moderation. Das lateinische moderare bedeutet „mäßigen" und zeigt somit schon semantisch das Konfliktlösungspotential dieser Methode auf. Folgt man Seifert, so steht Moderation hauptsächlich für eine methodenbezogene Grundhaltung des Moderators sowie für die prozessuale Ausgestaltung nach einer bestimmten Methode.[67] Durch eine systematische Moderation sollen Gruppenarbeitsprozesse effizienter werden, mehr Freude bereiten und zu besseren Ergebnissen führen. Der Moderator versteht sich „nur" als Coach bzw. als Katalysator, der die inhaltliche Dimension einer Gruppensituation oder eines Workshops für sekundär hält. Er will die Gruppe eigenverantwortlich und zweckgerichtet auf ein möglichst von allen Teilnehmern akzeptiertes Ziel hinlenken. Der Moderator sorgt für Verständigung, die Strukturierung

---

65 Weiterführend in diesem Punkt sind u.a. Siegfried Stumpf und Alexander Thomas, Hrsg. Teamarbeit und Teamentwicklung (Göttingen: Hogrefe, 2003).

66 Weitere Ausführungen zur Vermeidung und zum Umgang mit Konflikten im Team finden Sie u.a. bei Karl Benien, Schwierige Gespräche führen (Reinbek bei Hamburg: Rowohlt, 2003) und Eberhard Stahl, Dynamik in Gruppen (Weinheim: Beltz, 2002).

67 Josef W. Seifert, Visualisieren, Präsentieren, Moderieren, 10. Aufl. (Offenbach: Gabal, 1997) 75f.

der Inhalte und hält die Eigendynamik und Handlungsfähigkeit der Gruppe aufrecht, um diese ergebnisorientiert zu führen. Er aktiviert, stellt Transparenz her, treibt an, bringt auf den Punkt und verzichtet auf inhaltliche Interventionen. Im Idealfall ist er neutral: Es handelt sich nicht um einen Vorgesetzten, Experten, Schiedsrichter oder Zuschauer, sondern um einen reinen Prozessexperten, der sich jeden weiteren Schritt von der Gruppe bestätigen lässt.[68] Zur Strukturierung nutzt er Fragen, mit denen er die einzelnen Phasen der Bearbeitung der Gruppenaufgabe ausweitet, fokussiert und ineinander überleitet. Ziel ist ein vom gemeinsamen Konsens getragener Lösungsansatz. Fragen, die direkt an den Moderator gestellt werden und nicht methodischer Natur sind, werden von diesem unter Einbindung aller Gruppenmitglieder zurück ins Plenum gegeben.[69]

Entscheidend für eine gute Moderation ist eine angemessene Vorbereitung. Diese umfasst die Bestimmung der Zielstellung, die Sammlung von Informationen über die Teilnehmer, die Ausarbeitung eines Moderationsplanes sowie die Kenntnis des Zeitrahmens und der Örtlichkeiten. Anders gesagt, die antizipierbare Dramaturgie und die Dokumentation des Gruppenprozesses müssen im Vornherein sorgfältig geplant und hergerichtet werden.

Die Durchführung einer Moderation geschieht in mehreren Phasen. In der a) Anmoderation werden nach der Vorstellungs- und Kennenlernrunde die Erwartungen und die Zielsetzung in der Gruppe abgestimmt sowie die Spielregeln für die Moderation festgelegt. Unter Einsatz der vorhandenen Medien werden Themen gesammelt, die dann in einem demokratischen Auswahlprozess gewichtet und in eine Reihenfolge gebracht werden. Das Ergebnis dieser Phase ist die legitimierte Dramaturgie. Die zweite Phase b) ist gekennzeichnet durch die Be- oder Ausarbeitung des Themas bzw. der Probleme. Für die Umsetzung stehen dem Moderator verschiedene Instrumente zur Verfügung, die er sich von der Gruppe genehmigen lässt. Infrage kommen etwa Informationssammlung durch Karten- oder Zurufabfragen, verschiedene Problemanalyse- und Bearbeitungstechniken (Portfolios, Strukturbäume, Matrizen, Ursache-Wirkungs-Diagramme, Bepunktungen etc.) oder der Einsatz von Entscheidungshilfen, um zu einem Ergebnis zu kommen. Damit die einzelnen Schritte und Entscheidungen dieser Phase von allen Teilnehmern nachvollzogen und immer wieder konsultiert werden können, unterstützen Visualisierungen auf Pinnwände mit farbigen Karten (z.B. für die Themensammlung) oder Flip-Charts (z.B. zur Erfassung der Lösungsschritte) den Prozess. Diese erlauben alle Einfälle und Aspekte darzustellen, sie dienen der Dokumentation des Vorgehens und der Entscheidungen, und sie objektivieren die Aspekte, indem Beitragende und Beiträger unverbunden bleiben. Dabei ist der Moderator für die Vorbereitung und den reibungslosen Einsatz dieser Hilfsmittel verantwortlich. Abgeschlossen wird die Moderation in der Reflexionsphase c). Hier kommt es darauf an, ob die anfangs geäußerten Erwartungen erfüllt worden sind und die Arbeitsleistung und deren Ergebnisse als zufriedenstellend empfunden werden. Ferner werden die Dynamik und die Atmosphäre des Gruppenprozesses einer Analyse unterzogen

---

68 Margarete Boos und U. Scharpf, „Drei Modelle der Führung und Zusammenarbeit beim Umgang mit komplexen Problemen", Vom Umgang mit Komplexität in Organisationen: Konzepte – Fallbeispiele – Strategien, Hrsg. Rudolf Fisch und Margarete Boos (Konstanz: Universitätsverlag, 1990) 235-254.

69 Seifert 96-97 unterscheidet sieben verschieden Fragearten, von den die offenen Fragen (Welche, Wie, Warum ...?), die geschlossene Frage (zweckorientiert: z.B. Erlaubnis zum Phasenübergang) und die zurückgebende Frage (Moderator spielt Frage zurück in das Plenum) die wichtigsten sind.

und deren Ergebnisse mit Hinblick auf zukünftige Moderations- und Teamleistungen erfasst und verarbeitet.[70]

Die wesentlichen Elemente einer guten Gruppenarbeit, wie sie auf den vorangehenden Seiten vorgestellt wurde, lassen sich abschließend in einer Art Checkliste darstellen. Sie soll ein Bild der praktischen Ausgestaltung von Gruppenarbeit geben und allen Lesenden somit als modellhafte Zusammenfassung und vereinfachte Orientierungs- und Strukturierungshilfe dienen, um ein möglichst effizientes und gedeihliches Lernen und Arbeiten in einem Team zu ermöglichen, das die eben aufgezählten Probleme von vornherein vermeidet:

- Engagement und Verantwortung für Inhalte, Prozess und Teammitglieder
- Gemeinsame Ziele und Werte klären und anstreben
- Vertrauen anbieten
- Systematische Aufgabenanalyse und -verteilung
- Rollenverteilung definieren und variieren
- Verhaltensregeln einführen und einhalten
- Zeitliche Rahmen bestimmen
- Feedback zu Inhalt und Prozess in hoher Frequenz, präzise und stilvoll

## 1.5    Lesen

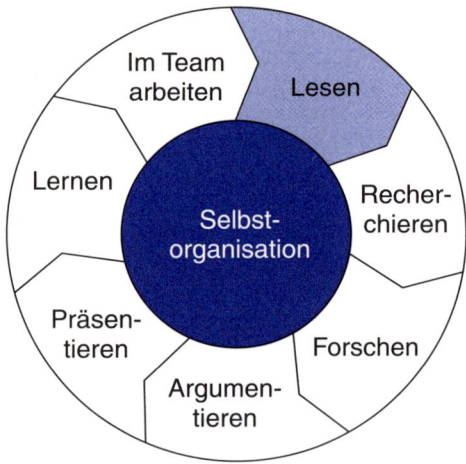

---

70 Weitergehende Ausführungen zu den Moderationsphasen und den jeweiligen Moderationstechniken finden sich unter anderem bei: Peter Drescher, Moderation von Arbeitsgruppen und Qualitätszirkeln: ein Handbuch (Göttingen: Vandenhoeck und Ruprecht, 2003), Ruth Pink, Souveräne Gesprächsführung und Moderation: Kritikgespräche, Mitarbeiter-Coaching, Konfliktlösung, Meeting, Präsentationen (Frankfurt a.M.: Campus Verlag, 2002), Ulrich Lipp und Hermann Will, Das grosse Workshop-Buch: Konzeption, Inszenierung und Moderation von Klausuren, Besprechungen und Seminaren. 5. Aufl. (Weinheim: Beltz, 2001) oder Heike Bruch. „Moderationstechnik". Einführung in die Managementlehre. Bd. 5. Hrsg. Rolf Dubs et al. (Bern: Haupt, 2004) 47-81.

Es mag überflüssig erscheinen, sich im Rahmen der Vorbereitung auf wissenschaftliches Arbeiten mit dem als selbstverständlich empfundenen Lesen auseinanderzusetzen. Jeder liest schließlich tagaus tagein – wenigstens das Titelblatt oder die Überschriften einer Tageszeitung, die Fußballergebnisse online im Internet, Teletext oder E-Mails und SMS. Ziel dieses Kapitels ist selbstverständlich nicht, das Lesen als solches neu zu erklären. Der Leser soll vielmehr dafür sensibilisiert werden, dass Lesen im Studium über das alltägliche Lesen hinausgeht. Zum einen wird man insbesondere in den ersten Semestern des Studiums mit einer ungeahnten Menge an Lektüre umgehen müssen, zum anderen muss man die beim Lesen stattfindende Informationsgewinnung geeignet gestalten. Informationen müssen gezielt erfasst, gespeichert und verarbeitet werden, damit sie aktiv auf Aufgabenstellungen (insbesondere in Prüfungen) angewandt werden können und langfristig verfügbar sind. Dieses Kapitel will deutlich machen, worauf es beim Lesen als Grundlage der Informationsgewinnung bzw. als Fähigkeit, Informationen aufzunehmen, im Studium ankommt und gibt Hinweise, wie man sich einen Überblick über einen Text verschaffen kann (1.5.1), wie die Textlektüre effektiv gestaltet werden kann (1.5.2) und wie man den Leseprozess für weitere Verwendung des Inhalte nachbereitet (1.5.3). Der vierte Teil (1.5.4) bietet die Möglichkeit, sich auch mit den philosophischen Grundlagen des Textverständnisses und der Theorie der Textauslegung – der sogenannten Hermeneutik – vertraut zu machen.

Wenn man aus Spaß, zur Unterhaltung oder zur Entspannung liest, vergeht die Zeit meist wie im Flug. Ein gutes Buch etwa liest man „in einem Zug aus". Dabei macht man sich weder Gedanken über den Umfang des Buchs und die zum Lesen benötigte Zeit, noch entwickelt man irgendwelche „Bewältigungsstrategien". Anders sieht es aus, wenn man im Studium einen eher mühsamen, wenig ansprechenden und schwierig geschriebenen Fachtext lesen muss. Man geht zunächst noch motiviert und konzentriert an die Aufgabe heran, doch der Text wird von Zeile zu Zeile ermüdender, und die Gedanken schweifen ab. Irgendwann erwacht man zum eigenen Schrecken inmitten einer völlig unbekannten Passage, die man eigentlich – der Position der Augen nach – bereits gelesen haben müsste. Man ertappt sich dabei, wie man ein und dieselbe Stelle mehrmals gelesen hat, ohne dass sich einem der Sinn erschlossen hätte. Zermürbt schaut man nach, wie viele Seiten man noch lesen muss bzw. wie viele man bisher bewältigt hat.

Um solche Situationen zu verhindern, gilt es, nicht einfach zu lesen, sondern die Lektüre in eine zweckmäßige Vor- und Nachbereitung einzubinden. In den USA wurde hierfür die Fünf-Punkte-Lese-Methode SQ3R (Survey, Question, Read, Recite, Review) entwickelt.[71] Ausreichend ist aber auch eine Teilung des gesamten Leseprozesses in drei Phasen: Leseeinstieg, Lektüre (das eigentliche Lesen) und Lesenachbereitung.[72] Über Dauer und Art dieses systematischen Lesens entscheiden die Ziele der Lektüre, d.h. ob man sich nur einen Eindruck verschaffen will, einzelne Aspekte vertiefen, den Text zusammenfassen oder auch kritisieren will oder gar die Inhalte aktiv anwenden und reflektieren können will (in diesem Fall noch Kapitel 1.3 über den Lernprozess heranziehen).

## 1.5.1  Überblick

In der Leseeinstiegsphase geht es darum, sich einen Überblick über den Inhalt und den jeweiligen Kontext einer Textquelle zu verschaffen. Man kann diesen Vorgang auch mit dem ersten „Lesen" einer Landkarte vergleichen. Eine Landkarte sollte man einordnen

---

71 Vgl. Francis P. Robinson, Effective Study (New York: Harper and Row, 1961).
72 Vgl. Christoph Metzger, Lern- und Arbeitsstrategien. Ein Fachbuch für Studierende an Universitäten und Fachhochschulen, 5. Aufl. (Aarau: Sauerländer, 2002) 74.

und das betreffende Gebiet, die markantesten landschaftlichen oder baulichen Objekte sowie deren Architektur identifizieren können. Bei einer Textquelle bedeutet dies, den kontextuellen Zusammenhang, den groben Aufbau und den inhaltlichen Kern erkennen zu können.[73] Markante Punkte eines Textes sind meist: Publikationsmedium, Autor, Titel, Untertitel, Inhaltsverzeichnis, Abstract, Vorwort, Abbildungen, Zusammenfassungen, Literaturverzeichnis und Anmerkungen. Diese Punkte sollte man überfliegen, um sich einen Gesamteindruck zu verschaffen und außerdem sich mit dem Autor, auch jenseits des einen vorliegenden Textes, seinen Zielen, seiner Vorgehensweise und seinem Sprachgebrauch vertraut zu machen. In dieser Vorbereitungsphase kann man überdies weitere Vorkehrungen für den Ablauf des Leseprozesses treffen: Man sollte sich einen Zeitrahmen setzen (siehe Lesegeschwindigkeit) und sich das Lesepensum in sinnvolle Abschnitte einteilen. Schon in der Leseeinstiegsphase lässt sich entscheiden, ob ein genaues Lesen der Quelle in der jeweiligen Studiensituation sinnvoll ist. Bei der Literatursuche für eine Seminararbeit fällt eine solche Entscheidung, ob und inwieweit die jeweilige Textquelle in Bezug auf das Thema der Seminararbeit weiterführend ist, in der ersten Phase des Leseprozesses innerhalb von wenigen Minuten. Bei der Lektüre zur Prüfungsvorbereitung ist allenfalls ein länger dauernder Leseeinstieg notwendig, um sicherer zu werden und auszuschließen, etwas Neues übersehen zu haben. Im Studienalltag werden Sie sehr oft diese vorbereitende Phase durchlaufen, sodass Sie bald darin Routine haben und sie Ihnen gar nicht mehr auffällt.

## 1.5.2   Textlektüre

### Intensität entscheidet

Bei der eigentlichen Textlektüre geht es darum, die Textquelle konzentriert und aufmerksam zu lesen und dies zu verarbeiten durch Verbinden, Einordnen, Hinterfragen, kurz: mitzudenken. Entscheidend für die Textlektüre ist die Tiefe der Durchdringung, d. h. wie stark die Ideen des Textes mit den eigenen Gedanken verbunden werden können. Man muss eine eigene Perspektive auf das zu Lesende entwickeln, es in seine bestehende Vorstellung einbauen. Das erfordert einen aktiven Prozess des Denkens, der sich fördern lässt.

Dabei hilft es, so banal es klingen mag, Thema und Aussagen des Texts als relevant anzusehen und sich ernsthaft damit auseinanderzusetzen. Darüber hinaus gilt es, den Text schon während der Lektüre, vor allem aber in der Nachbereitung für die jeweiligen Verwendungszwecke (Vorbereitung einer Klausur, eines Vortrags, einer Seminararbeit etc.) vor- und aufzubereiten. Geeignet dafür ist Markieren, Unterstreichen und/oder Exzerpieren. Bleistiftnotizen am Textrand bzw. Exzerpte auf separaten Blättern sind sehr zu empfehlen, da man sich zu einem späteren Zeitpunkt über die eigenen Notizen - im Gegensatz zu reinen Markierungen - schneller an die eigenen Gedanken zum Text erinnern kann. Ernsthaftes Auseinandersetzen heißt nicht, alles scheinbar Relevante mit einer Leuchtfarbe zu unterlegen, sodass das Wesentliche wieder verloren geht. Ramage und Bean bringen das Unheil von Textmarkern auf den Punkt: „Relying on those yellow highlighters makes you too passive. Next time you get the urge to highlight a passage, write in the margin why you think it's important. [...] Use the margins to summarize the text, protest vehemently, ask questions, give assent –

---

73 Booth, Colomb und Williams sprechen in diesem Zusammenhang von „Become familiar with the geography of the source". Vgl. Wayne C. Booth, Gregory G. Colomb and Joseph M. Williams, The Craft of Research, 2nd ed. (Chicago: University of Chicago Press, 2003) 106.

but don't just color the pages."[74] Markieren Sie die Struktur (wörter) und allenfalls wichtige Aspekte: Im Idealfall sollten weniger als 10% des Textes markiert werden. Markierungen entstehen als Ergebnisse des Nachvollzugs dessen, was der Autor des gelesenen Textes sagen will. Sie spiegeln die erkannte Struktur und die zentralen Aussagen wieder. Skizzen in Form von Strukturbäumen, Diagrammen, Ablaufplänen und sonstigen Schaubildern visualisieren die Struktur der Aussagen (Abhängigkeiten, Widersprüche etc.). Kommentare nehmen zusätzlich zum eigenen Vorwissen Bezug und zeigen Stärken wie Schwächen in den inhaltlichen Aussagen und in der Stringenz der Argumentation des Textes auf. Dabei helfen Fragen, die man sich im Sinne des aktiven Verarbeitens während des Lesens stellt: Welche grundlegenden Fragen, Themen, Ideen, Konzepte lässt der Text erkennen? Warum greift der Autor dieses Thema, diesen Aspekt, dieses Beispiel auf, aber andere nicht? Welche Begriffe und Definitionen verwendet der Autor mit welchen Begründungen und Absichten? Wie sinnvoll und schlüssig ist die Argumentation? Ist die vorgenommene Interpretation zwingend oder gäbe es Alternativen? Welche expliziten und impliziten Annahmen liegen zugrunde? Welche Bezüge zu Aussagen, Fragen, Entwicklungen und Quellen im Fachgebiet und zu anderen Fachgebieten nimmt der Autor vor? Welchen Nutzen unterstellt der Autor seiner Arbeit? Was erstaunt, was überzeugt, was verunsichert mich?

Um die Intensität des Lesens gerade bei fremd erscheinenden Fachtexten zu steigern, empfehlen Ramage und Bean außerdem: „Get the dictionary habit."[75] Demnach sollte man sich angewöhnen, Wörter bzw. Bedeutungen, die man aus dem Lesekontext nicht unmittelbar verstehen kann, in geeigneten Werken (Wörterbücher, Synonymwörterbücher etc.) nachzuschlagen. Häufiges Nachschlagen ist kein Zeichen von Unerfahrenheit oder Unkenntnis, sondern vielmehr ein Zeichen für Konzentration und sorgfältiges Arbeiten, weil man idealerweise den zentralen Begriffen vertieft nachgeht.

## Stellung beziehen

Neben den Techniken, mit denen man den Text bearbeitet, spielen auch die Zugänge zum Text bzw. die persönlichen Voreinstellungen und die Lesehaltung eine ernst zu nehmende Rolle. Einen Text kann man mit verschiedenen Grundhaltungen lesen. Versuchen Sie probeweise, die Textquelle einmal bewusst affirmativ zu lesen – also dem Autor zu glauben und Informationen direkt aufzunehmen - und ein weiteres Mal den Text bewusst skeptisch, also in einer kritischen Haltung, durchzuarbeiten. Danach sollen die einzelnen Standpunkte gegeneinander abgewogen werden. Bewusst in verschiedenen Haltungen an einen Text heranzugehen, erweist sich insbesondere dann als besonders sinnvoll, wenn man in einer späteren Zusammenfassung oder in einem Referat nicht nur seine eigene Meinung zum Ausdruck bringen, sondern differenziert über mögliche Sichtweisen und Einstellungen im und zum Text berichten möchte.

## Lesegeschwindigkeit variiert

Die Lesegeschwindigkeit hängt von verschiedenen sachlichen und persönlichen Umständen (Vorkenntnis, Konzentration, Sprache etc.) ab. Normalerweise kann man davon ausgehen, dass von einem Sach- oder Fachbuch in der Muttersprache etwa drei bis fünf Seiten in zehn Minuten gelesen werden können. Das entspricht ungefähr 20

---

74 John D. Ramage and John C. Bean, Writing Arguments: A Rhetoric with Readings, 4th ed. (Boston: Allyn and Bacon, 1998) 25; außerdem Metzger 78.

75 Ramage and Bean 25.

Seiten pro Stunde inklusive der Zeit für das Einprägen und Strukturieren des jeweiligen Sachverhalts. In einer wissenschaftlichen Zeitschrift auf Englisch sind etwa zwei Seiten in zehn Minuten zu lesen bzw. zehn Seiten pro Stunde, wenn man kleinere Pausen und vereinzeltes Nachschlagen im Lexikon oder Fremdwörterbuch mit berücksichtigt. Diese Angaben sind lediglich Erfahrungswerte. Relativ hohe Abweichungen nach oben und unten sind nicht beängstigend, sondern kommen häufig vor, weil sie auf den unterschiedlichen Voraussetzungen beruhen, die Sie als Leserinnen und Leser mitbringen. Es geht jedoch in erster Linie immer darum, die Lesequalität an sich zu steigern. Einige Worte mehr pro Minute sind ein geringer Erfolg, wenn die neue Methode eine nachlässige Oberflächlichkeit mit sich bringt.

Das eigene geistige Potenzial wird beim Lesen wohl kaum je ausgeschöpft. Dies bedeutet, dass man lernen kann, die eigene Lesegeschwindigkeit zu erhöhen. Eine Steigerung des Lesetempos bedeutet nicht, dass die Merkfähigkeit abnimmt. Vielmehr ist der Versickerungseffekt der aufgenommenen Information bei geringerem Lesetempo wesentlich größer, da das höhere Tempo mehr Konzentration erfordert, man weniger abschweift und deshalb mehr behält.[76] Menschen gleiten beim Lesen nicht gleichmäßig über die Zeilen, sondern die Augen springen in kurzen, ruckartigen Abständen. Dabei hält man 0.2 bis 0.3 Sekunden inne. Enge Fixationspunkte sind ein großes Hindernis für schnelles Lesen. Deshalb sollte man üben, das Fixationsfeld zu vergrößern und die ruckartigen Augenbewegungen zu vermindern. Oft sprechen Menschen auch innerlich mit, wenn sie lesen. Auch dies beeinträchtigt das Schnelllesen, weil man in diesem Fall nur so schnell lesen kann, wie man spricht.[77] Beobachten Sie Ihre Lesegewohnheiten und suchen sich die geeigneten.

Die Eignung von Schnelllesetechniken ist umstritten, da für deren Einübung beträchtlicher Aufwand betrieben werden muss. Wer sich mit seiner bisherigen Lesetechnik wohlfühlt, sollte eher versuchen, diese hinsichtlich Geschwindigkeit und Auffassungsgabe zu optimieren. Zur Einschätzung Ihrer Lesegeschwindigkeit eignet sich die folgende Aufgabe (nach Kunz 1986):

Lesen Sie sich den folgenden Übungstext aufmerksam durch und notieren Sie die Zeit, die Sie dafür gebraucht haben. Aus der nachstehenden Tabelle können Sie Ihre Lesegeschwindigkeit entnehmen. Ein Durchschnittsleser erreicht bei einem mittelschweren Text wie dem vorliegenden etwa 150 Wörter pro Minute. Man kann bei entsprechender Übung 400 Wörter pro Minute lesen. J.F. Kennedy soll zum Beispiel 900 Wörter pro Minute erreicht haben.

---

76 Sven Litzcke, „Arbeits- und Lerntechniken – wie man sich perfekt organisiert", olev: Online Verwaltungslexikon (2003) 15.

77 Litzcke 16. Eine andere Fachmeinung zum Thema des innerlichen Mitlesens, Subvokalisation genannt, besagt, dass diese Angewohnheit, welche im Kindesalter erlernt und später automatisiert wurde, zur gezielteren Visualisierung von Texten dient. Der Leser hatte in seiner bisherigen „Lesergeschichte" die Möglichkeit, Klangbilder zu entwickeln, wie beispielsweise die innere Betonung von Sätzen und Satzzeichen. Während des Lesens sucht er diese Bilder unterschwellig im Text. Durch Subvokalisation tastet sich der Leser somit von Klangbild zu Klangbild und schafft sich so im Text einen individuellen Leseleitfaden. Zu den psychologischen und biologischen Grundlagen des Lesens finden Sie ausführliche Ausführungen bei: Ursula Christmann und Norbert Groeben, „Psychologie des Lesens", Handbuch Lesen, Hrsg. Bodo Franzmann (München: Saur, 1999) 145-223 sowie Marc Wittmann und Ernst Pöppel, „Neurobiologie des Lesens", Handbuch Lesen, Hrsg. Bodo Franzmann (München: Saur, 1999) 224-239.

Nach Lesen des Übungstextes beantworten Sie die Fragen, um festzustellen, ob Sie auch den wesentlichen Inhalt erfasst haben. Ihre derzeitige Leseleistung ermitteln Sie dann nach der Formel:

Wörter pro Minute (wpm) x Textverständnis = Leseleistung
(z.B. 230 wpm x 80% = Leseleistung 184).

Das ist für einen ungeübten Leser schon ein relativ guter Wert. Sie sollten aber sehen, dass Sie auf etwa 400 Wörter pro Minute kommen und somit eine Leseleistung (bei gleichem Textverständnis von 80%) von 320 erreichen.

## Leseübung: Zeit notieren[78]

„„Lesen und Lernen sind nicht voneinander zu trennen.'

Das Problem des Lesens ist nicht neu. Schon Goethe soll seinem Vertrauten Eckermann gesagt haben, dass es ihn zunächst viel Mühe und Zeit gekostet habe, lesen zu lernen. Er habe schließlich 80 Jahre dazu gebraucht und könne es immer noch nicht.

In den USA gibt es seit vielen Jahren Leseschulen zur Verbesserung der Lesefertigkeit. Selbst an Hochschulen gibt es Lesetrainer, bei denen Studenten eine effizientere Lesetechnik erlernen können. In Deutschland galt systematisches Schnelllesen bis in die 50er Jahre als nutzlose Spielerei.

Ende der 50er Jahre untersuchte das Deutsche Institut für Betriebswirtschaftslehre e.V. im Auftrag des Bundeswirtschaftsministeriums, ob eine bessere Lesetechnik im deutschen Sprachraum möglich ist. Gleichzeitig entwickelte Wolfgang Zielke eine mittlerweile anerkannte Methode, die er ständig verbesserte. Die Lesegeschwindigkeit wird in Wörter pro Minute („wpm") gemessen. Zur Messung der Effizienz der Leseleistung, d.h. zur Nachprüfung, was vom Gelesenen behalten worden ist, werden Kontrollfragen gestellt.

Auch in Zeiten einer fast perfektionierten Telekommunikation ist das geschriebene Wort immer noch der wichtigste Wissensübermittler.

Man schätzt, dass zur Zeit Gutenbergs im 15. Jahrhundert jährlich etwa 1.000 neue Titel in Europa erschienen. Im Jahre 1950 waren es etwa 120.000. Mitte der 60er Jahre erschienen täglich auf der ganzen Welt 1.000 neue Bücher. Allein die wissenschaftliche Literatur wächst jährlich um etwa 60 Millionen Druckseiten. In vielen wissenschaftlichen Disziplinen verdoppelt sich das Wissen in weniger als fünf Jahren.

---

78 Leseübung, Tabelle zur Ermittlung der Lesegeschwindigkeit und Fragen entnommen aus Armin Kunz, *Der Weg zum erfolgreichen Studium. Studenten lernen studieren – Organisation und Methoden geistiger Arbeit* (Heidelberg: R. v. Decker, 1986) 124-126.

Die Weltproduktion an Büchern beträgt gegenwärtig über eine halbe Million Titel; auf den deutschen Sprachraum entfallen davon über 50.000. Die Produktion an Büchern ist immer noch steigend. Seit 1951 hat sie sich mehr als verdreifacht. Alles deutet darauf hin, dass dieser Trend anhält. Diese Zahlen belegen, dass wir von einer Flut gedruckten Materials überschüttet werden. Dabei haben wir nicht einmal die unzähligen Briefe, Drucksachen und sonstigen schriftlichen Materialien berücksichtigt, die uns täglich ins Haus flattern. Mit herkömmlichen Lesemethoden lässt sich das nicht bewältigen.

Es gibt kaum einen Menschen, der sein Lesen nicht effektiver gestalten könnte, durch Steigerung sowohl des Lesetempos als auch der Merkfähigkeit. Effektiveres Lesen bedeutet nämlich gleichzeitig besseres Behalten. Der Durchschnittsleser kann in kurzer Zeit sein Lesetempo verdoppeln. Er muss üben und die hier vorgestellten Techniken konsequent anwenden. Eine Verdopplung der Lesegeschwindigkeit ist allemal erreichbar.

Der Durchschnittsleser liest zwischen 150 und 200 Wörter pro Minute. Bei einer Verdopplung der Lesegeschwindigkeit bedeutet das eine Zeitersparnis um 50% oder die Möglichkeit, 50% mehr Informationen aufzunehmen.

Achtung: Zeit stoppen!

Die Lesegeschwindigkeit können Sie der unten stehenden Tabelle entnehmen:

| Gemessene Lesezeit | Lesetempo (wpm) | Gemessene Lesezeit | Lesetempo (wpm) |
|---|---|---|---|
| 0 min 15 sek | = 1600 | 1 min 30 sek | = 265 |
| 0 min 20 sek | = 1200 | 1 min 35 sek | = 250 |
| 0 min 25 sek | = 960 | 1 min 40 sek | = 240 |
| 0 min 30 sek | = 800 | 1 min 45 sek | = 230 |
| 0 min 35 sek | = 685 | 1 min 50 sek | = 220 |
| 0 min 40 sek | = 600 | 1 min 55 sek | = 210 |
| 0 min 45 sek | = 535 | 2 min 00 sek | = 200 |
| 0 min 50 sek | = 480 | 2 min 05 sek | = 192 |
| 0 min 55 sek | = 435 | 2 min 10 sek | = 184 |
| 1 min 00 sek | = 400 | 2 min 15 sek | = 178 |
| 1 min 05 sek | = 370 | 2 min 20 sek | = 172 |
| 1 min 10 sek | = 340 | 2 min 25sek | = 166 |
| 1 min 15 sek | = 320 | 2 min 30 sek | = 160 |
| 1 min 20 sek | = 300 | 2 min 35 sek | = 155 |
| 1 min 25 sek | = 280 | 2 min 40 sek | = 150 |

Zur Selbstkontrolle, ob Sie das Wesentliche des Textes auch erfasst haben, und zur Feststellung Ihrer tatsächlichen Leseleistung beantworten Sie folgende Fragen:[79]

(Halten Sie die Reihenfolge der Fragen genau ein!)

| | | |
|---|---|---|
| 1. | Lesen und (?) ... sind nicht voneinander zu trennen. | 5% |
| 2. | Über die Mühe des Lesens hat schon (?) ... seinem Vertrauten geklagt. | 5% |
| 3. | Wo gibt es schon lange Leseschulen? | 5% |
| 4. | Wie lange galt in Deutschland systematisches Schnelllesen als Spielerei? | 5% |
| 5. | Bei welcher Einrichtung wurden die ersten Untersuchungen über eine bessere Lesetechnik im deutschen Sprachraum durchgeführt? | 10% |
| 6. | Wer entwickelte eine anerkannte Methode? | 10% |
| 7. | Wie wird die Leistungsgeschwindigkeit gemessen (Abkürzung!)? | 5% |
| 8. | Der wichtigste Wissensübermittler im Zeitalter der Telekommunikation ist? | 5% |
| 9. | Wie viele Bücher erschienen jährlich in Europa zu Zeiten Gutenbergs? | 10% |
| 10. | Wie viele waren es im Jahre 1950? | 10% |
| 11. | Wie viele erscheinen z.Z. jährlich auf der ganzen Welt? | 10% |
| 12. | Die Merkfähigkeit steigt/steigt nicht mit zunehmender Lesegeschwindigkeit | 5% |
| 13. | Die Durchschnittsgeschwindigkeit beträgt (?) ... Wörter in der Minute. | 5% |
| 14. | Durch Training kann allemal (?) ... erreicht werden. | 5% |
| 15. | Um wie viel ist die Produktion an Büchern seit 1951 gestiegen? | 5% |

Summe = Addieren Sie die Prozentanteile der richtig beantworteten Fragen!

Meine Leseleistung beträgt z.Z. (laut Tabelle)                                        ... wpm

Vom Text habe ich richtig erfasst:                                                           ... %

Meine derzeitige Leseleistung beträgt (wpm x Textverständnis)                ...

(Beispiel: 230 wpm x 80% beantworteter Fragen = Leseleistung 184)"

---

[79] Die Prozentangabe zur Rechten benennt jeweils die Gewichtung der Frage in der Gesamtauswertung.

## 1.5.3 Nachbereitung

Damit die während der Durchführung gewonnene Information nicht verloren geht, und man möglichst viel aus dem Leseprozess langfristig behält, ist eine Nachbereitung notwendig. Während die Vorbereitung das gezielte Aufnehmen der Information ermöglichen soll, hilft die Nachbearbeitung bei der gezielten Speicherung des Aufgenommenen. Es gilt, die Inhalte der Lektüre aufgrund der Gliederung, der Markierungen, Kommentare, Exzerpte und ggf. weiterer Ideen aus dem Leseprozess zusammenzufassen und ggf. zu bewerten.

Die erste Möglichkeit einer Nachbereitung besteht in der mündlichen Wiedergabe der wesentlichen Punkte. Der Vorteil einer laut ausgesprochenen Wiedergabe[80] besteht in dem Zwang, grammatisch korrekte und inhaltlich sinnvolle Sätze zu bilden. Meist merkt man auf diese Art und Weise schnell, welche Punkte des Textes man nicht behalten oder nicht verstanden hat, und welche Aspekte nochmals nachzulesen sind. Entscheidend ist indes: Selbst Formuliertes (besser noch Praktiziertes) kann man sich viel besser merken als nur Gehörtes oder Gesehenes. Die zweite Möglichkeit, die sich insbesondere bei umfangreichen Texten empfiehlt, ist die Erstellung einer Zusammenfassung des Gelesenen. Viele Menschen können Niedergeschriebenes aktiver verarbeiten als bloß Gedachtes und laut Ausformuliertes. Zudem hilft eine Zusammenfassung insbesondere bei der Prüfungsvorbereitung, weil vor dem Prüfungstermin nicht mehr die Zeit ist, ganze Texte zu lesen. Zusammenfassungen können handschriftlich auf Papier, als Karteikarten oder elektronisch angelegt werden.

Eine gute Zusammenfassung ist knapp, enthält das Wesentliche und zeichnet sich durch klare und kurze Formulierungen aus. Abkürzungen sind erlaubt. Eine qualifizierte Zusammenfassung ist eine Frage der Übung. Bei schwierigen Texten gelingt es den wenigsten auf Anhieb, das Wesentliche zu erfassen, weil z.B. zu viel neu ist. Hier kann insbesondere Team- und Gruppenarbeit hilfreich sein. Wenn man sich in einer Gruppe auf einige Punkte einigen kann, so ist die Wahrscheinlichkeit groß, dass es sich dabei auch um die wesentlichen eines Textes handelt. Während die Zusammenfassung die Meinung des Autors [re] formuliert, stellt man mit der Bewertung Bezüge zur eigenen Position und derjenigen Dritter her. Dabei helfen die vor, bei und nach der Lektüre angestellten Überlegungen, die von Fragen nach dem Erkenntnisinteresse des Textes über solche zu Art und Qualität der Argumentation bis zu denjenigen nach Konsequenzen und Schlussfolgerungen reichen.

## 1.5.4 Hermeneutik als Verfahren des Verstehens

Dieser Abschnitt dient der Vertiefung und zeigt, wie man sich das Verstehen, insbesondere eines Textes, vorstellen kann. Er widmet sich der Hermeneutik. Kenntnisse der Hermeneutik helfen Ihnen, Texterschließung und Textverständnis besser zu bewältigen.

### 1.5.4.1 Geschichte der Hermeneutik

Der ursprüngliche Anwendungsbereich der Hermeneutik war die Interpretation biblischer Texte. In der Kirche galt die Hermeneutik als Methode, zur „Wahrheit" der biblischen Texte vorzudringen. Schon hier kam eine wesentliche Aussage der Hermeneutik

---

80 Angeregt werden solche wiederholenden Selbstgespräche in einigen Lehrbüchern. So etwa auch im VWL-Lehrbuch Principles of Economics von Mankiw, wo dem Leser etappenweise ein so genanntes „Quick Quiz" präsentiert wird, dessen Zweck das Wiedergeben eines Textes ist.

zum Tragen: Textausschnitte müssen immer vor dem Hintergrund des Textganzen bzw. der Textsituation insgesamt mit ihren Rahmenbedingungen interpretiert werden. Das Einzelne ist nur mit Blick auf das Ganze zu verstehen. Die Hermeneutik löste sich von der wortwörtlichen Interpretation der Bibel und ließ allegorische Interpretationen zu. Es ging – oftmals in einem durchaus mythischen Verstehensansatz – um einen ganzheitlichen Zugang zu den biblischen Schriften. Die Hermeneutik entwickelte sich zu einer regelrechten Methodik der Auslegung.

Während es dieser Hermeneutik um die Erschließung der „Wahrheit" in den „heiligen Schriften" ging, löste sich die Hermeneutik mit Friedrich Schleiermacher um 1800 von diesem Anspruch. Schleiermacher sah die Hermeneutik als Methode, sich dem Denken und Empfinden des Autors zu nähern. Zum Verstehen eines Textes ist nach Schleiermacher ein Prozess der Einfühlung notwendig. Hierzu versucht der Interpret, sich mit dem Umfeld des Autors, mit seinem Leben, seiner Haltung oder Weltsicht und seinem Gesamtwerk auseinanderzusetzen, um nachzufühlen, welche Aussage der Autor in seinen Text gelegt hat. Schleiermeier fundiert seine Auffassung von Hermeneutik mit einer metaphysischen Theorie, nach der sowohl Verfasser als auch Leser an einem überindividuellen Leben (Geist) teilhaben.

Diese metaphysische Theorie wurde in der zweiten Hälfte des 19. Jahrhunderts wieder aufgegeben. Hermeneutik war nun vor allem eine Methode, um Texte mittels Einfühlung in die psychischen Zustände der Autoren zu interpretieren. Es ging darum, über den buchstäblich vorliegenden Text, die subjektive Situation des Autors zu erfassen und für die Interpretation fruchtbar zu machen. Dazu bedurfte es keiner metaphysischen Erklärung mehr. Das Interesse an einer adäquaten Interpretation genügte als Motivation.

Wilhelm Dilthey sah die Hermeneutik als Methode der Geisteswissenschaften an. Ziel der Hermeneutik und der Geisteswissenschaften sei das Verstehen, die Naturwissenschaften wollten dagegen erklären. Die Naturwissenschaften wählen, so Dilthey, eine objektive Methode, indem sie sich von außen ihren Gegenständen nähern. Sie beobachten und suchen nach Gesetzen, die die Welt erklären. Die Geisteswissenschaft dagegen blickt von innen auf ihre Untersuchungsgegenstände, will nicht bloß objektiv beobachten, sondern sich der subjektiven Erfahrung öffnen, ohne dabei selbst völlig subjektiv zu werden; es geht um eine möglichst objektive Erschließung der Texte mittels einer Einfühlung in die subjektiven Zustände des Autors. Ergo zielt die Geisteswissenschaft auf ein Verstehen, nicht auf ein Erklären. Die Hermeneutik ist für Dilthey die geeignete Methode, um dieses Verstehen von innen her zu leisten. Mit diesen Überlegungen wurde Dilthey zum Vater der modernen Hermeneutik. Seit Dilthey lassen sich drei Funktionen der Hermeneutik ausmachen:

- Begründung einer spezifisch geisteswissenschaftlichen Methode, die sich von den Methoden der Naturwissenschaften unterscheidet,
- Betonung der Verwurzelung des Menschen in seiner Geschichte und in seiner Lebenswelt,
- Untersuchung von Zeugnissen (Kunst, Literatur, usw.) des Menschen im Hinblick auf sein Umfeld, seinen Horizont und seine Weltanschauung.

Martin Heidegger und später Hans-Georg Gadamer öffneten den Anwendungsbereich der Hermeneutik noch weiter. Beide Autoren sahen die Hermeneutik nicht nur als Methode zur Textinterpretation, sondern als geeignete philosophische Methode schlechthin, die als wissenschaftliche Vorgehensweise in vielerlei Zusammenhängen von Bedeutung ist.

Der Hermeneutik geht es um das Verstehen von Sinnzusammenhängen in Lebensäußerungen aller Art. Sie zielt auf die Gewinnung von Erkenntnissen ab.[81]

### 1.5.4.2 Hermeneutische Zirkel

Es ist nicht die Aufgabe der Hermeneutik, zu objektiver Erkenntnis zu führen; wichtigstes Ziel ist das bessere Verstehen. Zur Erfassung von Sachverhalten muss man sich selbst beim Lesen drei Fragen stellen:

1. Welche Bedeutung verband der Autor mit seinem Werk bzw. mit seinem Text?
2. In welchem Bedeutungszusammenhang steht das zu Verstehende, d.h. der Text, das Bild, die Melodie etc.?
3. Welche Zielsetzung war damit beabsichtigt?

Die Hermeneutik gibt das Ziel der Objektivität jedoch keinesfalls auf. Verstehen heißt nicht beliebiges Verstehen, sondern es geht um eine möglichst objektive Annäherung an Zeit, Umstände und Beweggründe des Autors. Dabei wird nicht primär nach Ursachen und Gründen (Erklären), sondern nach der Bedeutung gefragt.

Der hermeneutische Zirkel verdeutlicht die praktische Anwendung der hermeneutischen Methode. Der Zirkel symbolisiert den Prozess des Verstehens: Aus dem Verständnis eines Einzelzusammenhangs ergibt sich ein verbessertes Verständnis des Gesamtzusammenhangs. Das bessere Verständnis des Gesamtzusammenhangs ermöglicht wiederum ein besseres Verständnis einzelner Zusammenhänge usw. Im Grunde handelt es sich hier allerdings nicht um einen zirkelförmigen, sondern um einen spiralförmigen Weg: Durch die wiederkehrende Analyse des Einzelnen mit Blick auf das Ganze verbessert sich die Interpretation mit jeder Kreisbewegung. Beim Lesen von Texten wird dies besonders deutlich: Wiederholtes Lesen eines Textes führt zu einem besseren Detailverständnis, das zu einem besseren Gesamtverständnis führt, das zu einem besseren Detailverständnis führt usw. Mit jedem Lesen verbessert sich das Verständnis des Textes als Ganzem und in seinen einzelnen Aussagen.

Man kann den hermeneutischen Zirkel auf zweifache Weise auslegen: Beim hermeneutischen Zirkel I (siehe Abbildung 1.5) geht es um das Verhältnis von Vorverständnis und Textverständnis. Er verdeutlicht ein Paradoxon: Verstehen ist immer nur mit einem gewissen Vorverständnis möglich: Es gibt kein kontextloses Verstehen. Mit jedem Durchschreiten des Zirkels ergibt sich ein besseres Vorverständnis und damit auch ein besseres Textverständnis. Dadurch verringert sich die hermeneutische Differenz zwischen ursprünglicher Intention des Autors und dem Verständnis des Lesers.

---

81 Weiterführende Ausführungen zum Thema finden sie bei:

Heinrich Anz, Hrsg., Hermeneutische Positionen: Schleiermacher, Dilthey, Heidegger, Gadamer (Göttingen: Vandenhoeck & Ruprecht, 1982).
Hans-Georg Gadamer, Hermeneutische Entwürfe: Vorträge und Aufsätze (Tübingen: Mohr, 2000).
Matthias Jung, Dilthey zur Einführung (Hamburg: Junius, 1996).
Ernst Wolfgang Orth, Hrsg., Dilthey und die Philosophie der Gegenwart (Freiburg i.Br.: Alber, 1985).

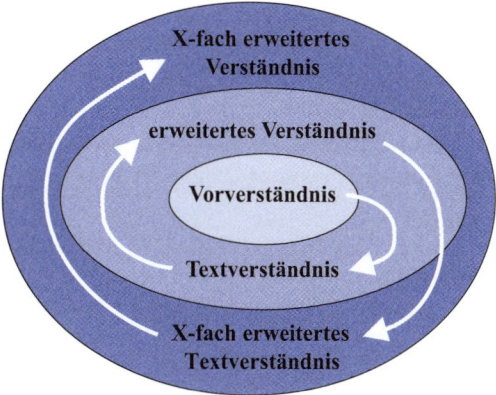

**Abbildung 1.5:** hermeneutischer Zirkel 1

Der hermeneutische Zirkel II (siehe Abbildung 1.6) beleuchtet das Verhältnis zwischen dem Besonderen und dem Allgemeinen oder den Teilen und dem Ganzen. Erst ein Verständnis des Einzelnen ermöglicht ein Verständnis des Ganzen, aber das Einzelne ist nur vor dem Hintergrund des Ganzen zu verstehen. Auch dieses Paradox wird durch die Anwendung des Zirkels aufgelöst. Mit der Bewegung auf dem Zirkel mindert sich auch hier die hermeneutische Differenz.

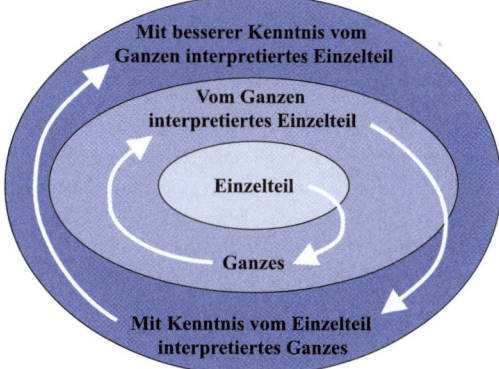

**Abbildung 1.6:** hermeneutischer Zirkel 2

### 1.5.4.3 Hermeneutik und Positivismus

Die Bedeutung der Hermeneutik reicht weit über eine reine Interpretationstechnik hinaus. Wie erwähnt, ist seit Heidegger und Gadamer ein philosophisches Programm erkennbar, das sich gegen einen reinen Empirismus und Positivismus wendet. Empiristische, positivistische Positionen streben nach:[82]

---

82 Vgl. Hans Poser, Wissenschaftstheorie (Stuttgart: Philipp Reclam jun., 2001) 42-72; außerdem Richard von Mises, Kleines Lehrbuch des Positivismus (Frankfurt am Main: Suhrkamp, 1990) oder Carl Gustav Hempel, Aspects of Scientific Explanation and Other Essays in the Philosophy of Science (New York: Free Press, 1965).

- völliger Objektivität und Vergleichbarkeit. Die Ergebnisse sollen völlig unabhängig von dem Forscher sein. Deshalb wird eine Distanz zu den Forschungsgegenständen gefordert.
- Erklärungen, d.h. kausalen Gesetzlichkeiten.
- einem Forschen, das ohne inhaltliche Voraussetzungen stattfindet. Der Forscher soll nicht durch ein Vorverständnis in seiner Objektivität gestört werden.
- Werturteilsfreiheit.
- einem Forschungsprogramm, das sich in Teilprojekte zerlegen lässt, die unabhängig voneinander zu behandeln sind.

Die Hermeneutik dagegen sieht andere Bedingungen des Forschens:[83]

- Völlige Objektivität kann nicht garantiert werden, weil der zum Verstehen notwendige innere Blick immer auch von den Einstellungen des Forschers abhängig ist. Es kann daher auch keine völlige Intersubjektivität gefordert werden. Ständige Distanz zu den Forschungsgegenständen ist nicht sinnvoll, weil man die innere Perspektive gewinnen muss, um verstehen zu können.
- Die Hermeneutik strebt nicht nach Kausalerklärungen und Gesetzen. Sie sieht ihre Forschungsgegenstände tendenziell als singulär und einmalig an.
- Es gehört zu den Grundaussagen der Hermeneutik, dass Forschung immer unter einem Vorverständnis stattfindet – ja sogar stattfinden muss. Ohne ein Vorverständnis ist gar kein Einstieg in den Forschungsgegenstand möglich. Voraussetzungsloses Forschen gibt es nach Ansicht der Hermeneutiker nicht.
- Hinter den Voraussetzungen, unter denen man forscht, stehen implizite oder explizite Werturteile. Deshalb ist Werturteilsfreiheit in der Hermeneutik nicht möglich.
- Die Hermeneutik legt Wert auf das Ganze, ohne dass ein Verständnis des Einzelnen nicht möglich ist. Es ist aus hermeneutischer Sicht zumindest fraglich, ob sich Forschungsprojekte beliebig teilen und in einzelne Fragen zerlegen lassen.

Der Konflikt zwischen Hermeneutik und positivistisch-empiristischen Positionen bleibt unproblematisch, so lange sich die Positivisten auf den naturwissenschaftlichen Bereich, die Hermeneutiker auf den geisteswissenschaftlichen Bereich beschränken. Allerdings haben beide theoretischen Richtungen oft einen höheren Anspruch erhoben: Positivisten weisen darauf hin, dass sich jede Wissenschaft auf Beobachtungen zu stützen habe. Diese Beobachtungen sollten intersubjektiv zugänglich sein. Wer sich diesem Standard entziehe, betreibe letztlich keine seriöse Forschung, sondern Spekulation – auch in den Geisteswissenschaften. Die Hermeneutiker meinen dagegen, dass es sich beim Forschungsprogramm des Positivismus um eine Illusion handele. Auch in den Naturwissenschaften sei kein voraussetzungsloses Forschen denkbar, weil man ohne Sprache, ohne vorherige Theorien überhaupt nicht forschen und nichts verstehen könne. Deshalb finde auch naturwissenschaftliche Forschung unter gewissen Wertannahmen statt.

Die Auseinandersetzung zwischen den Empiristen/Positivisten und den Hermeneutikern berührt den Werturteilsstreit und bildet den Hintergrund für den sogenannten Positivismusstreit. Diese drei Fragen sind „große" Themen der Wissenschaftstheorie. Sie werden im Kapitel 2.4 wieder aufgegriffen und diskutiert.

---

83 Vgl. statt vieler: Anz, insbesondere die Einführung, sowie Poser 209-234.

# 1.6 Literatur

## 1.6.1 Zur Selbstorganisation

Csikszentmihalyi, Mihaly. *Flow – Das Geheimnis des Glücks*. Stuttgart: Klett-Cotta, 1992.

Droysen, Johann Gustav. *Historik: Vorlesungen über Enzyklopädie und Methodologie der Geschichte*. Herausgegeben von Rudolf Hübner. 7. Aufl. Darmstadt: Wissenschaftliche Buchgesellschaft, 1972.

Fulwiler, Toby, „Führen eines Journals". Schreib-Guide Geschichte. Hrsg. Wolfgang Schmale. Wien/Köln/Weimar: Böhlau, 1999, 36-58.

Kemp, Wolfgang. „Die Selbstfesselung der deutschen Universität. Eine Evaluation". *Merkur: Deutsche Zeitschrift für europäisches Denken* 58.4 (2004): 294-305.

Moffett, James. *Teaching the Universe of Discourse*. Portsmouth: Boynton/Cook Publishers, 1987.

Murray, D.M. *Shoptalk: Learning to Write with Writers*. Portmouth: Boynton, 1990.

Nolting, Hans-Peter und Peter Paulus. *Psychologie lernen*. Weinheim/Basel: Beltz, 1999.

Romhardt, Kai. *Slow down your life*. München: Econ, 2004.

Spoun, Sascha und Werner Wunderlich. „Was Polybios an einer modernen Universität zu suchen hat. Der Bildungswert klassischer Sprachen bleibt aktuell". *Schweizerische Monatshefte für Politik, Wirtschaft, Kultur* 83.2 (2003): 15-18.

Von Werder, Lutz. *Lehrbuch des wissenschaftlichen Schreibens*. Berlin/Milow: Schibri-Verlag, 1993.

Zimbardo, Philip G. and Richard J. Gerrig. *Psychology and Life*. 15th ed. New York: Longman, 1999.

## 1.6.2 Zum Lernen

Buzan, Tony und Barry Buzan. Das *Mind-Map-Buch: die beste Methode zur Steigerung ihres geistigen Potenzials*. 5., aktualisierte Aufl. Landsberg am Lech: Verlag Moderne Industrie, 2002.

Buzan Tony und Vanda North. *Business Mind Mapping: visuell organisieren, übersichtlich strukturieren, Arbeitstechniken optimieren*. Wien: Ueberreuter, 1999.

Chevalier, Brigitte. *Effektiver Lernen*. Frankfurt am Main: Eichborn, 1999.

Cottrell, Stella. *The Study Skills Handbook*. Houndmills: Palgrave, 1999.

Csikszentmihalyi, Mihaly. *Flow – Das Geheimnis des Glücks*. Stuttgart: Klett-Cotta, 1992.

Csikszentmihalyi, Mihaly und Ulrich Schiefele. „Die Qualität des Erlebens und der Prozeß des Lernens". *Zeitschrift für Pädagogik* 39.2 (1993): 207-221.

Dahmer, Hella. *Effektives Lernen. Didaktische Anleitung zum Selbststudium und zur Gruppenarbeit*. 2. Aufl. Stuttgart/New York: Schattauer, 1979.

Edelmann, Walter. *Lernpsychologie*. 6. Aufl. Weinheim: Beltz, 2000.

Falk-Frühbrodt, Christine. „Lerntypen II". *Website des IFLW Berlin*. 2003. 24. Feb. 2004. <http://www.iflw.de/wissen/lerntypen_II.htm>

Grotian, Kristine und Karl Heinz Beelich. *Lernen selbst managen. Effektive Methoden und Techniken für Studium und Praxis.* Berlin/Heidelberg: Springer, 1999.

Holzkamp, Klaus. *Lernen. Subjektivwissenschaftliche Grundlegung.* Frankfurt/New York: Campus, 1995.

Juvenal. *Satiren.* Sammlung Tusculum. Übers. Joachim Adamietz. München: Artemis & Winkler, 1993.

Kretchmer, Norman, J.L. Beard and Steven Carlson. „The role of nutrition in the development of normal cognition". *American Journal of Clinical Nutrition* 63.6 (1996): 997-1001.

Kugemann, Walter F. und Bernd Gasch. *Lerntechniken für Erwachsene.* 17. Aufl. Reinbek bei Hamburg: Rowohlt, 2002.

Leavitt, Harold J., Louis R. Pondy and David M. Boje, Eds. *Readings in Managerial Psychology.* Chicago: The University of Chicago Press, 1980.

Metzger, Christoph. *Lern- und Arbeitsstrategien.* 5. Aufl. Aarau: Sauerländer, 2002.

Müller, Andreas. *Lernen steckt an.* Bern: h.e.p., 2001.

Oppolzer, Ursula. *Super lernen. Tips & Tricks von A-Z.* München: Humboldt, 1993.

Schräder-Naef, Regula. *Rationeller Lernen lernen. Ratschläge und Übungen für alle Wissbegierigen.* 18. Aufl. Weinheim und Basel: Beltz, 1994.

Seel, Norbert M. *Psychologie des Lernens.* München: Reinhardt, 2003.

Spitzbarth, Manuela. *Irrelevant Sound Effekt. Auswirkungen gruppierter Hintergrundschalle auf die serielle Behaltensleistung.* Hamburg: Kovač, 2001.

Spitzer, Manfred. *Lernen. Gehirnforschung und die Schule des Lebens.* Darmstadt: Wissenschaftliche Buchgesellschaft, 2002.

Staw, Barry M. „Intrinsic and Extrinsic Motivation". *Readings in Managerial Psychology.* Eds. Harold J. Leavitt, Louis R. Pondy and David M. Boje. 3rd ed. Chicago: The University of Chicago Press, 1980.

Steiner, Verena. *Erfolgreich lernen heißt  Die besten Lernstrategien für Studium und Karriere.* Zürich/München: Pendo, 2002.

Steiner, Gerhard. *Lernen. 20 Szenarien aus dem Alltag.* 2. Aufl. Bern/Göttingen/Seattle/Toronto: Huber, 1996.

Stickel-Wolf, Christine und Joachim Wolf. *Wissenschaftliches Arbeiten und Lerntechniken.* 2. Aufl. Wiesbaden: Gabler, 2002.

Vester, Frederic. *Denken, Lernen, Vergessen: Was geht in unserem Kopf vor, wie lernt das Gehirn, und wann lässt es uns im Stich?* Überarb. Ausg. München: Dt. Taschenbuch-Verlag, 2001.

### 1.6.3   Zur Teamarbeit

Ardelt-Gattinger, Elisabeth, Hans Lechner und Walter Schlögl, Hrsg. *Gruppendynamik. Anspruch und Wirklichkeit der Arbeit in Gruppen.* Göttingen: Hogrefe, 1998.

Bales, Robert F. „The Equilibrium Problem in Small Groups". *Small Groups: Studies in Social Interaction.* Eds. A.P. Hare, E.F. Borgatta, and R.F. Bales. New York: Alfred A. Knopf, 1955, 449-490.

Beddoes-Jones, Fiona. *Thinking Styles – Relationship Strategies That Work!* Stainby: BJA Associates, 1997.

Belbin, R. Meredith. *Team Roles at Work*. Oxford: Butterworth-Heinemann, 1993.

Benien, Karl. *Schwierige Gespräche führen*. Reinbek bei Hamburg: Rowohlt, 2003.

Boos, Margarete und U. Scharpf. „Drei Modelle der Führung und Zusammenarbeit beim Umgang mit komplexen Problemen". *Vom Umgang mit Komplexität in Organisationen: Konzepte – Fallbeispiele – Strategien*. Hrsg. Rudolf Fisch und Margarete Boos. Konstanz: Universitätsverlag, 1990, 235-254.

Bruch, Heike. „Moderationstechnik". *Einführung in die Managementlehre*. Bd. 5. Hrsg. Rolf Dubs et al. Bern: Haupt, 2004, 47-81.

Drescher, Peter. *Moderation von Arbeitsgruppen und Qualitätszirkeln: ein Handbuch*. Göttingen: Vandenhoeck und Ruprecht, 2003.

Dubs, Rolf. *Lehrerverhalten. Ein Beitrag zur Interaktion von Lehrenden und Lernenden im Unterricht*. Zürich: SKV, 1995.

Fisher, Stephen G., WD Keith Macrosson and John Wong. „*Cognitive style and team role preference*". *Journal of Managerial Psychology* 13.8 (1998): 544-557.

Forsyth, Donelson R. *Group Dynamics*. London: Brooks Cole, 1999.

Johnson, David W. and Roger T. Johnson. *Learning together and alone: Cooperative, competitive and individualistic learning*. 5th ed. Boston: Allyn & Bacon, 1999.

Katzenbach, Jon R. *The wisdom of teams: creating the high-performance organization*. Boston, Mass.: Harvard Business School, 1993.

Klippert, Heinz. *Teamentwicklung im Klassenraum*. Weinheim: Beltz, 1998.

Lipp, Ulrich und Hermann Will. Das grosse Workshop-Buch: Konzeption, Inszenierung und Moderation von Klausuren, Besprechungen und Seminaren. 5. Aufl. Weinheim: Beltz, 2001.

Pallasch, Waldemar. „Gruppendynamische Hilfen bei der Kleingruppenarbeit". *Handbuch Gruppenunterricht*. Hrsg. Herbert Gudjons. Weinheim: Beltz, 1993, 111-123.

Pink, Ruth. *Souveräne Gesprächsführung und Moderation: Kritikgespräche, Mitarbeiter-Coaching, Konfliktlösung, Meeting, Präsentationen*. Frankfurt a.M.: Campus Verlag, 2002.

Seifert, Josef W. *Visualisieren, Präsentieren, Moderieren*. 10. Aufl. Offenbach: Gabal, 1997.

Stahl, Eberhard. *Dynamik in Gruppen*. Weinheim: Beltz, 2002.

Stewart, Greg L., Charles C. Manz and Henry P. Sims. *Team Work and Group Dynamics*. New York: John Wiley, 2000.

Stumpf, Siegfried und Alexander Thomas, Hrsg. *Teamarbeit und Teamentwicklung*. Göttingen: Hogrefe, 2003.

Tubbs, Stewart. *A systems approach to small group interaction*. New York: McGraw-Hill, 1995.

Tuckman, Bruce W. „*Developmental sequence in small groups*". *Psychological Bulletin* 63 (1965): 384-399.

### 1.6.4 Zum Lesen

Anz, Heinrich, Hrsg. *Hermeneutische Positionen*: Schleiermacher, Dilthey, Heidegger, Gadamer. Göttingen: Vandenhoeck & Ruprecht, 1982.

Booth, Wayne C., Gregory G. Colomb and Joseph M. Williams. *The Craft of Research*. 2nd ed. Chicago: University of Chicago Press, 2003.

Christmann, Ursula und Norbert Groeben. *„Psychologie des Lesens"*. *Handbuch Lesen*. Hrsg. Bodo Franzmann. München: Saur, 1999, 145-223.

Gadamer, Hans-Georg. *Wahrheit und Methode: Grundzüge einer philosophischen Hermeneutik*. 3. erweit. Aufl. Tübingen: Mohr (Siebeck), 1972.

Gadamer, Hans-Georg. *Hermeneutische Entwürfe: Vorträge und Aufsätze*. Tübingen: Mohr, 2000.

Hempel, Carl Gustav. *Aspects of Scientific Explanation and Other Essays in the Philosophy of Science*. New York: Free Press, 1965.

Jung, Matthias. *Dilthey zur Einführung*. Hamburg: Junius, 1996.

Kunz, Armin. *Der Weg zum erfolgreichen Studium. Studenten lernen studieren – Organisation und Methoden geistiger Arbeit*. Heidelberg: R. v. Decker, 1986.

Litzcke, Sven. *„Arbeits- und Lerntechniken – wie man sich perfekt organisiert"*. olev: Online Verwaltungslexikon (2003). 17. Juli 2003 http://www.olev.de/publikationen/ Litzcke_AuLT.pdf>.

Mankiw, N. Gregory. *Principles of Economics*. 2nd ed. Fort Worth: Harcourt College Publishers, 2001.

Metzger, Christoph. *Lern- und Arbeitsstrategien. Ein Fachbuch für Studierende an Universitäten und Fachhochschulen*. 5. Aufl. Aarau: Sauerländer, 2002.

Orth, Ernst Wolfgang, Hrsg. *Dilthey und die Philosophie der Gegenwart*. Freiburg i.Br.: Alber, 1985.

Poser, Hans. *Wissenschaftstheorie: Eine philosophische Einführung*. Stuttgart: Philipp Reclam jun., 2001.

Ramage, John D. and John C. Bean. *Writing Arguments: A Rhetoric with Readings*. 4th ed. Boston: Allyn and Bacon, 1998.

Robinson, Francis P. *Effective Study*. New York: Harper and Row, 1961.

Wittmann, Marc und Ernst Pöppel. *„Neurobiologie des Lesens"*. *Handbuch Lesen*. Hrsg. Bodo Franzmann. München: Saur, 1999, 224-239.

von Mises, Richard. *Kleines Lehrbuch des Positivismus*. Frankfurt am Main: Suhrkamp, 1990.

# Forschend studieren

**2.1 Bedeutung wissenschaftlichen Forschens** . . . . . . . 68
  2.1.1 Idee der Forschung . . . . . . . . . . . . . . . . . . . . . . . . . . 69
  2.1.2 Wissenschaftliche Modelle und Theorien . . . . . . . . . . 71

**2.2 Quellen und ihre Nutzung** . . . . . . . . . . . . . . . . . . 74
  2.2.1 Typen von Quellen . . . . . . . . . . . . . . . . . . . . . . . . . 75
  2.2.2 Qualität von Quellen . . . . . . . . . . . . . . . . . . . . . . . . 77
  2.2.3 Literaturrecherche . . . . . . . . . . . . . . . . . . . . . . . . . 85
  2.2.4 Quellenauswertung . . . . . . . . . . . . . . . . . . . . . . . . . 96
  2.2.5 Zitieren . . . . . . . . . . . . . . . . . . . . . . . . . . . . . . . . . 99

**2.3 Entwicklung einer eigenen Forschungsfrage** . . . . . 103
  2.3.1 Funktionen . . . . . . . . . . . . . . . . . . . . . . . . . . . . . . 104
  2.3.2 Anforderungen . . . . . . . . . . . . . . . . . . . . . . . . . . . 104
  2.3.3 Methodisches und kreatives Vorgehen . . . . . . . . . . . . 106
  2.3.4 Forschungsfrage und Methodenwahl . . . . . . . . . . . . . 112

**2.4 Forschung in der Reflexion: Wissenschaftstheorie** 113
  2.4.1 Beschreibende, erklärende und
        begründende Forschung . . . . . . . . . . . . . . . . . . . . . 113
  2.4.2 Wissenschaftstheoretische Grundpositionen . . . . . . . . 116

**2.5 Literatur** . . . . . . . . . . . . . . . . . . . . . . . . . . . . . . . 123
  2.5.1 Zum Umgang mit Quellen . . . . . . . . . . . . . . . . . . . . 123
  2.5.2 Zu Forschungsfrage und Wissenschaftstheorie . . . . . . . 124

**2**

ÜBERBLICK

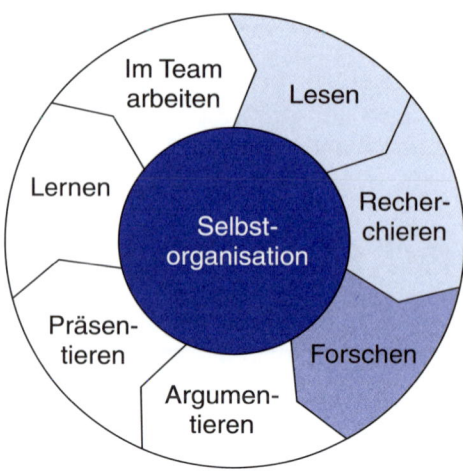

Mit diesem Kapitel sollten Sie sich eine Vorstellung darüber erwerben können, was Forschung heißen kann und wie Forschen vor sich geht, um so ihre eigene Forschung praktizieren zu können, denn forschendes Vorgehen und Lernen im Gegensatz zum Memorieren und Reproduzieren zeichnet u.a. das Studium gegenüber rein schulischem Lernen aus. Wie Sie schon aus den vorangehenden Kapiteln wissen, erfordern die Handlungen im Studium nicht nur technisches Wissen, sondern jeweils eine persönliche Einstellung zur Sache, einen entsprechenden Habitus. Deshalb wird hier zunächst auf die Idee der Forschung eingegangen und aufgezeigt, was unter Forschen verstanden werden kann (2.1). Erste Grundlage jeder Forschung sind die Quellen, d.h. die Texte und Materialien anderer, aus denen Sie Ihre Informationen beziehen und die Sie mit Ihren eigenen Ergebnissen und Schlussfolgerungen zu Ihrem Text verbinden. Die anschliessenden Teile des Kapitels widmen sich daher Fragen rund um die Quellen (2.2): Welche gibt es? (2.2.1), Wie unterscheidet man gute von weniger brauchbaren Quellen? (2.2.2), Wo findet man sie? (2.2.3), Wie geht man mit Ihnen um? (2.2.4) und: Wie werden sie in der Arbeit aufgeführt, sodass Sie fair arbeiten und kein Plagiat entsteht? (2.2.5.). Danach geht es um den eigenen Schreibprozess: Wir präsentieren einen Leitfaden zur Entwicklung der Forschungsfrage (2.3) und deren Verknüpfung mit der Methodenwahl. Abschliessend werden verschiedene Arbeitsschritte und Arten der Erkenntnisgewinnung und deren Konsequenz besprochen sowie wissenschaftstheoretische Grundpositionen dargelegt (2.4), um die Grenzen unseres Arbeitens einschätzen zu können.

## 2.1 Bedeutung wissenschaftlichen Forschens

Forschung entsteht aus der Neugier der Menschen, dem Drang, Unbekanntes kennenzulernen, offene Fragen zu beantworten und Neues zu entdecken. Obwohl nicht wenige Entdeckungen auch dem Zufall zu verdanken sind, will man durch die Forschung systematisch und zielgerichtet neue Erkenntnisse in einem Wissensgebiet suchen und Möglichkeiten zu deren Überprüfung finden. Im weiteren Sinne versteht man unter Forschung die Gesamtheit der in allen Bereichen der Wissenschaften erfolgenden methodisch-systematischen (beobachten, experimentieren, messen, ableiten) und schöpferisch-geistigen (analysieren, interpretieren, verstehen) Bemühungen zur

Erlangung neuer, nachprüfbarer Erkenntnisse.[1] Um dieser Idee der Forschung gerecht zu werden, gilt es aktiv zu werden und nicht auf eine Entdeckung zu hoffen, die ohnehin in den Sozial- und Wirtschaftswissenschaften selten sind.

Dazu müssen Sie sich in die Welt der Wissenschaft, die Welt der Forscherinnen und Forscher mit ihren Regeln und Gewohnheiten, begeben, d.h. eine bestimmte Haltung einnehmen, den Fokus auf einen bearbeitbaren, d.h. kleinen, Themenaspekt – Ihre Forschungsfrage – konzentrieren und alle notwendigen Schritte systematisch und konsequent durchlaufen. Zu diesen gehören Quellen zu identifizieren, Material zusammentragen, gegebenenfalls Tondokumente transkribieren, Zahlen, Bilder und Texte auswerten, prüfen, beurteilen, analysieren, kategorisieren, testen und am Ende beschreiben, was Sie wie erreicht haben. Für Thomas Kuhn ist der Wissenschaftler deswegen ein „Rätsellöser" und das wissenschaftliche Problem ein „Rätsel", welches „jene besondere Problemkategorie [charakterisiert], die zur Erprobung von Scharfsinn oder Geschicklichkeit dienen kann",[2] wobei er Rätsel näher bestimmt: Innerhalb eines herrschenden Paradigmas muss ein Regelwerk bestehen, das die Art des Rätsels bestimmt sowie die Prozesse zur Problemlösung vorgibt. Es muss lösbar sein. Dieses Regelwerk, das insbesondere theoretische und methodische Verpflichtungen vorschreibt, definiert das Rätsel in der normalen Wissenschaft.[3] Somit sind Alltagserfahrungen und -hypothesen zwar scheinbar nützlich und plausibel, erfüllen aber nicht die Funktion eines Wahrheitskriteriums im Forschungsprozess.[4] Allerdings werden sehr wohl aus praktischen Problemen Forschungsprobleme abgeleitet. Booth, Colomb und Williamson präsentieren eine zyklische Folge dieses Sachverhalts: Ein Praxisproblem motiviert einen Wissenschaftler, sich vertiefte Gedanken zu machen und eine konkrete Forschungsfrage zu formulieren, welche ihrerseits das Forschungsproblem definiert. Durch den Vollzug des Forschungsprozesses sollte eine Antwort oder zumindest eine Falsifikation des Bestehenden hervorgebracht werden. Dieses Ergebnis trägt dann wiederum zur Lösung eines praktischen Problems bei, womit sich der Kreis schließt.[5]

## 2.1.1 Idee der Forschung

Am besten stellt man sich wissenschaftliches Forschen in einer ersten Annäherung metaphorisch in Form eines Berges vor. Generationen von Wissenschaftlern, aber auch Praktiker und Laien, haben ihn zusammengetragen, sei es durch gezielte Aktivitäten oder durch Zufall. Jeder neue Forscher bedient sich der Ressourcen des Berges, verarbeitet und rekombiniert sie und trägt in irgendeiner Form wieder zum Berg dieses Wissens bei. Wenn auch in der Wissenschaftstheorie keine Einigkeit[6] (mehr) über die

---

1 Für eine Diskussion des Forschungsbegriffs im Kontext der Wissenschaftstheorie siehe z.B. Hans Poser, Wissenschaftstheorie. Eine philosophische Einführung (Stuttgart: Philipp Reclam jun., 2001) 11-24.

2 Thomas S. Kuhn, Die Struktur wissenschaftlicher Revolutionen (Frankfurt am Main: Suhrkamp, 1976) 50.

3 Kuhn 51-57.

4 Andreas Diekmann, Empirische Sozialforschung: Grundlagen, Methoden, Anwendungen, 9. Aufl. (Reinbek bei Hamburg: Rowohlt, 2002) 24.

5 Wayne C. Booth, Gregory G. Colomb and Joseph M. Williams, The Craft of Research, 2nd ed. (Chicago: University of Chicago Press, 2003) 57-59.

6 Die klassische Auffassung, wonach sich die Wissenschaft kumulativ weiterentwickelt, wurde im 20. Jahrhundert u.a. durch den Popperschen Falsifikationismus oder die Kuhnsche These der revolutionären Veränderung durch Paradigmenwechsel infrage gestellt und durch ihre neuen Erklärungsmodelle ersetzt.

Art und Weise der Vergrößerung dieses Berges besteht, so ist man sich zumindest hinsichtlich des Ziels einig: Erkenntnisse gewinnen und mitteilen. Die Bergmetapher soll verdeutlichen, dass Forschen sowohl das Zusammentragen von schon vorhandenen Primär- und Sekundärmaterialien und deren Betrachtung unter einem neuen Blickwinkel umfasst wie auch die Erzeugung neuen Materials. In diesem Sinne verwenden wir einen weiten Forschungsbegriff. Barrit formuliert über die Forschung in den Sozialwissenschaften, sie *„is not the discovery of new elements, as in natural science study, but the heightening of awareness for experience which has been forgotten or overlooked".* Durch die Schärfung des Bewusstseins und die Schaffung eines wissenschaftlichen Dialogs erhoffe man sich, dass *„research can lead to better understanding of the way things appear to someone else and through that insight lead to improvements to practice".*[7]

Verlässt man diese allgemeine Ebene der Reflexion über die Wissenschaftlichkeit, die im Wesentlichen auf das systematische und methodisch begründete Lösen von Problemen abstellt, treten fachspezifische Besonderheiten und unvereinbare Definition auf. Letztendlich definiert eine Disziplin, eine Forschergemeinschaft oder eine spezielle (wissenschafts-)theoretische Schule die Bedeutungs- und Aussageweite von Wissenschaftlichkeit selbst. Dadurch ist man als Fachangehöriger oder Anhänger einer bestimmten Theorieströmung dem jeweiligen Wissenschaftlichkeitsverständnis unterworfen und entscheidet sich bewusst für eine Möglichkeit. Möchte man eine akzeptable Vorstellung von Wissenschaftlichkeit entwerfen, empfiehlt es sich in Anlehnung an Harald Jele, anhand von fünf Kriterien vorzugehen:[8]

1. Das eigene Thema muss klar erkennbar und für Dritte nachzuvollziehen sein.

2. Folglich ist eine genaue Darlegung der Definition von verwendeten Begriffen und Konzepten nötig durch eine präzise Beschreibung des Forschungsgegenstands genauso wie eine Vermeidung von zweideutigen Formulierungen.

3. Die Auseinandersetzung mit einem Thema, einem Forschungsgegenstand oder einer Forschungsfrage muss einen gewissen Neuigkeitsgehalt aufweisen. Dieser kann in der gewählten Perspektive, in einem theoretischen oder empirischen Novum liegen. (Siehe dazu auch in Kapitel 2.3 die Abhandlung zur Forschungsfrage)

4. Im Lichte einer pragmatischen Definition von Wissenschaftlichkeit sollte Forschung immer auch mit einem Nutzen für die jeweilige Fachrichtung verbunden sein. Eng damit verbunden ist die Forderung nach einem Erkenntnisfortschritt – unabhängig von dessen Erklärung.

5. Die Möglichkeit einer intersubjektiven Überprüfbarkeit einer wissenschaftlichen Arbeit ist das zentrale Element. Sie besagt, dass Außenstehende den Forschungsprozess und die daraus gezogenen Schlüsse nachvollziehen und gegebenenfalls wiederholen können müssen. Deswegen verfügen wissenschaftliche Beiträge in aller Regel über einen wissenschaftlichen Apparat, der unter anderem die zitierte Literatur, Datenerhebungs- oder Analyseinstrumente, Auswertungen, Protokolle usw. enthält. (Siehe dazu ebenso Kapitel 2.2.2 zur Qualität von Quellen). Diese Offenlegung der Forschungsschritte und -methoden, der Nutzung der Arbeiten von Dritten sowie die anschließende Veröffentlichung von Forschungsbeiträgen, idealerweise in den fachspezifisch einschlägigen wissenschaftlichen Zeitschriften und Websites, dient der Qualitätssicherung.

---

7 Loren Barritt, „Human sciences and the human image", Phenomenology and Pedagogy 4.3 (1986): 20.

8 Harald Jele, Wissenschaftliches Arbeiten in Bibliotheken: Einführung für Studierende. 2. Aufl. (München: Oldenburg, 2003) 23f.

## 2.1.2 Wissenschaftliche Modelle und Theorien

Der hier verwendete weite Forschungsbegriff erlaubt es, eine Vielzahl von Tätigkeiten und deren Ergebnissicherung in Form von Texten darunter zu fassen. So gilt Ihre Tätigkeit im Rahmen von Seminar- und Abschlussarbeiten als Forschung oder zumindest als forschendes Lernen. Im Allgemeinen sind damit die miteinander verbundenen und iterativ zu durchlaufenden Schritte von der Bearbeitung des Themas (vgl. zur Entwicklung der Forschungsfrage Kapitel 2.3) über die Nutzung von Quellen (vgl. Kapitel 2.2) bis zur eigentlichen Redaktion (vgl. Kapitel 3) angesprochen. Im Kern geht es um zumindest neun verschiedene Arbeitsweisen[9], deren verschiedene Formen wir nachfolgend ansehen. Diese Arbeitsweisen bestimmen, was zu tun ist:

- Beschreiben
- Zusammentragen und -fassen (Kompilieren)
- Systematisieren
- Vergleichen und Kontrastieren
- Analysieren
- Interpretieren
- Bewerten
- Ggf. Regeln, Ziele, Werte, Prinzipien aufstellen (Vorschreiben)
- Modelle entwerfen und Theorien bilden

Beim **Beschreiben** wird ein beobachtbarer Sachverhalt mit Worten möglichst genau dargestellt, ohne dass er dabei in irgendeiner Form gewertet, eingeordnet oder für eine Argumentation verwendet würde. Diese Trennung von Beschreibung und Wertung kann natürlich nur eine künstliche zum Zweck des Schreibens sein, da Beschreiben ohne Erkennen und Wahrnehmen sowie die damit unweigerlich verbundene Auswahl und Interpretation unmöglich ist. Das Beschreiben ist der grundlegende und von der Komplexität her einfachste Teil jeder wissenschaftlichen Arbeit. Ohne Beschreibung kommt keine der anderen Schreibformen aus. Das **Zusammentragen und -fassen (Kompilieren)** von Quellen ist ebenfalls ein Grundbestandteil einer jeden Forschungsarbeit. Wichtige Schreibtätigkeiten in diesem Zusammenhang sind das Zusammenfassen, das Ergänzen, das Umformulieren, Ausschmücken und Neuarrangieren.[10] Das Systematisieren besteht zunächst aus dem Sammeln relevanten Materials und erfordert dann das Vernetzen von Wissen zum Zwecke der Kategorisierung. Beim **Vergleichen** und **Kontrastieren** werden Gemeinsamkeiten und Gegensätze identifiziert und herausgearbeitet. Allerdings muss als Erstes eine Entscheidung über die zu vergleichenden Eigenschaften und Kriterien getroffen werden. Diese können sich allerdings manchmal während der Durchführung als wenig relevant herausstellen, sodass man andere, angemessenere wählen muss. Für das **Analysieren**, das „Auseinandernehmen" von

---

9 Kruse zeigt, wie die Teile des Schreibprozesses zur wissenschaftlichen Arbeit des Forschens gehören, auch wenn diese Aufteilung durchaus kritisiert werden muss, weil einige Aktivitäten, wie das Argumentieren oder die Theorienbildung, übergeordnet sind. Otto Kruse, Keine Angst vor dem leeren Blatt: Ohne Schreibblockaden durchs Studium (Frankfurt am Main: Campus, 1993) 68-69.

10 Zum Verfassen von Übersichtsartikeln siehe Leo Strunin, „Wie man einen Übersichtsartikel schreibt", Publish or Perish: Wie man einen wissenschaftlichen Beitrag schreibt, ohne die Leser zu langweilen oder die Daten zu verfälschen, Hrsg. George M. Hall (Bern: Hans Huber, 1998) 91-98.

Sachverhalten oder Gegenständen, ist ein Bezugsrahmen erforderlich, der die Ebene der Analyse festlegt.[11] Wichtige Analyseebenen sind:

- systematische, funktionale oder strukturelle Zusammenhänge eines Gegenstands,
- Motive oder Handlungsmaximen von Personen in bestimmten Situationen,
- Entstehungszusammenhänge von Quellen,
- Annahmen und Axiome, Aussagebereiche und Grenzen, Systematiken etc. von Theorien.

Ein wichtiges Anwendungsgebiet der Analyse ist die Interpretation von Normen in den Rechtswissenschaften. Der Jurist untersucht bei der Auslegung oder Analyse einer Norm zunächst den Wortlaut, d.h. die Verwendung in der Alltagssprache und in der juristischen Fachsprache.[12]

Die **Interpretation** sucht die „wahre" Aussage eines Werkes oder eines Textes zu verstehen. Um zu einem umfassenden Verständnis zu kommen, werden übergeordnete Zusammenhänge sozialer oder struktureller Art, wie etwa der Entstehungszusammenhang, biographische Daten, Motive oder Interaktionsmuster hinzugezogen. Eine wichtige Rolle in der Interpretation spielt die Hermeneutik (vgl. Kapitel *1.5.4*).

Für die Evaluation von Zusammenhängen, Forschungsergebnissen oder Systemen ist die Schaffung und Begründung eines Kriterienkatalogs oder Maßstabs vonnöten, der auch Aussagen über das, was „gut" oder „schlecht" ist, trifft. Die Kriterien sind Operationalisierungen von Werten, die den übergeordneten Maßstab des Bewertens bilden, und zwar methodisch wie inhaltlich. Die Wissenschaft hat lange versucht, sich Werturteilen zugunsten einer vermeintlichen Objektivität und Vergleichbarkeit zu enthalten. Mittlerweile hat sich die Auffassung durchgesetzt, dass jede Aussage direkt oder indirekt immer auf ein durch die Weltsicht geprägtes Werturteil bezogen ist, es folglich keine wertfreie Wissenschaft geben kann, sodass auch explizite Beurteilungen möglich und sinnvoll erscheinen.

Präskriptive Texte zielen darauf ab, Handlungsanleitungen, verbindliche Regeln oder Gesetze aufzustellen, die gerade in der Betriebswirtschaftslehre häufig auftreten, z.B. in Form von Führungsstilen oder Marketingkonzepten. Dieses letztlich normative **Vorschreiben**, das häufig gerade nicht mehr als Teil der Forschung angesehen wird, weil es vermeidbare Werturteile enthält, will ein besseres Zusammenleben in einer Gemeinschaft oder einen idealtypischen Prozess eines Vorgehens sichern. Die jeweils formulierten Regeln oder Methoden wollen einen systematischen, vergleichbaren und nachvollziehbaren Handlungsablauf anregen oder gar gewährleisten. Entscheidend für die wissenschaftliche Legitimität und Qualität dieser Texte sind die zugrunde liegenden Forschungsarbeiten und die angeführten Beweise für die Aussagen.

Vielfach als die höchste Stufe des Forschens angesehen, wenngleich die anderen Tätigkeiten häufiger vorkommen und Voraussetzung sind, ist die **Bildung von eigenen Modellen und Theorien**. Sie dient vereinfacht gesagt dazu, Forschungsfragen zu beantworten, indem sie systematisch Zusammenhänge von (beobachteten) Sachverhalten erklärt. Formal ist eine Theorie „ein System logisch widerspruchsfreier Aussagen (...) über den jeweiligen Untersuchungsgegenstand mit den zugehörigen Definitionen der

---

11 Kruse unterscheidet hier die Theorieanalyse, die Quellenanalyse, die Objektanalyse sowie die Analyse subjektiver Zusammenhänge; Kruse 86.
12 Siehe Philippe Mastronardi, Juristisches Denken: eine Einführung, 2. überarb. Aufl. (Bern: Haupt, 2003) und die darin behandelten juristischen Auslegungsmethoden.

verwendeten Begriffe".[13] Dabei wird induktives, deduktives sowie abduktives Vorgehen unterschieden. Theorieaufbauende Forschung generiert **induktiv** aus einzelnen Beobachtungen Zusammenhänge, die zu Theorien verdichtet werden. Eine berühmte Beschreibung der induktiven Vorgehensweise ist Platons „schwacher Syllogismus":

1. Prämisse (Fall):            Sokrates ist sterblich.
2. Prämisse (Fall):            Sokrates ist ein Mensch.
3. Konklusion (Ergebnis):      Alle Menschen sind sterblich.

Das Zusammentragen von einzelnen Beobachtungen und das induktive Aufdecken komplexer Beziehungen kennzeichnen den **Empiriker**.

Die umgekehrte Vorgehensweise, die auch als **Deduktion** bezeichnet wird, postuliert unter Annahme der Wahrheit der Prämissen und Beachtung der Logik die Wahrheit des Schlusssatzes. Die Schlüsse können vom Allgemeinen zum Besonderen und vom Allgemeinen auf eine andere, gleichwertige Allgemeinheit gezogen werden. Die Deduktion wird in Platons Terminologie auch als „starker Syllogismus" bezeichnet und gehorcht folgender Logik:

1. Prämisse (Regel):           Alle Menschen sind sterblich.
2. Prämisse (Fall):            Sokrates ist ein Mensch.
3. Konklusion (Ergebnis):      Sokrates ist sterblich.

Wissenschaftler, die deduktiv verfahren, d.h. Theorien testen, werden auch als **Theoretiker** bezeichnet.

Diese beiden traditionellen Vorgehensarten erweisen sich aber als problematisch, sobald man den Gesichtspunkt des Wissensfortschritts, insbesondere der Hypothesenbildung, berücksichtigt. Die Ergebnisse der Induktion sind unsicher, diejenigen der Deduktion zwar sicher, aber ohne Neuigkeitsgehalt. Der Philosoph und Mathematiker Charles S. Peirce fügte deshalb diesem Paar in neuerer Zeit eine weitere hinzu: die **Abduktion**. Diese dritte Form der logischen Schlussfolgerung kann als die Suche nach der besten möglichen Erklärung für eine Beobachtung verstanden werden. Der Schluss geht von einer bestehenden Regel aus und davon, dass das vorliegende Resultat ein Anwendungsfall dieser Regel ist.

1. Prämisse (Fall/Beobachtung):                    Sokrates ist sterblich
2. Prämisse (denkbare Regel):                      Alle Menschen sind sterblich
3. Konklusion (hypothetische Schlussfolgerung):    Sokrates ist ein Mensch und deshalb sterblich.

Der logische Schluss ist in diesem Fall von hoher Unsicherheit geprägt, da er „vorausschauend" eine bestimmte Regel antizipiert. Die aus der hypothetischen Aussage gezogenen Implikationen werden allerdings deduktiv hergeleitet, die möglichen Konsequenzen induktiv überprüft. Dadurch ermöglicht dieses Verfahren des hypothetischen Schließens laut Peirce als einziges der genannten, neue Ideen zu entwickeln.[14]

---

13 Helmut Kromrey, Empirische Sozialforschung, 10. Aufl. (Opladen: Leske & Budrich, 2002) 48 (Hervorhebung im Original).
14 Die Gedanken in ihrem Originalkontext finden sich bei Charles Sanders Peirce, Naturordnung und Zeichenprozess: Schriften über Semiotik und Naturphilosophie (Frankfurt a.M.: Suhrkamp, 1991) 328f., 421f. sowie Charles Sanders Peirce, Vorlesungen über Pragmatismus. (Hamburg: Meiner, 1991). Eine gute Interpretation findet sich etwa bei Uwe Wirth, „Abduktion und ihre Anwendungen", Zeitschrift für Semiotik 17 (1995) 405-424.

Die Abduktion ermöglicht eine (vorläufige) Hypothesengenerierung, die von zentraler Bedeutung für das Erklären von Zusammenhängen in der (qualitativen) Forschung ist. Gute Wissenschaftler entwickeln erklärungsstarke Regeln und leisten so einen wertvollen Beitrag.

Wie eingangs schon angedeutet, betrifft das Schreiben auf diesem Abstraktionsniveau den Kern des wissenschaftlichen Argumentierens. Das wird auch insofern deutlich, als die drei genannten Vorgehensweisen zur logischen Schlussfolgerung auf zwei Ebenen anwendbar sind: auf der konkreten Aussageebene sowie auf der übergeordneten Ebene eines gesamten wissenschaftlichen Beitrags. Folglich kann etwa ein induktiv aufgebauter Aufsatz deduktive oder abduktive Argumente enthalten, genauso wie andere Kombinationen des Schlussfolgerns möglich sind. Das Argumentieren bildet den Gegenstand des nachfolgenden Kapitels 3 und wird mit den Ausführungen zur Forschungsfrage (*2.3*) und zu wissenschaftstheoretischen Grundlagen (*2.4*) in diesem Kapitel vorbereitet.

### Drei Schlusslogiken

Deduktion (sicherer Schluss ohne Erkenntnisgewinn)

| | |
|---|---|
| **Alle Rosen in Dianas Garten sind rot.** | **(Regel)** |
| Diese Rose stammt aus Dianas Garten. | (Fall, Einzelaussage) |
| **Diese Rose ist rot.** | **(Resultat, Einzelaussage)** |

Induktion (Erkenntnisgewinn, aber unsicherer Schluss)

| | |
|---|---|
| Diese Rose stammt aus Dianas Garten | (Fall, Einzelaussage) |
| **Diese Rose ist rot.** | **(Fall, Einzelaussage)** |
| **Alle Rosen in Dianas Garten sind rot.** | **(Resultat, Regel)** |

Abduktion (Erkenntnisgewinn, aber unsicherer Schluss)

| | |
|---|---|
| **Diese Rose ist rot.** | **(Fall, Einzelaussage)** |
| **Alle Rosen in Dianas Garten sind rot.** | **(Angenommene Regel)** |
| Diese Rose stammt aus Dianas Garten. | (Resultat, Einzelaussage) |

## 2.2   Quellen und ihre Nutzung

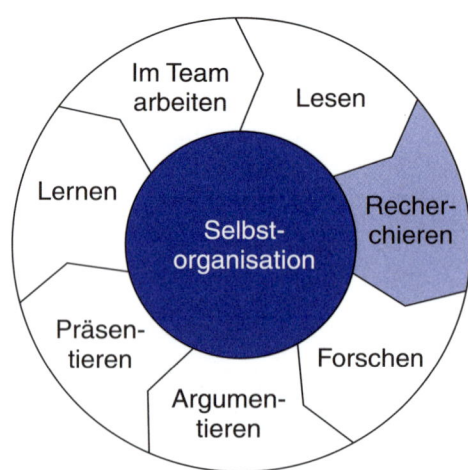

Während im Kapitel über das Lesen von bereits vorliegenden Texten ausgegangen wurde, stellt sich nun die Frage nach dem Auffinden, Beschaffen, Einordnen und Verwenden fremder Texte. Für den ersten Zugang zu einem bestimmten Themengebiet ist ein möglichst schneller und effizienter Einstieg wichtig, damit man sich nicht in unwesentlichen Aspekten verfängt oder außerhalb der herrschenden Meinung, Qualität und wissenschaftlichen Verwendbarkeit bewegt.[15] Allerdings sollten Sie ein Gespür für Minderheitsmeinungen entwickeln und in einem zweiten Schritt Ihr Vorgehen sowie Ihre Auswahl überdenken und Ihren Quellenfundus auf (zumutbare) Vollständigkeit prüfen. Dem Leser werden hier Kriterien an die Hand gegeben, um verschiedene Typen (*2.2.1.*) und Qualitäten (*2.2.2.*) von Quellen benennen sowie verlässliche Literatur und Daten identifizieren (*2.2.3.*) und bewerten (*2.2.4.*) zu können. Abschließend werden noch zwei geläufige internationale Zitierstandards besprochen (*2.2.5.*).

## 2.2.1 Typen von Quellen

Was sind Quellen? Auf diese zunächst banal klingende Frage wurden in der darüber geführten akademischen Debatte zahlreiche, teilweise widersprüchliche Antworten gegeben. Generell verstehen Moennighoff und Meyer-Krentler unter Quellen die „zu diskutierende[n] literarischen Texte."[16] Andere unterscheiden Primär- und Sekundärquellen.[17] Primärquellen sind selbst Untersuchungsobjekte. Darunter fallen selbst oder fremd erhobene Daten, die noch nicht weiter verarbeitet wurden, Publikationen oder das Lebenswerk eines Autors, z.B. von Max Weber, aber auch Urkunden, Akten, Verträge oder literarische Texte. Die Produktion und Auswertung von Primärquellen ist Teil des Forschungsprozesses. Dagegen setzen sich Sekundärmaterialien mit den Erstgenannten auseinander, um aus dieser Beziehung eine eigene These zu gewinnen oder diese als Beweise anzuführen. Manche Autoren unterscheiden daneben noch Tertiärmaterial, welches oft in zusammenfassender und vereinfachender Weise Sekundärmaterialien bespricht. Wir wollen uns hier den eingangs erwähnten weiten Quellenbegriff zu Eigen machen und darunter die Gesamtheit der in einer Arbeit verwendeten Materialien verstehen.[18]

Die meisten wissenschaftlichen Arbeiten im Studium stützen sich in großen Teilen auf bestehende Quellen, seien es Primär-, Sekundär- oder Tertiärquellen. Damit beschränkt sich für viele der im Studium angefertigten wissenschaftlichen Arbeiten die „Forschung", beziehungsweise treffender formuliert, das „wissenschaftliche Arbeiten" auf die Auseinandersetzung mit verfügbaren Quellen, deren Hinterfragen und Weiterentwickeln im Hinblick auf die Ziele der jeweiligen schriftlichen Abhandlung. Primär- und vor allem Sekundärmaterial tritt in verschiedenen Medien auf, sodass sich Typen nach Publikationsort und -art bilden lassen, über welche nachfolgende Tabelle Auskunft gibt:

---

15 Man mag dies als einen unsachlichen, denkfeindlichen und letztlich autoritären Standpunkt betrachten. Die hier gewählte Perspektive ist aber die des Studierenden, der in sehr begrenzter Zeit z.B. eine Seminararbeit anfertigen muss.

16 Burkhard Moennighoff und Eckhardt Meyer-Krentler, Arbeitstechniken Literaturwissenschaft, 9. Aufl. (München: Fink, 2001) 62.

17 Wayne C. Booth, Gregory G. Colomb and Joseph M. Williams, The Craft of Research, 2nd ed. (Chicago: University of Chicago Press, 2003) 75-89; Anders Manuel R. Theisen, Wissenschaftliches Arbeiten, 10. Aufl. (München: Franz Vahlen, 2000) 88-99.

18 Ähnlich verfahren Christoph Metzger, Lern- und Arbeitsstrategien. Ein Fachbuch für Studierende an Universitäten und Fachhochschulen, 5. Aufl. (Aarau: Sauerländer, 2002) 107-109 sowie Klaus Poenicke, Wie verfasst man wissenschaftliche Arbeiten? (Mannheim: Dudenverlag, 1988) 129-130, 141.

## Übersicht: Quellentypen

**Bücher:**

- Monographien: Systematische und umfassende Abhandlung eines Themas, häufig in Form von Qualifikationsschriften (Dissertationen, Habilitationen), die von Dritten begutachtet wurden. Erscheinen in Reihen und Einzelauflagen.

- Lehrbücher: Einführung und Übersicht, selten aktuelle Forschung.

- Sammelwerke/Herausgeberbände: Zusammenstellung verschiedener Aufsätze, die mehr oder weniger stark redigiert und aufeinander abgestimmt wurden; häufig Konferenzbeiträge, Festschriften.

- Lexika, Kompendien, Handbücher: Systematische Sammlungen von kurzen Beiträgen zu einem Fachgebiet.

**Zeitschriften:**

Periodika (pro Woche, Monat, Quartal, Jahr) mit verschiedenen Beiträgen, wobei drei Typen je nach Autor und Publikum unterschieden werden können:

- Wissenschaft für Wissenschaft

- Wissenschaft für Praxis

- Praxis für Praxis

**Papers:**

Oberbegriff für Forschungsergebnisse und Abhandlungen von Studierenden und Wissenschaftlern, die noch nicht publiziert sind oder zur Publikation nicht vorgesehen sind; typischerweise:

- Seminar-, Bachelor- und Masterarbeiten

- Konferenzbeiträge

- Vorversionen künftiger Veröffentlichungen

- interne Studien

**Internet:**

- Internet als „Prospekt" in Form von Webseiten

- Online-Publikationen, z.B. eine Zeitschrift, die nur im Netz oder dort zusätzlich zur Druckausgabe erscheint.

- Internetforen, d.h. Sammlungen von Stellungnahmen, Kommentaren, Aussagen, Fragen, Verweisen etc.

- Kataloge und Datenbanken

**Interviews:**

Transkribierter mündlicher Ausdruck, selbst geführt oder abgedruckt.

**Material:**

- Unterrichtsskripte
- Prospekte, Broschüren, Geschäftsberichte
- CD-ROMs, Videos, Fotos, Karten
- Akten, Urkunden, Bilanzen, Protokolle
- Gesetzestexte
- Statistiken

Innerhalb dieser Typen treten nun gewaltige, für die Studien- und Forschungsarbeit relevante Qualitätsunterschiede auf, die im nachfolgenden Kapitel behandelt werden.

## 2.2.2 Qualität von Quellen

Wie kann man nun innerhalb dieser verschiedenen Quellentypen herausfinden, welche die einschlägigen, relevanten und verlässlichen Quellen sind?

Obwohl sich das vorliegende Buch, unter Ausblendung von fiktionalen, literarischen oder ästhetischen Texten, auf Sachtexte[19] beschränkt, gibt es keine allgemeingültige Antwort zur Klassifizierung und Auswahl des Quellenmaterials.[20] Vielmehr sind die Gepflogenheiten und Standards der einzelnen Disziplinen genauso gefragt wie die aus Erfahrungen informierte Intuition des Einzelnen. Es lassen sich aber gewisse Kriterien bezeichnen, die zur Einordnung der Qualität und Zuverlässigkeit von Quellen hilfreich sind (vgl. dazu auch nachfolgende Abbildung).

---

19 Zur Klassifikation der Textsorten siehe Egon Werlich, Typologie der Texte, 2. Aufl. (Heidelberg: Quelle & Meyer, 1979).

20 Für ein ausführliches Beispiel eines Auswahlprozesses, zur Kriterienwahl und zum Vorgehen der Beurteilung wissenschaftlicher Arbeiten vgl.: Arlene Fink, Conducting Research Literature Reviews (Thousand Oaks: Sage, 1998) 52-79.

**Veröffentlichungskontext:**

Publikationsort und -zeitpunkt

**Autor:**

Fachliche Reputation, Arbeitsschwerpunkte, „Schule", Bekanntheitsgrad

**Text:**

Ziele, Struktur, Stil, Verankerung in der Forschungsdebatte

**Abbildung 2.1:** Beurteilungskriterien einer Quelle

Betrachten wir die drei zentralen Kriterien Veröffentlichungskontext, Autor und Text im Einzelnen:

### 2.2.2.1 Veröffentlichungskontext

#### Publiziertes vorziehen

Man kann davon ausgehen, dass Publikationen (Bücher wie Zeitschriften), welche einen aufwendigen Auswahl- und Lektoratsprozess eines Verlags bzw. Herausgebers durchlaufen haben, auch bezüglich ihrer inhaltlichen Richtigkeit überprüft worden sein sollten und daher ohne Weiteres als Quelle herangezogen werden können. Sie erhalten Vorzug gegenüber jenen Schriftstücken, die nicht einer ähnlichen Prüfung unterzogen wurden (z.B. Internet, Selbstverlag, unveröffentlichte Papers). Die physisch vorliegenden, gedruckten Originalversionen, z.B. eines Textes in Form eines Zeitschriftenartikels oder eines Buchkapitels, bieten mehr Sicherheit als die eingescannte oder gar abgeschriebene Version auf einer elektronischen Datenbank oder auf einer Internetseite. Das Original zeigt uns in jedem Fall unmittelbar die korrekten Formulierungen, Seitenzahlen und sonstigen relevanten Angaben – wir müssen sie nur noch richtig übernehmen.

#### Renommierte Publikationsorte präferieren

Innerhalb der von Verlagen veröffentlichten Werke bietet die Reputation des Verlagshauses bzw. der Veröffentlichungsreihe eine erste Hilfe zur Klassifizierung, denn gute Verlage bemühen sich für ihre Produkte um ein fachliches und zielgruppenspezifisches Profil und wollen ein Signal setzen.[21] Die Informationserzeuger, d.h. die Verlage, aber auch die Autoren, investieren sehr viel in ihren Reputationsaufbau und bemü-

---

21 Dieses Signal, das ein Verlag bzw. einer Reihe ausstrahlt, funktioniert ähnlich wie eine Marke, d.h. der Name erweckt beim Leser bestimmte Erwartungen und Assoziationsketten, die im Sinne eines Wiedererkennens auch erfüllt werden sollten.

hen sich um Anerkennung in der jeweiligen Forschungsgemeinschaft (scientific community) und/oder bei der Leserschaft. Dabei kann aber ein und dasselbe Verlagshaus auch Publikationen ganz verschiedener Qualität führen, weil es marktstrategisch eine ganz unterschiedliche Klientel bedienen möchte. Hat ein Verlag oder ein bestimmtes Verlagsprodukt (Buchreihe, Zeitschrift) erst einmal ein Renommee für eine Position erreicht, sind die Kosten für ein nicht konformes, d.h. ein nicht den Erwartungen der Leserschaft entsprechendes, Verhalten jedoch hoch, da sich der oder die Betreffende fahrlässig oder mutwillig diskreditiert hat und damit von der Gemeinschaft sanktioniert wird. Die Strahlkraft der Marke ginge verloren. Deshalb bietet die Reputation eines Verlagshauses bzw. einer Reihe oder eines Zeitschriftentitels eine gute erste Orientierung hinsichtlich der zu erwartenden Qualität. Erscheinen Publikationen in Reihen, so setzen die Reihenherausgeber das entsprechende Signal. Mit der Nutzung von Publikationen verschiedener Verlage und Reihen werden Sie die jeweiligen Profile einschätzen lernen, wofür *Pearson Education* mit *Addison-Wesley* und *Prentice Hall*, *Routledge, Mohr, Suhrkamp, Gabler, Haupt, Springer* und viele nicht genannte stehen.

Eine ähnliche Argumentation ist für Dissertationen und Habilitationen zu führen. Diese Qualifikationsschriften werden zumindest von zwei fachkundigen Wissenschaftlern begutachtet, was zur wissenschaftlichen Qualitätssicherung beiträgt, denn anerkannte Wissenschaftler bzw. Fakultäten werden nur Arbeiten eines gewissen Standards akzeptieren.

### Wissenschaftliche Publikationen heranziehen

Einzelne Reihen und Zeitschriften können an dieser Stelle nicht besprochen werden. Doch lassen sich als Hilfe zur Einordnung der riesigen Menge an Zeitschriften (siehe Abbildung 2.3) drei Typen unterscheiden: erstens wissenschaftliche Publikationen, vor allem Zeitschriften (Journals genannt), in denen Wissenschaftler für Wissenschaftler schreiben, zweitens Publikationen, in denen Wissenschaftler für Praktiker schreiben und drittens Zeitschriften (aber auch Bücher, Zeitungen etc.), in denen Praktiker für Praktiker schreiben. Dabei ist es nicht leicht, den „Typ" einer Publikation bzw. eines Periodikums zu erkennen, zumal es auch innerhalb dieser drei Gruppen erhebliche Qualitätsunterschiede gibt. Diese Qualitätsunterschiede sind aber entscheidend. Für eine erste Einschätzung können Sie folgende fünf Indikatoren nutzen:

Im Gegensatz zu Zeitschriften für Praktiker beinhalten wissenschaftliche Zeitschriften selten Werbung (Indikator 1) oder aufwendige Abbildungen, sondern beschränken sich in schlichter Sachlichkeit meist auf einen kurzen einführenden Paratext oder Überblicksartikel der Herausgeber, gefolgt von den Beiträgen der Autoren sowie teilweise von Forschungshinweisen oder Buchbesprechungen. Publikationen für Wissenschaftler weisen in der Regel einen so genannten „wissenschaftlichen Apparat" (Indikator 2) auf, d.h. Verweise auf andere Autoren oder Publikationen im Text als Fuss- oder Endnoten sowie ein Quellenverzeichnis. Wissenschaftliche Fachzeitschriften werden von einer wissenschaftlichen Gesellschaft, einer Universität bzw. einem Fachbereich oder einer Professur (ggf. Lehrstuhl bzw. Ordinariat) oder Persönlichkeiten des jeweiligen Fachgebiets herausgegeben (Indikator 3) und haben teilweise einen engen thematischen Schwerpunkt. Die höchste Anerkennung genießen Zeitschriften, die die Beiträge einem „double-blind review" (Indikator 4) unterziehen, d.h. alle zur Veröffentlichung angebotenen Beiträge durch externe Gutachter prüfen lassen, für die der Autor des zu prüfenden Beitrags anonym bleibt. Außerdem erfreuen sich Zeitschriften, die von allgemeiner Bedeutung für das Fach sind (Indikator 5), wie *Econometrica oder Administrative Science Quarterly* (ASQ) in den Wirtschaftswissenschaften, höhere Anerkennung als sehr spezialisierte Zeitschriften, die nur zu einem sehr engen

Fachgebiet publizieren. Dies liegt bei Erstgenannten auch an den sehr hohen Ablehnungsquoten (in der ASQ z.B. werden weniger als 10% aller eingereichten Beiträge publiziert) sowie daran, dass dieser Wettbewerb um Publikationsraum als qualitätsfördernd angesehen wird. Meist werden die Beiträge für wissenschaftliche Journals vom Herausgeber( team) vorselektiert. Die eingereichten Werke müssen ganz bestimmten Kriterien, wie den von uns vorgestellten, der wissenschaftlichen Texterstellung und teilweise erkenntnistheoretischen Ansprüchen gerecht werden (so veröffentlicht bspw. *die Academy of Management Review* nur theoretische Artikel, während andere Zeitschriften nur empirische Arbeiten publizieren). Dann kommt gegebenenfalls die Bewertung mit Korrektur- oder Verbesserungsvorschlägen. Diese Vorgehensweise fungiert als Qualitätssicherungsmechanismus in der Wissenschaft. Ob ein Artikel oder eine andere Veröffentlichung danach tatsächlich die Forschung eines Gebiets maßgeblich beeinflusst, lässt sich nur schwer einschätzen. Man kann dazu die Häufigkeit der Zitate und Nennungen in vergleichbaren Medien durch eine Abfrage eines elektronischen Zitationsindexes eruieren, wie etwa des *Arts and Humanities Citation Index* (A&HCI), des *Social Sciences Citation Index* (SSCI) oder des *Philosopher's Index*.[22] Diese Indizes bieten aber nur Anhaltspunkte, weil sie selbst nur einen Ausschnitt aller Publikationen heranziehen.

Da wissenschaftliche Zeitschriften die wichtigsten Quellen für Arbeiten an der Universität sind, folgen ausgewählte Titel, zumal einige – neben wissenschaftlichen Tagungen und Kolloquien sowie Online-Foren – die primären Informations- und Austauschmedien der Forschergemeinden darstellen. Wissenschaftler suchen vor allem in ihrer jeweiligen Forschungsgemeinschaft Anerkennung und Gehör, das ihnen eher gewährt wird, wenn Kollegen davon ausgehen, selbst noch etwas lernen zu können, d. h., wenn die Kollegen erwarten, dass der Autor selbst auf dem neuesten Stand der jeweiligen Fachdisziplin ist und etwas Neues mitzuteilen hat.

## Auswahl einschlägiger Zeitschriften der BWL

**Wissenschaftlerinnen für Wissenschaftler:**

- Academy of Management Journal (AMJ)
- Academy of Management Review (AMR)
- Administrative Science Quarterly (ASQ)
- Die Betriebswirtschaft (DBW)
- Strategic Management Journal (SMJ)
- Zeitschrift für Betriebswirtschaft (ZFB)
- Zeitschrift für betriebswirtschaftliche Forschung und Praxis (BFuP)

**Wissenschaftlerinnen für Praktiker:**

- Harvard Business Review (HBR)
- Sloan Management Review (SMR)

---

22 Alle wichtigen Indices und Informationsdatenbanken finden sich über die Website der Bibliothek der Universität St.Gallen (http://www.biblio.unisg.ch) unter den Rubriken „Elektronische Zeitschriften" und „Informationsdatenbanken".

- Die Unternehmung
- Gdi-Impuls
- Zeitschrift für Führung und Organisation (ZFO)

**Praktiker (teilweise auch Wissenschaftler) für Praktiker:**
- McKinsey Quarterly
- IO New Management
- Manager Magazin

## Auswahl einschlägiger Zeitschriften der Politikwissenschaften

**Wissenschaftlerinnen für Wissenschaftler:**
- Administration & Society
- American Political Science Review
- Comparative Politics
- Economy and Society
- Governance – an International Journal of Policy and Administration
- Government and Opposition
- International Organization
- International Review of Administrative Sciences
- Journal of European Public Policy
- Journal of Politics
- Political Science
- Political Theory
- Politische Vierteljahresschrift
- Public Administration Review
- Revue française de science politique
- Theory and Society
- Schweizer Zeitschrift für Politikwissenschaft
- Zeitschrift für internationale Beziehungen
- Zeitschrift für Politikwissenschaft

**Wissenschaftlerinnen für Praktiker:**
- International Affairs
- Aus Politik und Zeitgeschichte
- Neue Gesellschaft/Frankfurter Hefte

**Praktiker (teilweise auch Wissenschaftler) für Praktiker:**

- Foreign Affairs
- Foreign Policy
- überregionale Tages-, Wochen- und Monatszeitungen, z.B. ZEIT, Cicero

## Auswahl einschlägiger Zeitschriften der VWL

**Wissenschaftlerinnen für Wissenschaftler:**

- American Economic Review
- Brookings Papers on Economic Activity
- Econometrica
- Economic Journal
- Economica
- FinanzArchiv
- Industrial and Labor Relations Review
- Journal of Economic History
- Journal of Economic Literature
- Journal of Economic Perspectives
- Journal of Labor Economics
- Journal of Law and Economics
- Journal of Money, Credit and Banking
- Journal of Political Economy
- Quarterly Journal of Economics
- RAND Journal of Economics

**Wissenschaftlerinnen für Praktiker:**

- Economic survey of Europe
- EU Magazin
- Kredit und Kapital
- Revue économique
- Die Weltwirtschaft
- World Bank Research Observer
- Zeitschrift für Aussenwirtschaft

**Praktiker (teilweise auch Wissenschaftler) für Praktiker:**

- The Economist
- Forbes
- Fortune

Die wissenschaftlichen Zeitschriften unterscheiden sich technisch in der Art der Durchnummerierung der Jahrgänge: Entweder werden die Seiten pro Jahrgang über mehrere Ausgaben hinweg durchnummeriert oder es wird jede einzelne Ausgabe eines Jahrgangs neu und getrennt von der ersten bis zur letzten Seite paginiert. Meist halten die Bibliotheken die aktuellen Ausgaben als Einzelhefte vorrätig. Ältere Ausgaben werden in der Regel in gebundenen Sammelbänden aufbewahrt.

Das Auswerten von wissenschaftlichen Zeitschriften gehört zu den Grundbausteinen des wissenschaftlichen Arbeitens. Die Verwendung dieses Quellenmaterials garantiert die Anschlussfähigkeit des eigenen Arbeitens an die zu diesem Thema laufende Debatte in der Forschung.

### Publikationszeitpunkt prüfen

Bei der Quellensuche können zur Arbeitserleichterung und mit Ausnahme der historischen Forschung jüngere Texte älteren vorgezogen werden, denn von aktuelleren kann man die Rezeption der bisherigen erwarten. Trotzdem sind aber ältere Publikationen wichtig, weil Erkenntnisse und Ideen möglichst aus ihrer Urquelle zitiert werden sollen („ad fontes" heißt die Regel der Quellenarbeit, d.h. zu den Quellen vorstoßen, nicht nur zu deren Rezeption) und die akademische Redlichkeit gebietet, Ideen bei ihrer erstmaligen Publikation zu zitieren. Zugleich gibt es wichtige Standardwerke, die bereits älter sind.

## 2.2.2.2 Autor

Nach bzw. neben dieser Einordnung und Einschätzung des Publikationskontextes spielt der Autor bzw. die Assoziationskette, welche ein Name oder literarisches Pseudonym hervorrufen, bei der Auswahl einer Quelle eine maßgebliche Rolle. Manche Autoren sind untrennbar mit gewissen Forschungsströmungen verbunden, weil sie dort bahnbrechende Erkenntnisse schufen oder gar die Initiatoren waren. Eine Abhandlung über die jüngere Geschichte der Wissenschaftstheorie, die weder den Wiener Kreis, Karl Popper oder Thomas Kuhn anführt, kann nur unvollständig sein, ebenso eine Arbeit zur Transaktionskostentheorie, die ohne die Autoren Ronald Coase, Oliver Williamson und Oliver Hart auskommt. Daraus lässt sich schließen, dass eine gewisse Kenntnis des Feldes Voraussetzung ist, bestimmten Autoren gegenüber anderen den Vorzug zu geben. Zu Studienbeginn haben Sie dieses Wissen nicht oder nur in geringem Umfang. Deshalb müssen Sie wiederum Indikatoren heranziehen:

Die Reputation kann sich auch aus der beruflichen Position des Autors (Indikator 1) ergeben, z.B. eines Professors oder einer ausgewiesenen Führungskraft, der man auf den ersten Blick mehr Vertrauen schenken kann als unbekannten Autoren. Aber nicht jede Publikation eines bekannten Autors ist deshalb geeignet. Autoren bedienen je nach Text ganz bestimmte Leserschichten. Umberto Eco gilt in Fachkreisen als einer der führenden Semiotiker, während er dem größeren Publikum vor allem aufgrund seiner Romane bekannt ist. Man muss jenseits der beruflichen Stellung und Bekanntheit ausserdem prüfen, ob es sich jeweils um das zentrale Arbeitsgebiet des Autors (Indikator 2) handelt, was zu bevorzugen ist, oder nur ein Thema, zu dem er auch noch etwas geschrieben hat. Natürlich können auch solche Beiträge wichtige Einsichten bringen, z. B. wenn sich ein Germanist zum Führungsverständnis aufgrund einer Untersuchung literarischer Figuren äußert, aber es müssen in jedem Fall die zentralen Autoren herangezogen werden. Innerhalb eines Forschungsfeldes, wie etwa der Wirtschaftspolitik, gehen nicht alle Autoren von denselben Voraussetzungen und Annahmen aus, weshalb Forscher verschiedener „Schulen" (Indikator 3) bzw. Denkrichtungen für die eigene Argumentation heranzuziehen und zu gewichten, keinesfalls aber deren Aussagen beliebig zu kombinieren sind.

### 2.2.2.3 Text

Und schließlich kann und muss ein Text auch anhand seines Inhalts sowie seiner Ziele, seiner Struktur, seiner stilistischen Qualität und seiner Verankerung in der wissenschaftlichen Debatte beurteilt werden.

Die **Ziele** eines Texts vermögen stark zu variieren. Texte können beabsichtigen, einen Überblick zu einem bestimmten Thema oder eine Einführung in ein Fachgebiet zu geben, eine theoretische Untersuchung vorzunehmen (z.B. um eine neue Perspektive in einem Feld einzuführen), empirische Ergebnisse zu berichten (z.B. um bisherige Vermutungen zu widerlegen oder eine bestimmte Theorie zu bestätigen) oder eine Darstellung für die Praxis anzubieten. Häufig lassen sich derartige oder vergleichbare Ziele direkt dem Text selbst entnehmen. Diese zeigen auf, wie der Text einzuordnen ist und wofür er in der eigenen Argumentation verwandt werden kann. Hinweise auf die Ziele eines Textes erhält man aus Abstract und Einleitung sowie bereits aus dessen Publikationsort (siehe vorheriger Abschnitt), weil viele Zeitschriften ganz bewusste Ziele verfolgen, die ihre Auswahl von Texten leiten.

Die **Struktur** der Gliederung bzw. der Aufbau des Textes lehrt, welche Schwerpunkte gesetzt werden. Diese können etwa auf die Zusammenstellung und Kommentierung vorhandener Literatur oder die Darstellung eigener (empirischer) Ergebnisse gerichtet sein. Die Struktur zeigt weiter das gewählte Vorgehen und den Differenzierungsgrad der Auseinandersetzung auf. All diese Textmerkmale lassen eine gewisse Vorstellung über den Text und die dahinter stehende wissenschaftliche Arbeit entstehen.

Auch innerhalb der wissenschaftlichen Texte sind große Unterschiede in der stilistischen Qualität des Geschriebenen erkennbar, die auf die jeweiligen Ansprüche von Zielgruppen, Publikationsorten und Autoren verweisen. Man vergleiche dazu einen Text von Hans-Georg Gadamer mit einem Absatz aus einem Lehrbuch „Einführung in die Betriebswirtschaftslehre" oder einem Consulting-Ratgeber für Praktiker. Insbesondere Texte von Wissenschaftlern für Praktiker, z.B. in der *Harvard Business Review*, sind stark editiert und auf die Leserschaft ausgerichtet. Mitarbeiter in den Verlagen geben dem Autor so lange Revisionsaufträge und andere Vorgaben, bis der Text den Vorstellungen des Herausgebers oder Verlagshauses entspricht. Generell gilt, dass je nach Fach unterschiedliche Ansprüche an den **Stil** bestehen, aber sehr guter Stil auf bessere Publikationen hinweist. Häufig ist eine nachlässige Textredaktion auch ein Signal für die mangelnde Qualität der Forschungsarbeit.

## Checkliste

Jede Generalisierung der Quellenbewertung kann der einzelnen Forschungsfrage kaum gerecht werden. Um aber eine erste Orientierung zu erhalten, eignen sich fünf Hinweise für den Einstieg der Quellenbewertung besonders gut:

1. Von jüngeren Publikationen zu älteren.
2. Publikationen von Wissenschaftlern für Wissenschaftler verwenden, alle anderen nur subsidiär, wenn erstere nicht verfügbar sein sollten.
3. Zeitschriften und Bücher Papers und Internet vorziehen.
4. Autoren (Stellung, „Schule", Arbeitsgebiete) sorgfältig hinterfragen.
5. Guter Stil ist Indikator für gute Arbeit.

## 2.2.3 Literaturrecherche

An welchen Orten findet man Informationsquellen? Während bis vor Kurzem der Bestand der nächsten Bibliothek, insbesondere der eigenen Universität (nebst Fernleihe), entscheidend war, sind heute viele Datenbanken weltweit zugänglich. Entsprechend sind zur Quellensuche immer drei Zugänge zu nutzen:

1. der Bibliotheksbestand an Büchern und vergleichbaren Medien, erweitert um Fernleihe (z.B. aus allen deutschsprachigen Bibliotheken) und erweitert um elektronische Bestände (z.B. http://www.subito-doc.de),
2. der Zeitschriftenbestand in der Bibliothek, erweitert um Volltextdatenbanken, so dass alle einschlägigen Zeitschriften berücksichtigt werden können,
3. andere Internetangebote.

### 2.2.3.1 Zugang 1: Bibliothek

Die Bibliothek bietet sich nach wie vor als zeitlich erster Zugang an. Sie sollte Ihnen sowieso so schnell wie möglich sehr vertraut werden. Sie sollten sich in ihr auskennen und sie schätzen lernen. Dabei ist es sinnvoll – außer bei ganz aktuellen Themen, die seit weniger als sechs bis zwölf Monaten diskutiert werden – nach Büchern, insbesondere Handbüchern zum Arbeitsfeld zu suchen, weil diese einen geeigneten Einstieg vermitteln können. Der Buchbestand wird in der Regel durch den elektronischen Online Public Assess Catalogue (OPAC) erschlossen, der die älteren Karteikartensysteme und Mikrofiche-Kataloge inzwischen fast überall ersetzt hat. Der OPAC verzeichnet sämtliche Bücher, Nachschlagewerke, Reihen, Loseblattsammlungen, Dissertationen und Diplomarbeiten, CD-ROMs etc. Am einfachsten startet man mit der Indexsuche.

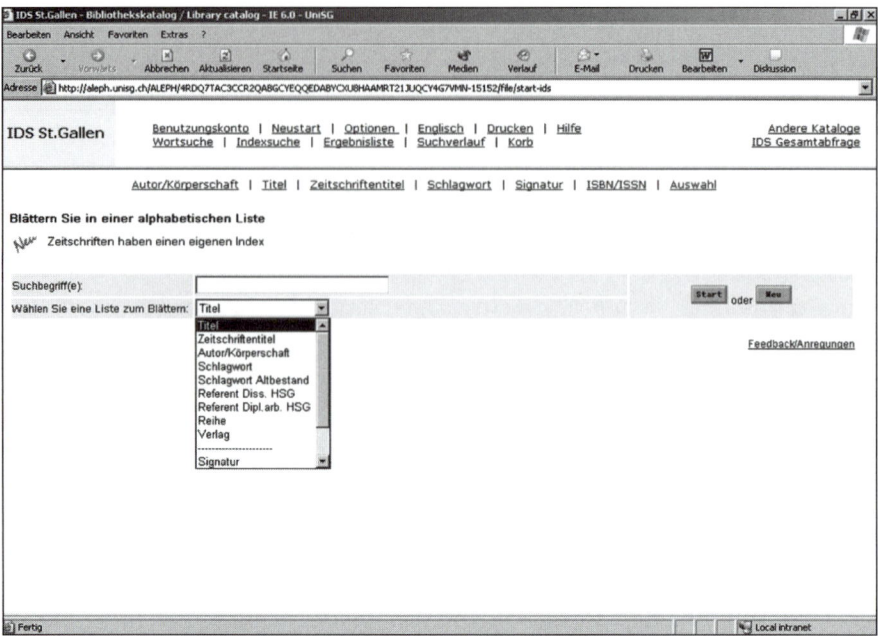

**Abbildung 2.2:** Indexsuche im Bibliothekskatalog.

Man hat dort die Möglichkeit, verschiedene Suchkategorien (Titel, Autor/Körperschaft, Schlagwort, Verlag, ISBN[23], Erscheinungsjahr)[24] zu wählen und auf diese Weise die ersten Treffer zum Thema zu erzielen. Weiß man wenig, nutzt man den Schlagwortindex. Bei der Schlagwortsuche sollte man wissen, dass jede Verschlagwortung, d.h. die Zuordnung von Begriffen zu Medien durch die Bibliotheksmitarbeiter, unvollständig sein muss, weil die verwandten Schlagworte immer eine Auswahl darstellen. Deshalb darf man nicht enttäuscht sein und annehmen, eine Bibliothek hätte keine Medien zum gesuchten Thema, wenn man einen sehr speziellen Begriff eingibt, sondern muss mit einem allgemeineren seine Suche beginnen. Diese Suchen zeigen die in der Bibliothek registrierten Medien mit vollständigen Quellenangaben und Signatur (folgt der jeweiligen Katalogisierungssystematik der Bibliothek und bezeichnet den Standort in der Bibliothek) an. Entweder können diese eingesehen (Präsenzbestand) oder ausgeliehen werden (Bestand), oder Sie müssen sie vorbestellen, weil sie von anderen ausgeliehen wurden, noch nicht angekommen sind oder aus einem Lager beschafft werden müssen.

Differenziertere Suchstrategien lassen sich durch die Verwendung von so genannten booleschen Operatoren „UND" (es werden nur Ergebnisse angezeigt, die beide Such-

---

23 ISBN steht für International Standard Book Number, eine Ziffernfolge, die über Erscheinungssprache (z.B. steht 3 für Deutsch, 1 für Englisch), Verlag und Titel Auskunft gibt und Buchhandlungen als Verwaltungsinstrument dient.

24 Man beachte die bibliothekarischen Feinheiten: Ein Schlagwort „ist ein möglichst kurzer, aber genauer und vollständiger Ausdruck für den sachlichen Inhalt einer Schrift" (101) z.B. „Wissenschaftliche Arbeitstechniken" für diese Schrift. Schlagwörter sind im Katalog alphabetisch geordnet. Davon zu unterscheiden ist das Stichwort, welches „ein charakteristisches Wort des Titels" (69) ist, also im gegebenen Beispiel „studieren". Siehe dazu bspw. Rupert Hacker, Bibliothekarisches Grundwissen. 3. Aufl. (München: Verlag Dokumentation Saur, 1976), aus dem diese Definitionen stammen.

begriffe/Kriterien erfüllen), „ODER" (es werden Ergebnisse angezeigt, die mindestens einen Suchbegriff beinhalten) und „NOT" (Ausschluss bestimmter Ergebnisse) erzielen.[25] Darüber hinaus existieren noch zahlreiche weitere Operatoren und Funktionen, deren Grundlagen nachfolgend bei der Vorstellung einiger beispielhafter Informationsdatenbanken eingeführt werden. Deren intensive Besprechung muss aber der Spezialliteratur überlassen werden.[26]

Dank der Kommunikationstechnologie ist es leicht realisierbar, auch entfernte Kataloge abzufragen und sich die entsprechenden Materialien eingescannt, kopiert oder als Hardcopy zuschicken zu lassen. Beispielsweise befindet sich auf der Website der Bibliothek der Universität St.Gallen (http://www.biblio.unisg.ch) die Möglichkeit, eine Gesamtabfrage des Informationsverbundes Deutschschweiz (IDS) zu lancieren und sich gegen eine geringe Gebühr Werke anderer Bibliotheken per Post zustellen zu lassen. Über die URL http://www.subito-doc.de, ein Service der deutschen Bibliotheken, kann man sich auch PDF-Dateien von auswärtigen Materialien (Zeitschriftenartikel oder Buchausschnitte) als E-Mail und Bücher per Post zusenden lassen. Nach einer unkomplizierten Registrierung steht Ihnen das volle Spektrum der Suchanfrage offen. Subito fragt dabei bei 29 Bibliotheken aus dem deutschsprachigen Raum nach. Unterschieden wird bei der Suche zwischen Aufsätzen, Zeitschriften und Büchern.[27]

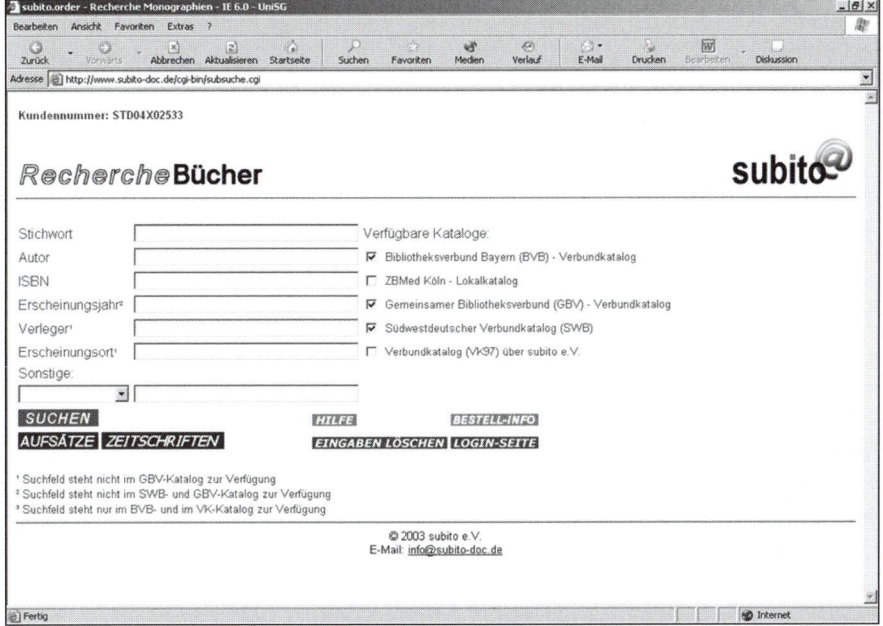

**Abbildung 2.3:** Suchmaske von Subito (*http://www.subito-doc.de/de*)

25 Nach dem britischen Mathematiker George Boole, der eine bestimmte Form der Aussagenlogik entwickelt hat. Eine sehr gute Einführung in Anwendung der Boolean Search bieten die University at Albany Libraries: http://library.albany.edu/internet/boolean.html.
26 Vgl. dazu Michael Otto, Suchstrategien im Internet: Search Engines, Themenkataloge, Besprechungsdienste (Bonn: International Thomson Publ., 1997).
27 Zu detaillierten Angaben über angeschlossene Bibliotheken, Versandkonditionen und Kosten: http://www.subito-doc.de – FAQ und Preise.

Einen ähnlichen Dienst bietet die Universitätsbibliothek der Universität zu Köln unter dem Namen Dokumentliefersystem JASON (Journal Articles Sent On Demand) (*http://www.ub.uni-koeln.de*) an. Einige Online-Angebote sind inzwischen unverzichtbarer Bestandteil jeder Literaturrecherche geworden, so etwa der Karlsruher Virtuelle Katalog *http://www.ubka.uni-karlsruhe.de/kvk.html* oder die Website der Library of Congress *http://www.loc.gov*. Wichtige Kataloge sind über die Website der meisten Hochschulbibliotheken abrufbar, z.B. über die Universität St.Gallen (*http://www.biblio.unisg.ch*) zu erreichen. Zum Teil ist man durch den Link in ein fremdes System gleich als Benutzer angemeldet, sodass man volle Zugriffsrechte hat.

Eine weitere, vergleichsweise klassische Technik ist das Ausnutzen der systematischen Bibliotheksaufstellung: Wenn Sie ein nützliches Buch gefunden haben, schauen Sie sich die Bücher in seiner Nachbarschaft an, die thematisch verwandt sind.

### 2.2.3.2 Zugang 2: Datenbanken

Beiträge in Zeitschriften sind separat von der Bücherbibliotheksrecherche zu suchen, weil sie in den Bibliothekskatalogen nicht aufgeführt werden.[28] Dabei sind zwei Wege einzuschlagen: Erstens können die vor Ort verfügbaren Zeitschriften und Zeitungen (nicht jedoch die einzelnen Beiträge) im bibliothekseigenen Zeitschriftenverzeichnis gefunden werden. Als Alternative bietet sich hier in manchen Disziplinen auch das Nachschlagen in Zeitschriftenbibliographien an (der Eppelsheimer/Köttelwesch[29] ist beispielsweise das einschlägige Werk der Germanisten; der Business Periodicals Index[30] wird von den Betriebswirten konsultiert) oder in Büchern, die Abstracts von Periodika publizieren[31]. Die Zeitschriften bzw. Zeitungen selbst finden sich meist mit ihren aktuellen Ausgaben (der laufenden Woche, des Monats oder des Jahres) physisch im Präsenzbestand, die neueren Ausgaben gebunden im Präsenzbestand sowie ältere Perioden in den Archiven der Bibliothek. Bei diesem Zugang müssen die Beiträge in den Medien selbst gesucht werden, wobei häufig Jahresverzeichnisse nach Stichwörtern, Titeln, Autoren und Ausgaben diese Suche erleichtern.

Zweitens – und immer verbreiteter, weil schneller und weitreichender – können Informationsdatenbanken, die alle Beiträge aus bestimmten Zeitschriften aufnehmen, konsultiert werden. Diese Informationsdatenbanken werden von Verlagen, berufsständischen bzw. wissenschaftlichen Vereinigungen oder von öffentlichen Stellen aufgebaut, wobei in den meisten Fällen die Nutzer für den Service zahlen müssen. Gute Universitätsbibliotheken bieten ihren Nutzern alle wichtigen Informationsdatenbanken an,

---

28 Meist sind auch Beiträge in Sammelbänden nicht in den Buchbibliothekskatalogen verzeichnet; diese sind allerdings auch nicht in den Zeitschriftenverzeichnissen zu finden. Bei Sammelbänden müssen also die betreffenden Medien eingesehen werden, außer z.B. für speziell im Bibliothekskatalog erfasste Beiträge oder Autoren, etwa die Lehrkörperangehörigen der eigenen Universität.

29 Bibliographie der deutschen Sprach- und Literaturwissenschaft, begr. von Hanns W. Eppelsheimer; fortgeführt von Clemens Köttelwesch (Frankfurt a.M.: Klostermann, 1957-). Für allgemeine Informationen vgl. bspw. Handbuch der Bibliographie, begr. von Georg Schneider, völlig neu bearb. von Friedrich Nestler, 6. Aufl. (Stuttgart: Hiersemann, 1999). Wirtschaftswissenschaftliche Bibliographien finden Sie am besten in elektronischer Form in den Datenbanken, welche am Ende dieses Abschnitts aufgeführt sind.

30 Business periodicals index, Bettie Jane, Ed. (New York, NY: Wilson, 1958-).

31 Z.B. Historical Abstracts; Bibliography of the World´s Periodicals Literature, online verfügbar über: http://sb2.abc-clio.com:81 oder Institute for Scientific Information, Current contents: arts and humanities. (Philadelphia, PA: Institute for Scientific Information, 1979-).

und zwar nicht nur auf die eigene Bibliothek bezogen, sondern auf die weltweiten Recherchemöglichkeiten via Internet. In diesen Datenbanken kann man, ähnlich wie bei den Bibliothekskatalogen, nach Titeln, Autoren, Stichwörtern etc. suchen und direkt zu den einschlägigen Zeitschriftenartikeln gelangen. Diese sind oft im Volltext einseh-, ausdruck- und speicherbar, zumindest aber stehen die genaue Fundstelle und ein Abstract zur Verfügung.

## Übersicht renommierter Datenbanken

- **ABI/INFORM (ProQuest):** In der Datenbank werden mehr als 2.000 wirtschaftswissenschaftliche Zeitschriften ausgewertet, welche die Bereiche Werbung, Marketing, Personalwesen, Finanzen, Steuern u.a. abdecken. Ein Großteil der Artikel wird im Volltext angeboten. Ferner erhält man Informationen über mehr als 60.000 Unternehmen.

- **Dissertation Abstracts (ProQuest):** Mit über 2 Millionen Dissertationen (vorwiegend aus den USA) bietet Ihnen Dissertation Abstracts einen großen Fundus an Doktorarbeiten. Neuere Dissertationen werden häufig mit einer 24-seitigen Vorschaufunktion angeboten, die die Relevanzeinschätzung erleichtert. Allerdings sind Volltextzugriffe gebührenpflichtig.

- **EBSCOhost (betriebswirtschaftliche, volkswirtschaftliche, soziologische und psychologische Texte):** bietet Zugang zu zahlreichen Informationsdatenbanken, die einzeln oder kumuliert befragt werden können, z.B. Business Source Premier (täglich aktualisierte Datenbank, die Volltexte aus mehr als 2300 Zeitschriften anbietet), EconLit (Zugriff auf die in der bekanntesten amerikanischen Datenbank für volkswirtschaftliche Literatur gespeicherten Abstracts), SocINDEX, PsycINFO, MLA International Bibliography u.v.a.m.

- **Elektronische Zeitschriftenbibliothek Regensburg (EZB):** Die EZB bietet einen Service zur effektiven Nutzung wissenschaftlicher Volltextzeitschriften im Internet an. Die Zugriffsmöglichkeiten lassen sich für jede Institution an einer farbigen Ampelschaltung ablesen, wobei grün für generell unbeschränkten Zugriff und gelb für den Volltextzugriff für Angehörige von angeschlossenen Universitäten steht.

- **EMERALD:** Enthält gut 38.000 Volltextartikel aus 170 Management-Zeitschriften, insbesondere zu den Themengebieten Strategie und Organisation, Führung, Marketing, Informationsmanagement und Personalwesen.

- **Factiva:** Bietet Zugang zu mehreren Tausend Tageszeitungen und Fachzeitschriften aus aller Welt. Darüber hinaus sind auch die Nachrichtenmeldungen von Reuters und Dow Jones erhältlich.

- **Helecon:** Eine umfangreiche Meta-Datenbank der Helsinki School of Economics, die zehn Untergruppen zu speziellen betriebs- und volkswirtschaftlichen Informationen enthält.

- **IBSS (International Bibliography of the Social Sciences):** Diese bibliographische Datenbank der British Library of Political & Economic Science an der London School of Economics & Political Science bietet Hinweise auf internationale Publikationen in den Fachgebieten Ökonomie, Politikwissenschaft, Soziologie und Anthropologie an.

- **ISSHP (Index to Social Sciences & Humanities Proceedings)**: Diese Datenbank hält bibliographischeAngaben von sozial- und wirtschaftswissenschaftlichen sowie geisteswissenschaftlichen Konferenzbeiträgen vor.

- **JSTOR (Journal Storage)**: Im Angebot sind ausgewählte Zeitschriften von der ersten Ausgabe an. Einzig die letzten 2 bis 5 Jahrgänge dürfen aus lizenzrechtlichen Gründen nicht elektronisch aufgeführt werden. Hier kann man den umfangreichen Archivbestand einflussreicher Zeitschriften einsehen.

- **LexisNexis**: wertet Presse-, Firmen- und Finanzmaterial aus und liefert Wirtschaftsanalysen, Länderberichte, Informationen zu Personen aus Wirtschaft, Politik und Zeitgeschehen sowie zu juristischen Fragen. Hier sind mehrere Tausend Zeitschriften, Magazine und Zeitungen tagesaktuell verfügbar.

- **MOME (The Making of Modern Economy)**: macht über 60.000 Monographien aus der Zeit von 1450-1850 im Volltext online verfügbar sowie einige Hundert Zeitschriften, die vor 1906 erschienen sind. Der Schwerpunkt liegt auf der Volkswirtschaft im weitesten Sinne, abgedeckt werden auch z.B. Politik-, Transport- und Finanzwesen.

- **Oxford Reference Online**: Hier erhält man Zugang zu mehr als 100 Wörterbüchern und Nachschlagewerken aus diversen Fachgebieten der Oxford University Press.

- **PAIS (Public Affairs Information Services)**: Die PAIS-International-Datenbank enthält Verweise auf Zeitschriftenartikel, Bücher, Regierungsdokumente, statistische Verzeichnisse, Forschungs- und Konferenzberichte u.a. Inhaltlich abgedeckt werden insbesondere die Bereiche internationale Politik und internationale Beziehungen sowie internationales Recht.

- **Philosopher's Index**: Auswertung philosophischer Monographien und Zeitschriften, ohne jedoch einen Volltextzugriff zu offerieren.

- **ScienceDirect (Elsevier)**: Zugang zum elektronischen Angebot des Verlagshauses Elsevier, welches neben respektablen Sammlungen mit betriebswirtschaftlichen bzw. volkswirtschaftlichen Zeitschriften mehr als 1.700 Zeitschriften anbietet (darunter auch die Zeitschriftenartikel von Academic Press).

- **Sociological Abstracts (CSA)**: international führende Datenbank für Soziologie und Nachbardisziplinen. Angeboten werden Verweise auf Zeitschriftenartikel, Bücher, Dissertationen und Konferenzberichte sowie Zugriff auf die Bibliografie der Kernbestände.

- **Swisslex**: Schweizerische, passwortgeschützte juristische Datenbank, die sämtliche Dokumente als Volltext erfasst hat.

- **Web of Science (Arts & Humanities Citation Index und den Social Science Citation Index)**: Deckt den gesamten Bereich der Geistes- und Sozialwissenschaften ab. Besonderheit: Der A&HCI und der SSCI indexieren Literatur, die in einem Artikel verwendet wird. Es können auch inhaltsverwandte Artikel gesucht werden.

- Verschiedene **WISO-Datenbanken** zu unterschiedlichen Fachgebieten (u.a. Betriebs- und Volkswirtschaftslehre sowie Psychologie).

Seit Kurzem wird die Suche nach Volltextnachweisen in Informationsdatenbanken mit der Software SFX erleichtert.[32] Diese ermöglicht die Anfrage der Verfügbarkeit eines in einer Informationsdatenbank gefundenen, aber nicht als Volltext abrufbaren Artikels in der Heimbibliothek sowie im angeschlossenen Bibliotheksverbund. Ausserdem kann man die Zugriffsrechte mithilfe der EZB prüfen, eine Abfrage in einer frei wählbaren Suchmaschine starten oder diesbezüglich mit einem Bibliotheksmitarbeiter Kontakt aufnehmen. Erreichbar ist der Service jeweils über das SFX-Logo, das erforderlichenfalls neben dem gefundenen Treffer erscheint.

Im Folgenden erhalten Sie als Erleichterung eine beispielhafte Einführung in drei wichtige Informationsdatenbanken für Rechts- und Wirtschaftswissenschaftler.

**ABI/INFORM (ProQuest):**

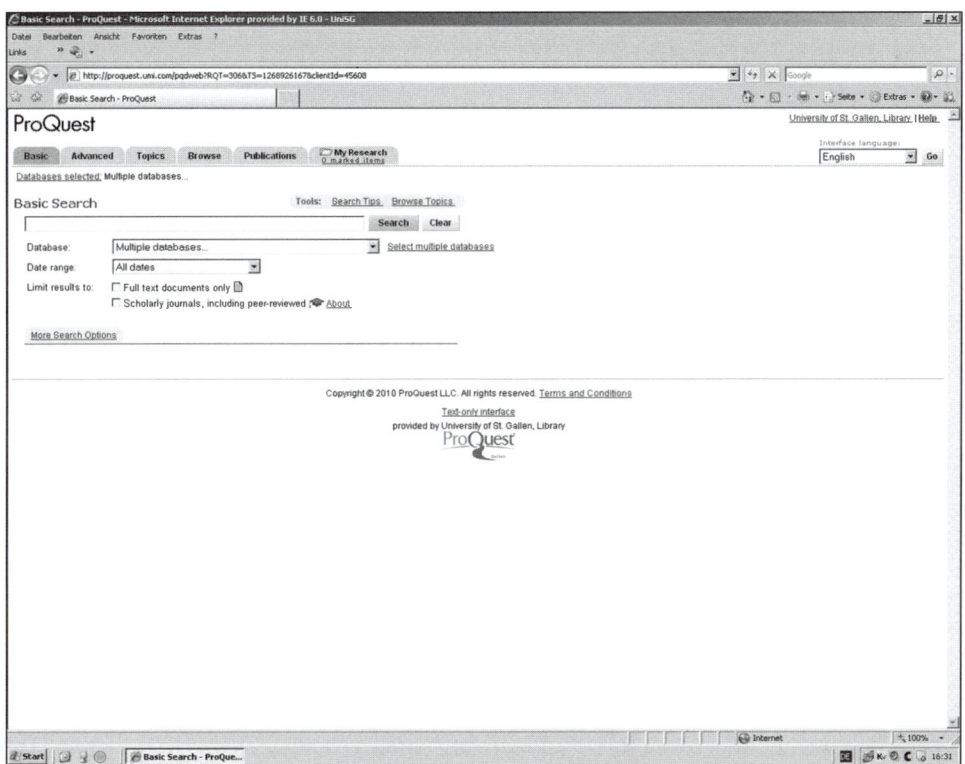

**Abbildung 2.4:** ABI/Inform (Proquest)

Diese Datenbank bietet einen Zugang zu breit gefächerten ökonomischen Themen. Als hilfreich erweist sich die Möglichkeit, die Treffer zu einer Suchabfrage auf Wunsch nach Fachzeitschriften (begutachtete Publikationen), Magazinen, Branchenpublikationen oder Zeitungen kategorisieren zu lassen. Die Beurteilung der Qualität von Quellen wird daher bereits bei der Suche erleichtert. Selbstverständlich lassen sich Such-

---

32 Zurzeit ist SFX in den folgenden Datenbanken aufgeschaltet (Auswahl): EBSCOhost, ABI/INFORM, EMERALD, wiso Wirtschaftswissenschaften, The Philosopher's Index, Historical Abstracts und den CSA-Datenbanken (ERIC, PAIS, Sociological Abstracts, Worldwide Political Science Abstracts). Nähere Informationen zu SFX finden sich untern www.sfxit.com.

abfragen über die Advanced Search detaillieren und vielfältig eingrenzen. Als nützlich erweist sich die Help-Funktion, die über eine effiziente Gestaltung von Suchabfragen schnell und übersichtlich Auskunft gibt.[33] Nach Durchführung der Suche können die Ergebnisse gespeichert, ausgedruckt oder per E-Mail zugesandt werden.

## EBSCOhost

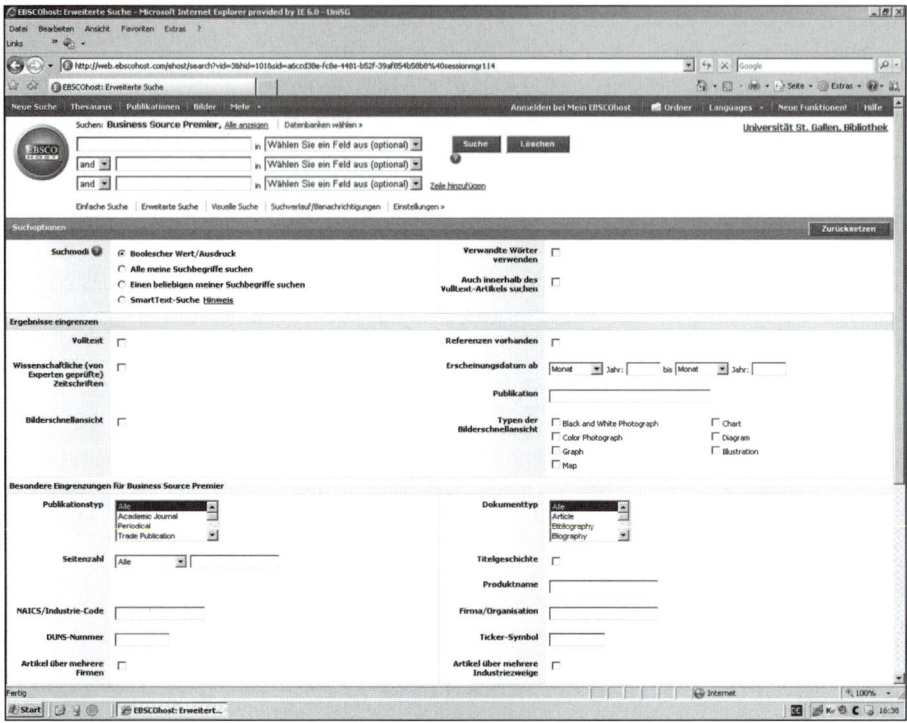

**Abbildung 2.5:** EBSCOhost

Diese Informationsdatenbank verschafft Ihnen Zugang zu den Volltexten von mehr als 3.500 Zeitschriften. Sie erreichen die Datenbank direkt über *http://www.ebscohost. com*. Beachten Sie, dass Sie nur über einen an Ihrem Universitätsnetz angeschlossenen Computer als Nutzer mit Vollzugriff identifiziert werden können. Wählen Sie „EBSCO-hostWeb" und im Anschluss daran die gewünschten Datenbanken; zu empfehlen ist die zusätzliche Auswahl von „Business Source Premier". Die Recherche ist bereits mit

---

33 Die booleschen Operatoren AND und OR werden wie bisher angewendet, während zum Ausschluss eines Suchbegriffs AND NOT gefordert wird. Die Trunkierung * schneidet ein Wort nach rechts ab. So wird aus econom* economy, economist, econometrics etc. Das ? steht im Wort für verschiedene Buchstabenkombinationen: wom?n steht demnach für woman und women. Eine weitere Funktion bietet die „Proximity Search", die den Abstand zwischen Suchbegriffen berücksichtigt. Angeboten wird „within". Suchen Sie „accounting W/3 taxes", stehen zwischen beiden Suchbegriffe unter Beachtung der Reihenfolge maximal drei Wörter. Die Phrasensuche kodieren Sie durch Eingabe von Anführungszeichen vor dem ersten und nach dem letzten Wort der Suchphrase, z.B. „seminars on corporate brands".

der ersten angebotenen Suchmaske detaillierter als bei ABI/Inform. Wiederum sind boolesche Operatoren und Trunkierungen zur Verfeinerung der Suche einsetzbar.[34]

EBSCOhost bietet zudem an, Suchergebnisse einem persönlichen Ordner zuzuordnen und nach Beendigung der Recherche gesammelt anzeigen zu lassen. Diese Auswahl kann dann wahlweise per E-Mail zugesandt, ausgedruckt oder gespeichert werden. Suchresultate wie auch Suchabfragen können nach einer kurzen Registrierung gespeichert und zu einem beliebigen Zeitpunkt wieder abgerufen werden. Ergänzend finden Sie eine Bildergalerie mit Fotos zum Zeitgeschehen.[35]

### SwissLex

SwissLex ist die größte juristische Datenbank der Schweiz. Sie finden hier in den Rechtsgebieten Zivilrecht, Bankenrecht und Steuerrecht etwa 450.000 Dokumente im Volltext. Dazu gehört auch die Systematische Sammlung des Bundesrechtes (SR) in drei Sprachen, die Bundesgerichtsentscheide seit 1954 und eine fast vollständige Sammlung der kantonalen Entscheide seit den 60er/70er Jahren, sowie die Standardwerke (Zürcher Kommentar, einzelne Monographien) der meisten Rechtsgebiete.

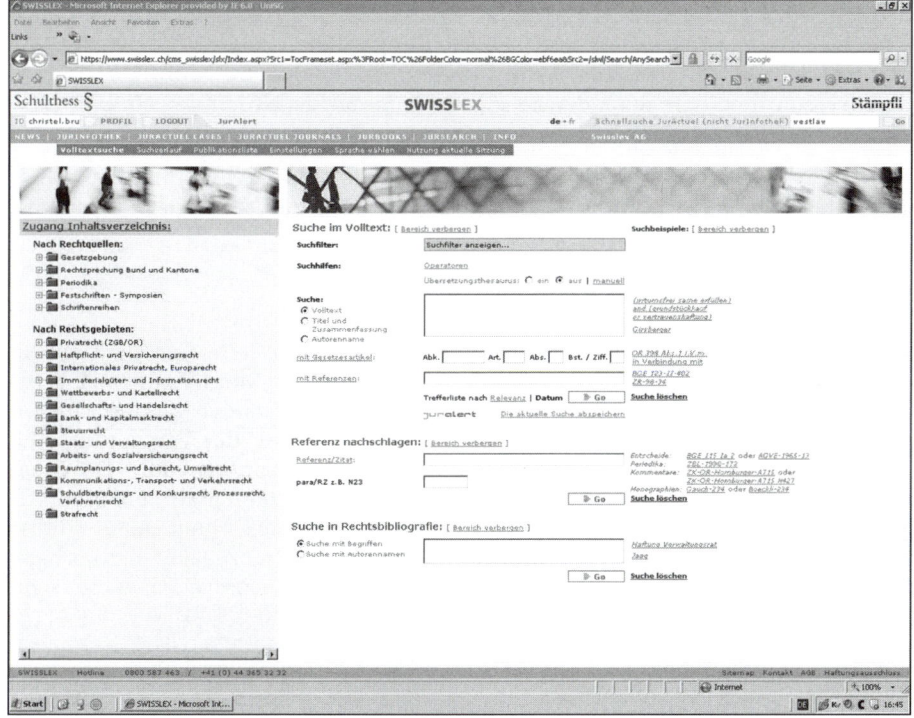

**Abbildung 2.6:** SwissLex

---

34 Zum Ausschluss von Suchbegriffen verwenden Sie bitte den Operator NOT. Suchen Sie „accounting NOT taxes", werden Treffer angezeigt, die den Term accounting, nicht jedoch taxes enthalten. Zusätzlich zum Operator „within" bietet Ebsco den Operator „near". Während „within" die Reihenfolge der Suchbegriffe berücksichtigt, spielt diese bei „near" keine Rolle. Die Suchabfrage wird leicht verändert gestellt: Sie schreiben accounting W5 taxes (innerhalb fünf Wörtern) bzw. accounting N3 taxes (im Abstand von drei Wörtern). Trunkierungen wie Phrasensuche *, ? und „..." werden analog zu ABI/Inform eingesetzt.

35 Abrufbar unter „Advances Search" – „Images".

Suchanfragen übersetzt Swisslex automatisch in Französisch und Italienisch und bindet diese Schlagwörter mit in die Suche ein. So wird sichergestellt, dass Dokumente, die in einer anderen Landessprache vorliegen, ebenfalls gefunden werden. Da auch diese Datenbank ein kostenpflichtiges Angebot darstellt, müssen vorab ein Benutzername und Passwort angefordert werden, wobei dies durch die Bibliothek der Universität abgegeben werden kann.

Für Deutsche Rechtsgebiete gibt es einige vergleichbare Datenbankangebote. So bietet die über das Internet abrufbare Datenbank **Juris** (*http://portal.juris.de/jportal/index.jsp*) Volltextzugriff auf Gesetzestexte und Entscheidungen aus allen Gerichtsbarkeiten, Fachdatenbanken zu ausgewählten Rechtsgebieten (z.B. Arbeitsrecht, Sozialrecht, Verwaltungsrecht etc.) sowie zitierte Rechtssprechung, eine Auswahl an Kommentaren und Aufsätze zu Themen der Rechtssprechung und -praxis.

Eine Alternative ist das entsprechende Angebot des **C.H. Beck Verlags** (*http://rsw.beck.de*). Dort erhalten Sie in den Fachmodulen fachgebietsbezogene Rechtssprechung, Gesetze, Kommentare etc. In den Kommentarmodulen finden Sie für wichtige Gesetze Kommentierungen und gelangen zusätzlich per Mausklick direkt vom Kommentar in dort zitierte Entscheidungen und Aufsätze. Im Zeitschriftenmodul erhalten Sie Zugriff auf die Beck'schen Zeitschriften und Entscheidungsdienste (z.B. NJW, NJW-RR, DStR) samt Archiven. Die Gesetzesdatenbank enthält über 2.600 wichtige Bundes-, Landes- und EG-Vorschriften (z.B. auch den Schönfelder, Sartorius, Nipperdey etc.).[36]

Für die beiden Datenbanken ist jedoch ein kostenpflichtiger Zugang (Passwort und Kennung) zu erwerben, es sei denn, Ihre Universitätsbibliothek verfügt über ein entsprechendes Abonnement. Die Bedienung sowie die Formulierung der Suchabfragen funktioniert sehr ähnlich wie bei SwissLex Westlaw.[37]

### 2.2.3.3  Zugang 3: Google, Wikipedia & Co.

Das Internet bietet schnell zugänglich eine Unzahl von potentiellen Informationsquellen, natürlich unter dem erwähnten Vorbehalt der Quellengüte. Es eignet sich noch immer nicht vollständig als effizientes Medium zur umfassenden Literaturauswahl, aber es bietet sich für das Auffinden von Regierungsstellen, der Verwaltung, anderer öffentlicher und privater Institutionen und einiger Publikationen an.[38] Der Einsatz von Suchmaschinen (z.B. *http://www.google.ch*) oder Metasuchmaschinen (z.B. *http://www.metacrawler.com*)[39] ist der schnellste und einfachste Weg, einen ersten Eindruck von der Präsenz des gesuchten Begriffs auf verschiedenen Internetseiten zu erhalten. Dieser Weg erweist sich zumeist bei der Suche nach Volltextnachweisen wissenschaft-

---

36 Für die Besonderheiten der juristischen Arbeitsweisen siehe statt vieler Philippe Mastronardi, Juristisches Denken: eine Einführung, 2. Aufl. (Bern: Haupt, 2003).

37 Für ausgewählte Rechtgebiete und Regionen existieren zahlreiche Internetangebote: Amerika: http://www.findlaw.com, http://jurist.law.pitt.edu und http://www.hg.org EU-Recht: http://europa.eu.int/eur-lex

38 Die Deutsche Bibliothek in Frankfurt am Main führte ein System ein, das online publizierte Aufsätze eindeutig kennzeichnet und jederzeit auffindbar macht. Dies wird durch die Vergabe von „Uniform Resources Names" (URN) ermöglicht. Die URNs werden zentral für Online-Veröffentlichungen vergeben und funktionieren ähnlich wie die Standardnummern. Da ein zentraler Server die Daten hält und regelmäßig aktualisiert, sind die Publikationen auch noch in Zukunft auffindbar. Siehe die entsprechende Webadresse: http://deposit.ddb.de/index.htm.

39 Wertvolle Hinweise zu Metasuchmaschinen und verwandten Themen bietet: http://www.suchfibel.de.

licher Texte als wenig ergiebig. Dafür finden sich jedoch schnell Bibliographien, Publikationslisten gesuchter Autoren, Informationen zu Tagungen und Kongressen sowie Hinweise auf Veröffentlichungen oder Onlineforen zu Ihren Schlagworten. Diese Informationen helfen Ihnen, sich einen ersten, weitläufigen Überblick über das Forschungsproblem zu verschaffen.[40] Neuere Entwicklungen versuchen auch schon, Anfänge von Kategorisierungen,[41] Bewertungen und Qualitätssicherungen zu inkorporieren.[42] Außerdem kann man gezielt Websites aufrufen, die zu bestimmten Themen systematische Informationssammlungen unterhalten und dort nach passenden Links suchen. Solche Webseiten werden neben den Bibliotheken auch von Universitäten,[43] Fakultäten/Abteilungen, einzelnen Lehrstühlen, internationalen oder berufsständischen Organisationen angeboten.

Auf der Website *http://www.studycube.ch* finden sich weitere Informationen zu einschlägigen Themen dieses Buchs.

## 2.2.3.4 Umfang der Literaturrecherche

Auf die Frage, wann die Quellensuche beendet ist, wäre eine treffende, aber schwer zu interpretierende Antwort: sobald Sie alle einschlägigen und notwendigen Quellen gefunden haben. Häufig werden Sie diese Frage aber auch mit Blick auf Ihre übrigen Studienverpflichtungen beantworten, auch wenn dies ein Hinweis entgegen jeder akademischen Tradition ist, die nur sorgfältigem Arbeiten und der Wahrheitsfindung verpflichtet ist. Mit schlechtem Gewissen, aber pragmatisch: Die meisten Arbeiten, Seminararbeiten und Präsentationen sind mit zwei bis fünf Creditpoints gemäß ECTS (European Credit Point System) gewichtet, sodass etwa ein Zeiteinsatz von 60 bis 150 Arbeitsstunden erwartet wird. Abzüglich der Unterrichtszeit stehen dann 30 bis 120 Stunden zur Verfügung, d.h. vier bis fünfzehn volle Arbeitstage. Die erste Recherche sollte dann in vier bis acht Stunden, d.h. ca. 10% der Arbeitszeit, erledigt werden, sodass Sie in die Quellenauswertung einsteigen können. Weitere, vertiefende Recherchen werden folgen. Für die größeren Arbeiten (Hausarbeit mit fünf und mehr Credits, Bachelorarbeit mit zehn bis 16 Credits, Masterarbeit mit 18 bis 30 Credits) werden Sie die Recherche sehr viel weiter und intensiver betreiben. Als Faustformel: In jedem Fall sind ein Bibliothekskatalog, der die so genannten Pflichtbibliotheken[44] einschließt, und mehrere Zeitschriftendatenbanken heranzuziehen und deren Ergebnisse auszu-

---

40 Vgl. dazu Hans Hehl, Die elektronische Bibliothek: Literatur- und Informationsbeschaffung im Internet (München: K.G. Saur, 2001) 47-67.

41 Die Suchmaschine Vivisimo arbeitet wie eine Metasuchmaschine und bietet dabei ein automatisches Clustering der Suchergebnisse an. Ergebnisse werden in häufig wiederkehrende Schlagworte, die im Zusammenhang mit gefundenen Webseiten erscheinen, in einer übersichtlichen Menüstruktur dargestellt. Relevante Dokumente werden so noch gezielter gefunden; http://www.vivisimo.com.

42 Prinzipiell gelten für die Internetrecherche die gleichen Suchfunktionen wie die im Zusammenhang mit dem OPAC besprochenen. Weitere Details finden sich bei: Ulrich Babiak, *Effektive Suche im Internet*, 4. Aufl. (Köln: O'Reilly, 2001) oder Werner Hartmann, Michael Näf und Peter Schäuble, *Informationsbeschaffung im Internet: Grundlegende Konzepte verstehen und umsetzen* (Zürich: Orell Füssli, 2000).

43 Sehr ergiebig ist beispielsweise der sog. „Werkzeugkasten" des Hochschul-Bibliothekszentrums des Landes Nordrhein-Westfalen: http://www.hbz-nrw.de/produkte_dienstl/toolbox/set.html.

44 Pflichtbibliotheken sind jene Bibliotheken, an die die Verlage alle Publikationen mit ISBN-Nummer abliefern müssen, oder Bibliotheken, die alle Neuerscheinungen aufnehmen, z.B. Schweizerische Landesbibliothek in Bern, die Deutsche Bibliothek in Frankfurt oder die Library of Congress in den USA.

werten. Wenn Sie nicht mindestens ein Dutzend potenziell einschlägiger wissenschaftlicher Werke gefunden haben, werden Sie bereits eine kurze Seminararbeit kaum in angemessener Weise an die laufenden Diskurse zu Ihrem Thema anschließen können.

Häufig ist es auch so, dass man nach der ersten Runde und deren Auswertung auf weitere Quellen stößt, die beschafft werden müssen. Beim Schreiben Ihres Beitrags entstehen in der Regel neue Überlegungen, wenn Sie z.B. einzelne Aspekte vertiefen möchten, sich auf fremde Referenz oder Konzepte beziehen oder noch erläuternde Hinweise setzen wollen, die durch weitere Quellen belegt werden sollen und müssen.

### 2.2.4 Quellenauswertung

Hat man prinzipiell geeignetes Material in Form von Büchern, kopierten Artikeln, Daten und Ausdrucken aus Datenbanken zusammengetragen, gilt es, dieses möglichst sinnvoll und zeitsparend auf relevante Inhalte durchzuarbeiten. Um die Inhalte in den gefundenen Quellen im Sinne des Verfassers korrekt wiederzugeben, sind allenfalls auch wissenschaftstheoretische und methodische Charakteristika zu berücksichtigen.[45] Die einst von Wissenschaftstheoretikern geforderte und vielleicht für Dissertationen noch einigermaßen haltbare vollkommene Beherrschung der jeweiligen Forschungsliteratur ist für Ihre Situation im Studium illusorisch. Man sollte sich diesbezüglich vielmehr an dem von Herbert A. Simon für die Entscheidungstheorie geprägten Konzept des „Satisficing" orientieren. Eine zufriedenstellende, das heißt die wesentlichen Zusammenhänge beherrschende Quellenkenntnis mit einigen wenigen Schwerpunktsetzungen ist wohl eine realistischere Einschätzung, die man wie folgt erreichen kann:

### 2.2.4.1 Richtig einsteigen

Eine erste Orientierung vor der Fachliteratur leisten häufig online Lexika, z.B. Wikipedia. Sie gelten aber nicht als zitierfähige oder verlässliche Quellen. Bei der Themenbearbeitung geht man dann von allgemeinen Beiträgen, insbesondere aus Nachschlagewerken, wie z.B. dem Historischen Wörterbuch der Philosophie, dem Basler Kommentar zur Bundesverfassung, den Handwörterbüchern für Betriebswirtschaftslehre, die einen Überblick zu den „großen" Fragen des jeweiligen Gebiets, den etablierten „Schulen", wichtigen Autoren, Definitionen etc. geben, zu spezielleren Fachtexten. Einen anderen geeigneten Einstieg bieten auch so genannte „Überblicksartikel"[46] aus Zeitschriften, in denen ebenfalls häufig die wichtigsten Aspekte, verschiedene Ansätze und Schulen, neuere und ältere Forschungsströme einer Thematik diskutiert werden und sozusagen der „State of the Art", d.h. die bisherigen Leistungen und Erkenntnisse, aufgezeigt wird. Ebenso bieten Dissertationen einen reichhaltigen Fundus, da sie in vielen Fällen die relevanten Aspekte sorgfältig aufbereiten, manchen Fingerzeig auf alternative Forschungsstränge geben und zugleich auf einschlägige Publikationen verweisen.

---

45 Dazu gehören z.B. bei einer empirischen Studie das Design, die Stichprobenbildung, die Datenerhebung, -auswertung und -analyse. Vgl. vertiefend Fink.

46 Die wissenschaftlichen Fachdisziplinen haben sich derart differenziert, dass diese neue Gattung von Fachartikeln, die Überblicksartikel, entstanden ist, um in regelmäßigen Abständen die Weiterentwicklung auch nur eines Teilbereiches oder einer spezifischen Theorie festzuhalten und zu dokumentieren.

Daneben sollte man sich durch vertikales Recherchieren den Weg verkürzen.[47] Beginnend mit einem aktuellen Text zu einem bestimmten Thema wertet man dessen Literaturverzeichnis sorgsam aus und gelangt auf diese Weise zu früheren Arbeiten über verwandte oder gleiche Themen. Dieses Vorgehen wiederholt man mehrmals, bis man zu den Anfängen eines Forschungsstromes gelangt. Bei diesem Vorgehen erschließt sich einem ebenfalls die Relevanz bestimmter Autoren, da man mit der Zeit einige Muster in den Zitaten erkennt. Dieses Vorgehen erlaubt, sich einen Überblick über Positionen und deren Autoren zum Thema zu verschaffen. So werden Betonung, Argumente, Schlussfolgerungen klar, und man kann seine eigenen Ideen einordnen.

## 2.2.4.2 Kritisch sein

Grundsätzlich müssen sämtliche Quellen mit prüfender Haltung beurteilt werden. Wie schon bei der Quellensuche müssen bei der Quellenauswertung Text, Autor und Publikationskontext berücksichtigt werden. Selbst wenn Sie für sich als Zugang zum Thema Beiträge aus nicht wissenschaftlichen Zeitschriften und Zeitungen herangezogen haben, so können Sie diese in der Regel doch nur für thematische Impulse und eine Illustration der eigenen Argumente nutzen. Die kritische Sichtung der wissenschaftlichen Beiträge erfolgt am besten in Form eines mehrstufigen, iterativen Prozesses, bei dem man wie im Kapitel 1 („Lesen") in Teilen besprochen vorgehen kann: Zunächst überfliegt man im Hinblick auf das eigene Erkenntnisinteresse die Quellen. Man wird mit dem Relevanten anfangen und die besonders interessanten Quellen als erste herausgreifen und lesen. Die Hinweise auf weitere Quellen sollte man je nach Nützlichkeit verfolgen.

Meint man, den einschlägigen Text zum Thema gefunden zu haben, versetzt einen das oft in Begeisterung: Es ist einem gelungen, eine Quelle aufzutun, die in seltener Prägnanz wichtige Inhalte des Themas bespricht, Entstehungsgeschichten oder Überblicke darstellt, Forschungsfragen anregt und einen somit in entscheidendem Maße weiterbringt. Doch dann stellt sich oft Enttäuschung ein, da man den Eindruck hat, alles Relevante zu diesem Thema sei schon geschrieben. Mitnichten – jedes Thema bietet grundsätzlich immer noch ungelöste Fragen oder neue Perspektiven der Betrachtung, wenn auch in unterschiedlichem Umfang. Für diese Situation gilt eine zentrale, allgemeingültige Regel: Zitieren Sie diese Quelle auf jeden Fall! Sie zeigen ihren Lesern erstens, dass die Kernwerke gefunden und ausgewertet wurden. Erfahrene Wissenschaftler haben in der Regel einen ganz anderen Überblick über die bestehende Literatur. Sie merken sowieso, ob das betreffende Werk verwendet wurde oder nicht. Damit zusammen hängt die zweite Konsequenz der Regel: Durch Angabe der Quelle vermeiden Sie das Plagiieren.

Wenn Sie nun eine aufgrund ihres Publikationskontextes und der Textqualität ausgewiesen wissenschaftliche, inhaltlich einschlägige Quelle vor sich haben, steigen Sie intensiver in die Auswertung der Aussagen des Autors mit Hinblick auf seine (Forschungs-)Frage ein:

- Was sind seine Thesen/Aussagen/Anliegen?
- Welche theoretischen (logischen) und empirischen Begründungen gibt er? Sind diese einschlägig, zuverlässig, überzeugend?
- Welche Einschränkungen muss er machen?

---

47 Joachim Stary und Horst Kretschmer, Umgang mit wissenschaftlicher Literatur: Eine Arbeitshilfe (Frankfurt a.M.: Cornelsen Scriptor, 1994) 151.

- Welche Begrifflichkeiten und Annahmen stecken hinter seinen Ausführungen? Sind diese sinnvoll?
- Auf welche anderen Autoren beruft er sich in welchem Zusammenhang?
- Welche Aspekte, Perspektiven, Fragen, Autoren etc. blendet er aus? Aus welchem Grund?
- Welche unzureichenden, unvollständigen oder unlogischen Schlussfolgerungen zieht er?

Mit einer derart hinterfragenden, kritischen Haltung ergeben sich nicht nur viele Ansatzpunkte für die eigene Arbeit, sondern werden auch nur geprüfte Quellen in geeigneter Weise herangezogen und zitiert, so dass Ihre Arbeit auf einem soliden Fundament steht.

### 2.2.4.3 Vom Exzerpieren zum Schreiben kommen

Wie komme ich nun von den Quellen zum eigenen Text? Die zentralen Passagen werden exzerpiert, d.h. die wesentlichen Ideen, Argumentationsfolgen, Beispiele werden herausgeschrieben – früher auf Karteikarten, heute gleich in eine Textdatei – und mit entsprechenden Kommentaren versehen, wie die einzelnen Teile aufgrund der vorgängig erwähnten Fragen zu beurteilen sind, welche weiterführenden Fragen sich ergeben, wo und wie die Quelle allenfalls verwendet werden kann. Dieses beurteilende Vorgehen, Verbinden mit anderem, Einordnen etc. macht die wissenschaftliche Verarbeitung aus. Dabei kommt es auf Vollständigkeit der inhaltlichen Aussage, die Textstellen und deren genaue Erfassung an.[48] Für die bibliographischen Angaben (Autor(en), Titel, Auflage, Erscheinungsjahr, Verlag, ggf. Seitenzahlen) kopieren Sie am besten die erste Seite mit den entsprechenden Angaben; bei Büchern die Cataloguing-in-Publication- (CIP-) Angaben, wie im folgenden Beispiel dargestellt:

> Die Deutsche Bibliothek – CIP-Einheitsaufnahme
> **Medienkultur im digitalen Wandel**;
> Prozesse, Potenziale, Perspektiven/
> Sascha Spoun; Werner Wunderlich (Hrsg.)
> Bern; Stuttgart; Wien: Haupt, 2002
> (Facetten der Medienkultur; Bd.2)
> ISBN 3-258-06448-2

Ebenfalls notieren sollten Sie sich die bibliographischen Angaben der weiterführenden Literatur. Erfassen Sie die Angaben entweder durch handschriftliche Notizen, in der Datei oder besser, weil flexibler und wieder verwendbar, per relationaler Datenbank.[49] Die elektronische Verwaltung erlaubt den beliebigen Austausch und die jederzeitige Ergänzung der vorhandenen Datei, oftmals auch eine direkte Verknüpfung mit dem Textverarbeitungsprogramm und mit Internetanwendungen. Es lohnt sich, mit einer derartigen Software zu arbeiten.

Während dieses Auswertungs- und Schreibprozesses bieten sich Gespräche mit Fachkräften in der Bibliothek, erfahrenen Kommilitonen oder auch mit betreuenden Dozierenden und deren Mitarbeitern an, um sich unnötig lange Exzerpte zu ersparen,

---

48 Moennighoff und Meyer-Krentler 59-61.
49 Weit verbreitet sind Endnote (Kostenpunkt ca. 90 $ für die Studentenversion) oder LiteRat, welches als Freeware unter *http://www.literat.net/index.html* verfügbar ist. Zur Vertiefung siehe Christine Stickel-Wolf und Joachim Wolf, *Wissenschaftliches Arbeiten und Lerntechniken*, 2. Aufl. (Wiesbaden: Gabler, 2002) 135-144.

Sicherheit beim eigenen Vorgehen zu verschaffen und Anregungen für Weiterführendes zu erhalten. Wenn allerdings diese Gespräche die eigene Leistung ersetzen sollen, so werden die meisten Angefragten sehr ungehalten darauf reagieren.

Die Auswertung von Quellen kann – wie deren Suche – sehr lange und sehr ausführlich erfolgen. Wiederum gibt es nicht den objektiv richtigen Zeitpunkt, zu dem genügend Literatur ausgewertet ist, und vor allem, zu dem alle einschlägigen Quellen bearbeitet sind. Da der Übergang vom Recherchieren, d.h. dem Zusammentragen, Auswerten und gedanklichen Verarbeiten, zum Formulieren, also der begrifflichen Umsetzung der eigenen Gedanken zentral ist, müssen Sie so lange recherchieren, bis Sie genügend Ideen für eine eigene Aussage im Kopf haben, d.h. für die Thesen Ihres Papers oder Vortrags. Das ist der richtige Zeitpunkt, die Auswertung fürs Erste zurückzustellen.

Solange Sie aber noch keine eigene Idee zum Thema haben, d.h. ohne Ihr Argument, Ihre spezifische Behauptung, brauchen Sie nicht die nächste Arbeitsphase des eigenständigen Schreibens zu beginnen, denn sie ist dann noch nicht ausreichend vorbereitet. Ein zu früher Beginn führt Sie nur „in den Wald", nämlich häufig eine deskriptive Darstellung des Bestehenden, die noch dazu meistens schlechter formuliert ist als die Originaltexte. Wenn Sie also zu früh die Quellenauswertung beenden, erhalten Sie zwar einen eigenen Text, der aber wenig nützt und trotz mühsamer Ausformulierung nicht für Ihre Aufgabe (z.B. Seminararbeit) verwendet werden kann, weil er zu wenig mit Ihrer speziellen (Forschungs-)Frage zu tun hat. Wenn Sie andererseits lange zusammentragen, ohne sich wirklich eng an die Zielvorgabe der Bildung eigener Aussagen zu halten, werden Sie (zu) viel Zeit verbrauchen und unlustig auf weitere Arbeit werden. Naht dann das Abgabedatum, kann trotz sehr sorgfältigem Forschungsprozess manchmal nur ein wenig befriedigender eigener Text entstehen.

Sie müssen daher denjenigen Zeitpunkt ermitteln und richtig einschätzen, zu dem Ihre eigene Idee formulierungsreif ist und Sie mit dem Schreiben beginnen können. Normalerweise „fließt" es dann, d. h., Sie werden inhaltlich selbständig von Aspekt zu Aspekt gezogen.[50] Nähern Sie sich als Anfänger diesem Zeitpunkt des Schreibbeginns vorsichtshalber von einer etwas zu ausführlichen Quellenauswertung her, da Sie sonst keine Chance auf einen inhaltlich getriebenen Schreibfluss haben, sondern zu breit referieren, weil Sie die Quellen nicht genau genug ausgewertet haben und zu wenig zu Ihrer eigentlichen Frage schreiben. Nach dem ersten Entwurf werden Sie sowieso iterativ weiterarbeiten, d.h. nochmals Quellen heranziehen, diese auswerten, am eigenen Text arbeiten, wieder zu den Quellen zurückkehren, deren Erkenntnisse einbauen und so fort. Zum eigentlichen Schreibprozess Kapitel *3.2*.

## 2.2.5   Zitieren

In diesem Abschnitt geht es darum, wie Sie die gefundenen und bearbeiteten Quellen treffend und elegant in Ihrem Text verarbeiten, so dass sie Ihre eigenen Aussagen unterstreichen und die Bezugspunkte zu bestehenden deutlich werden.

### 2.2.5.1 Motive und Prinzipien

Es lassen sich zwei gewichtige Gründe für die Verwendung von Zitaten anführen: zum einen der Respekt für fremde Ideen, d.h. das geistige Eigentum eines Menschen, das

---

50 Vgl. dazu auch Hinderk M. Emrich, „Schreib-Partikel und ihre allmähliche Verfertigung", *Lust und Last des wissenschaftlichen Schreibens*, Hrsg. Wolf-Dieter Narr und Joachim Stary (Frankfurt am Main: Suhrkamp, 1999) 54-57.

juristisch seinen Niederschlag im Urheberrecht des Autors findet, und zum anderen der Einsatz des Zitierten als Untermauerung der eigenen Argumente, Thesen oder Theoriebausteine, um deren Anschlussfähigkeit und Legitimität darzustellen.

Immer wieder unterliegen Wissenschaftler und Studierende der Versuchung, durch das Abschreiben von Texten oder Daten den Arbeitsaufwand für eine zu erbringende Leistung zu minimieren. Nicht nur schmücken sich die Betreffenden mit den Lorbeeren anderer, sondern sie begehen auch eine wissenschaftliche Todsünde. Vor allem ist es den angehenden Akademikern oft noch nicht bewusst, dass ein solches Vergehen nicht – wie möglicherweise noch in der Schulzeit – ein Kavaliersdelikt ist, sondern schwerwiegende Konsequenzen nach sich zieht, weil sie ihre persönliche Glaubwürdigkeit verlieren. Da die Dozierenden die relevante Literatur kennen, als Lehrende Erfahrung mit studentischen Formulierungsmöglichkeiten haben und als wissenschaftlich Schreibende auch stilistische Unstimmigkeiten erkennen, entdecken sie solche Betrugsmanöver leichter als angenommen. Die Volltext-Suchprogramme des Internet erlauben es dann schnell, eine verdächtige Textstelle auf Unterschleif beziehungsweise ihre Originalität hin zu überprüfen.[51]

Zusammenfassend kann man drei Typen von Aussagen unterscheiden: erstens Ihre eigenen Gedanken, zweitens diejenigen der Autoren, die Sie selbst gelesen haben, sowie drittens Gedanken, die in diesen Arbeiten zitiert worden sind. Indem Sie sich diese Unterschiede bewusst machen und ein ungeprüftes Übernehmen von Quellen aus dritter Hand unterbinden, schützen Sie sich vor peinlichen, falschen Zitaten und letztlich vor Plagiaten.

Mit den fremden Informationen, die man in der Arbeit übernehmen will, sollte man besonders sorgfältig umgehen. Zitate müssen deutlich gekennzeichnet werden. Dabei ist die korrekte Zitiertechnik sehr wichtig. Ein unsauberes, inkonsistentes oder lückenhaftes Zitiersystem wertet auch eine sonst gute Arbeit deutlich ab. Aber nicht jeder Gedanke, der dem Allgemeingut angehört, muss belegt werden. Seit Thomas Kuhn[52] kann man zwar nicht mehr von einem rein kumulativen Wissenschaftsverständnis sprechen, doch baut jeder Text auf Bestehendem auf und wird nicht komplett originär geschaffen. Dass es durchaus legitim und wünschenswert ist, aufeinander Bezug zu nehmen, drückt der auch innerhalb der Wirtschaftswissenschaften angewandte Begriff der „Intertextualität",[53] also der Zusammenhang zwischen einem bestimmten Text und einem anderen, aus. Eigene Gedanken werden mit den verwendeten verknüpft, sodass sich eine Assoziationskette ergibt und der Aussagegehalt eines fremden Textes auf

---

51 Unter Unterschleif und plagiativen Verhaltensweisen werden das Abschreiben in einer Prüfung, das Abtippen von Texten ohne konkrete Hinweise auf die Quelle oder Abschreiben von Kommilitonen, der Gebrauch von Daten und Materialien Dritter ohne expliziten Verweis auf die Autorenschaft, das Anlehnen an fremde Gedanken oder ähnliches Vorgehen verstanden.

52 Der Wissenschaftshistoriker Thomas Kuhn widersprach Karl Raimund Poppers Wissenschaftsverständnis. Nach Kuhns Vorstellung ist die Wissenschaft kein kontinuierlicher Prozess, welcher sich sukzessive der Wahrheit nähert, sondern eine Abfolge von Revolutionen, die im tatsächlichen (eher opportunistischen) Verhalten der Wissenschaftler begründet sind.

53 Die Literaturwissenschaft unterscheidet zwischen zwei Fassungen dieses Begriffs: einer weiteren (Kristeva), in der Bedeutung eines Aufnehmens und einer Offenheit der Literatur und einer engeren (Genette), also dem konkreten Bezug zweier Texte. Vgl. dazu Michail M. Bachtin, *Die Ästhetik des Wortes* (Frankfurt am Main: Suhrkamp, 2001); Julia Kristeva, „Probleme der Textstrukturation (Problèmes de la structuration du texte)", Übersetzung Jochen und Irmela Rehbein, *Literaturwissenschaft und Linguistik* I, Hrsg. Jens Ihwe (Frankfurt am Main: Athenäum, 1971) 448-507 und Gérard Genette, *Palimpseste, Die Literatur auf zweiter Stufe* (Frankfurt am Main: Suhrkamp, 1993).

die eigene Argumentation übergeht. Dies erfolgt, um einen Bezug zum aktuellen Forschungsstand, zur angewandten Methode, zur wissenschaftlichen Gemeinschaft oder einer spezifischen Schule herzustellen. Des Weiteren eignen sich die durch das Zitat hervorgerufenen Assoziationen zum Aufzeigen von Kritikpunkten oder Fehlern.[54]

Denken Sie bei der Verarbeitung von Quellen daran, dass eine Überprüfung durch Dritte möglich sein sollte. Es versteht sich von selbst, dass Quellen, die auch von Dritten eingesehen und überprüft werden können, als die Verlässlicheren angesehen werden, da die Gefahr der Verfälschung oder Manipulation deutlich reduziert wird. Insofern sind etwa persönliche E-Mails, mündliche Aussagen, aber auch transkribierte Interviewdaten oder Fragebögen problematisch. Deswegen werden bei schriftlichen Arbeiten oft im Text oder Anhang Tabellen oder Beispiele der verwendeten Erhebungsinstrumente, Kriterien der Kategorienbildung oder andere Ausschnitte angefügt, um die Daten den Lesern zugänglich zu machen. Auf diese Weise werden sie auch einer Überprüfung ausgesetzt und deren Verfügbarkeit und Wahrheitsgehalt wird unweigerlich öffentlich bestätigt. Entsprechend muss man den Autor korrekt zitieren, also so, dass das Zitat seine Meinung wiedergibt und eine Aussage nicht aus ihrem Gesamtzusammenhang gerissen und dadurch verändert wird.

Im Sinne des eben genannten Zwecks ist der Verlauf der Argumentation der eigenen Quellen zu ermitteln und wiederum mit Parallelquellen zu vergleichen. Es gilt zu klären, warum die Autoren zu verschiedenen Schlüssen kommen, und, falls Sie zu gleichen Schlüssen kommen, ob und wie sich die Begründungen möglicherweise voneinander unterscheiden. Es ist demzufolge die Evidenz der Argumente zu hinterfragen: Sind die Daten überzeugend interpretiert worden, oder könnte man auch ganz andere Schlüsse ziehen?

Der Umfang des Zitierens umfasst das weite Spektrum von einem bestimmten Wort bis zum Lebenswerk eines Autors. Um dieses einer Klassifikation zu unterwerfen, schuf Cronin fünf Stufen oder Ebenen des Zitierens:[55] Lebenswerk, Motiv, Werk (Buch, Aufsatz in Sammelwerk, Journalartikel), Kapitel oder Abschnitt sowie als feinste Ebene das Detail. Beim Zitieren von Karl R. Popper kann man sich etwa auf dessen gesamtes Schaffen und dessen Wirken auf die wissenschaftliche Theorie und Praxis beziehen oder aber eine Detailaussage wie „Bewusstes Lernen aus unseren Fehlern, bewusstes Lernen durch dauernde Korrektur ist das Prinzip der Einstellung, die ich den 'kritischen Rationalismus' nenne" (Hervorhebung im Original)[56] zitieren. Damit Dritte die Verwendung des Fremdtextes einsehen sowie diesen selbst wiedererkennen, muss auf verständliche, nachvollziehbare und einfache Weise zitiert werden.[57]

## 2.2.5.2 Zitierregeln

Die Ansprüche und Vorstellungen einzelner Wissenschaftler bezüglich der richtigen Art und Weise des Zitierens gehen weit auseinander. Es gibt nun Regeln und Standards, wie Zitate, wörtliche wie sinngemäße, von Texten, Zahlen und Bildern zu dokumentie-

---

54 T.A. Brooks, „Private acts and public objects: An investigation of citer motivations", *Journal of the American Society for Information Science* 36 (1985): 223-229.

55 Blaise Cronin, „Tiered citation and measures of document similarity", *Journal of the American Society for Information Science* 45 (1994): 537-538.

56 Karl Raimund Popper, Vorwort: *Das Elend des Historizismus* (Tübingen: Mohr, 1965) IX.

57 Wim van den Berg, „Autorität und Schmuck. Über die Funktion des Zitates von der Antike bis zur Romantik", *Instrument Zitat: über den litarturhistorischen und institutionellen Nutzen von Zitaten und Zitieren,* Hrsg. Klaus Beekman und Ralf Grüttemeier (Amsterdam: GA, 2000).

ren sind. Des Weiteren geben diese Regelwerke Auskunft darüber, wie weiterführende Informationen sowie Kommentare anzubringen sind, ohne den Textfluss zu behindern. Oft sind diese Differenzen in der Zugehörigkeit zu einer bestimmten Fachdisziplin begründet. Während Sprach- und Literaturwissenschaftler auf textliche Authentizität, die unverfälschte, vollständige Angabe der Autorennamen und ungekürzte Texttitel bestehen, betonen Sozial- und Naturwissenschaftler das Erscheinungsdatum einer Publikation, da dort die Entstehungsgeschichte und die zeitliche Reihenfolge der Publikationen in einem Feld entscheidend sind. Ein einheitlicher Standard, der den Großteil der Bedürfnisse abdeckt, ist zwar theoretisch denkbar, würde sicherlich manches vereinfachen und oft auch einen Zugewinn an Dokumentationsqualität bedeuten, scheitert aber schon allein an den dogmatischen Positionen der verschiedenen Disziplinen und ist in näherer Zukunft nicht absehbar.

Zwei bekannte Regelwerke zum Dokumentieren sind der Standard der Modern Language Association (MLA), welcher auch bei der Abfassung dieses Buches verwendet wurde, und der Standard der American Psychological Association (APA). Beide sind international gebräuchlich, selbst gut dokumentiert und werden von wichtigen wissenschaftlichen Organisationen gepflegt. Zu den Zitierstandards existiert eine Vielzahl von Texten, welche sich in der hier nicht realisierbaren Tiefe und Detailgenauigkeit mit den Anwendungsregeln auseinandersetzen. Als Minimalanforderung gilt es, für ein Literaturverzeichnis folgende Angaben zu erfassen:

## Angaben für ein Literaturverzeichnis

| | |
|---|---|
| **Bücher:** | Nachname(n), Initiale(n), Erscheinungsjahr, Titel, Verlagsort und Verlagsname |
| **Beispiel (APA):** | Behr, G., Fickert, R., Gantenbein, P. & Spremann, K. (2002). *Accounting, Controlling und Finanzen: Einführung.* München: Oldenbourg. |
| **Aufsatz in Herausgeberwerk:** | Nachname(n), Initiale(n), Erscheinungsjahr, Titel Aufsatz, Herausgeber, Titel Herausgeberwerk, Seiten, Verlagsort, Verlag |
| **Beispiel (APA):** | Lakatos, I. (1970). Falsification and the Methodology of Scientific Research Programmes. In I. Lakatos & A. Musgrave (Eds.), *Criticism and the Growth of Knowledge* (pp. 91-196). Cambridge: Cambridge University Press. |
| **Periodikum:** | Nachname(n), Initiale(n), Erscheinungsjahr, Titel, Name Zeitschrift, Jahrgang, Seitenzahlen |
| **Beispiel (APA):** | Von Hippel, E. & von Krogh, G. (2003). Open Source Software and the „Private-Collective" Innovation Model. Issues for Organizational Science. *Organization Science,* 14, 209-223. |
| **Elektronische Quelle** | Nachname [bzw. Name einer Organisation], Initiale(n), Erscheinungsjahr, Titel, abgerufen von Internetadresse |

**Beispiel (APA)**    Online Artikel:

Breitenfelder, U., Hofinger, C., Kaupa, I. & Picker, R. (2004). Fokusgruppen im politischen Forschungs- und Beratungsprozess. *Forum Qualitative Sozialforschung* 5.2. Abgerufen von http://www.qualitative-research.net/fqs-texte/2-04/2-04breitenfelderetal-d.htm.

Website einer Organisation:

Schweizerische Gesellschaft für Verwaltungswissenschaften SGVW. (2004). Webseite. Abgerufen von http://www.sgvw.ch/d/index.php

Die Angaben in diesem Buch dienen als weitere Beispiele für den MLA-Standard. Die Verwendung dieser Standards stellt sicher, dass die Quelle unzweideutig angegeben ist und deswegen von Dritten auf Anhieb gefunden und nachgeprüft werden kann.

Für weitere Informationen verweisen wir Sie auf die folgenden Quellen:

- Metzger, Christoph. Lern- und Arbeitsstrategien. Ein Fachbuch für Studierende an Universitäten und Fachhochschulen. 5. Aufl. Aarau: Sauerländer, 2002 (APA:135-153; MLA: 154-169).
- *http://www.apastyle.org/elecref.html*
- *http://www.mla.org*
- *http://www.monroecc.edu/depts/library/cover.htm*
- *http://www.ub.fu-berlin.de/service/einfuehrungen/bookmarks/zitieren.html*
- *http://www.columbia.edu/cu/cup/cgos/idx_basic.html*
- *http://owl.english.purdue.edu/handouts/research*

## 2.3    Entwicklung einer eigenen Forschungsfrage

Im Mittelpunkt jeder wissenschaftlichen Arbeit steht – unabhängig von den Annahmen über den Erkenntnisfortschritt und die jeweilige wissenschaftstheoretische Position – das Erkenntnisinteresse, das in der Forschungsfrage formuliert wird. Forschungsfragen entstehen aus unterschiedlichen Gründen, aus intrinsischem, d.h. von innen her kommendem, Interesse an einer ungelösten Problemstellung oder durch einen wertvollen Hinweis bzw. eine Aufgabe von einem erfahrenen Wissenschaftler. Neben dem eigenständigen Entwickeln einer Forschungsfrage als Teil der Aufgabenstellung besteht eine gängige Praxis an vielen Universitäten in der Vergabe eines Themas oder einer Forschungsfrage durch den jeweiligen Betreuer bzw. erhalten Sie als Mitarbeiter in einem Forschungsprojekt eine Aufgabe. Dies hat für den Arbeitsprozess drei Vorteile: So ist nach Claus Ebster und Liselotte Stalzer erstens davon auszugehen, dass der Betreuer in diesem Fall grundsätzlich am Thema interessiert ist. Zweitens könne er aufgrund seiner Erfahrung eher zwischen geeigneten und ungeeigneten Themen unterscheiden und drittens könne er oft schon konkrete Literaturhinweise als Ausgangspunkt für die eigene Literaturrecherche zur Verfügung stellen.[58] Auch in solchen Fällen erleichtert das Wissen darum, wie man eine Forschungsfrage entwickelt, das Verständnis für die Themenstellung und die impliziten Möglichkeiten entscheidend. Zuerst werden im Folgenden die Funktion von Forschungsfragen aufgezeigt (Kapitel 2.3.1) und die Anforderungen an eine gute Forschungsfrage besprochen (Kapitel 2.3.2), um dann deren systematisches Ableiten (Kapitel 2.3.3) näher zu betrachten.

### 2.3.1   Funktionen

Bezüglich der Relevanz der Forschungsfrage besteht eine ungewöhnliche Einigkeit unter Forschern und Wissenschaftstheoretikern. Jedes Handbuch und jeder Ratgeber zum wissenschaftlichen Arbeiten enthält eine Aussage wie die folgende: „Research questions are central, whether they are prespecified or whether they unfold during the project."[59] Das Zitat weist gleichzeitig darauf hin, dass die Forschungsfrage zu Beginn eines Forschungsprojektes eindeutig festgelegt werden kann, aber nicht festgelegt werden muss. Verwendet man ein deduktives Forschungsdesign, muss die Forschungsfrage zu Beginn bereits feststehen, weil nur auf dieser Grundlage Hypothesen aufgestellt und überprüft werden können. Bei einem induktiven Vorgehen kristallisiert sich die Forschungsfrage hingegen oft erst während der Forschungsarbeiten beziehungsweise der Datenauswertung heraus und kann dann häufig nur im Nachhinein wirklich spezifiziert werden. Dabei ist zu beachten, dass der Forscher einen schrittweisen Prozess durchläuft, der ihn dazu zwingt, den Gehalt der Empirie oder die theoretische Argumentation immer wieder mit der Fragestellung zu konfrontieren und letztere dann gegebenenfalls anzupassen.

Forschungsfragen haben grundsätzlich **fünf Funktionen**, die zugleich ihre Bedeutung hervortreten lassen. Zunächst und erstens geben sie dem Projekt **Ordnung**, indem sie die Richtung weisen und Kohärenz fördern. Der Autor hat folglich immer einen Bezugspunkt, der wie ein Wegpfeil die Richtung des weiteren Forschungstreibens vorgibt, sodass sich die einzelnen Schritte in der richtigen Reihenfolge beinahe von selbst ergeben. Zweitens **grenzen** die Forschungsfragen das Projekt **ein**, legen also fest, welche Inhalte zum Untersuchungsgegenstand gehören und welche nicht. Damit eng verbunden ist drittens die Funktion der Forschungsfragen als **Auswahlkriterium für die Quellen**, welche man für das jeweilige Projekt braucht. Forschungsfragen halten viertens den Forscher am Ball, d.h. **fokussieren** ihn auf die eigentliche Fragestellung und nicht auf Nebenfragen an der Peripherie des Themas. Darüber hinaus geben die Forschungsfragen fünftens dem Schreibprojekt einen **konzeptionellen Rahmen**, der es logisch gliedert. Jede wissenschaftliche Arbeit, ob Referat oder schriftliche Arbeit, braucht also eine Forschungsfrage und muss sich nur dieser widmen.

### 2.3.2   Anforderungen

Gute Forschungsfragen zeichnen sich durch zumindest sieben formelle und inhaltliche Kriterien aus. Damit sich der Leser oder ein Publikum überhaupt mit einem Thema auseinandersetzt, gilt es, das (1) **Interesse** der Zielgruppen zu wecken. Dazu ist es notwendig, dass die Forschungsfrage ein dem Adressatenkreis angemessenes (2) **Niveau** erreicht. Im universitären Kontext sind das meist Experten oder zumindest Themen-

---

58 Claus Ebster und Liselotte Stalzer, Wissenschaftliches Arbeiten für Wirtschafts- und Sozialwissenschaftler (Wien: WUV/UTB, 2003) 30.

59 Keith F. Punch, Introduction to Social Research: Quantitative and Qualitative Approaches (London: Sage, 1998) 38.

kundige, sodass man von einem mehr als ausreichenden Verständnis auch abstrakter Formulierungen ausgehen kann. Es kann für eine Vorstellung des Projektes in einem anderen Rahmen aber durchaus passend sein, die Fragestellung zu vereinfachen und plastischer zu formulieren. Stößt ein Thema auf großes Interesse, dann oft aufgrund der gelungenen (3) **Anschlussfähigkeit** in der wissenschaftlichen Debatte. Darunter wird das Anknüpfen an bisher erbrachte Leistungen und das vorhandene Wissen in einem Forschungsgebiet verstanden. Die Anschlussfähigkeit ist schon deshalb von herausragender Bedeutung, weil sie die eigene Arbeit in einen Kontext stellt. Werden bestimmte Arbeiten zitiert, aufgenommen oder interpretiert, erleichtert das dem Leser die Einordnung im Vergleich zum Bestehenden. Indem man beispielsweise eine psychoanalytische Textinterpretation oder einen evolutionstheoretischen Organisationsbegriff wählt, werden beim Adressaten ganz bestimmte Erwartungen erzeugt. Diese Erwartungen können unter anderem auch die praktische Relevanz der Forschungsfrage betreffen. Die praktische Relevanz ist naturgemäß in den angewandten Wissenschaften ein wichtigeres Kriterium als in den rein theoretischen. Ihre Forschungsfrage für jede Seminar- oder andere Arbeit sollte (4) **Aktualität** besitzen, weil aktuelle Ansätze oder Bezüge offensichtlich auf ein größeres Echo treffen als Fragestellungen, die schon als weitgehend erforscht und geklärt angesehen werden. Eine aktuelle Diskussion ist eine bestehende und eingeführte Diskussion, die durch die vorhandenen Teilnehmer als interessant definiert ist. Davon abzugrenzen ist das „Neue". Etwas Neues müsste nämlich als relevantes Thema erst noch durchgesetzt werden. Die (5) **Relevanz** einer Forschungsfrage betrifft den Kern der wissenschaftlichen Arbeit und den Drang nach Erkenntnisgewinn, das in der Sache gelegene Momentum der Arbeit.[60] Unabhängig davon, ob man als Naturwissenschaftler einen Standpunkt des wohlgeordneten kumulativen Wissensfortschritts vertritt oder als Geisteswissenschaftler philologisch textpflegende und textauslegende Wissenschaft betreibt,[61] die Suche nach „Wahrheit", in welcher abstrakten Form auch immer, ist allen gemein. Die Forderung nach neuer Erkenntnis durch die Forschungsarbeit bestimmt die Definition des eigenen Erkenntnisinteresses. Nach bereits Bekanntem braucht man nicht mehr zu streben. Der Beitrag von etwas Neuem stellt gewissermaßen die Bringschuld eines jeden nach wissenschaftlichen Maßstäben arbeitenden Menschen dar. Dabei spielt der Forschungstrend ebenfalls eine bedeutende Rolle. Er weist unter Umständen den Weg zu bisher wenig erforschten Fragestellungen oder verkörpert das derzeitige Interesse der betreffenden Forschergemeinschaft. Eine Forschungsfrage sollte sich durch (6) **Klarheit und Verständlichkeit** auszeichnen. Dazu muss sie möglichst kurz und knapp formuliert sowie derart ausgedrückt sein, dass sich der Sinn und Aussagehalt von selbst erschließt. Folglich muss sie den zentralen Aspekt der Fragestellung auf den Punkt bringen. Ferner muss die Aufgabe mit sinnvollem Aufwand auf einer angemessenen Komplexitätsstufe durchführbar, d.h. die Anzahl der vorhandenen Konstrukte und Variablen muss überschaubar sein. Dazu ist es notwendig, dass der oben schon angesprochene Bezug zum Forschungskontext hergestellt wird. Schließlich, und das kann man nicht oft genug betonen, muss die Forschungsfrage (7) **realistisch und erforschbar** sein. Zum einen gilt es, die Restriktionen seitens des zeitlichen und finanziellen Budgets zu berücksichtigen, zum anderen sind die fachlichen Kompetenzen realistisch und bescheiden einzuschätzen. Erst unter Berücksichtigung dieser Kriterien lässt sich die Forschungsfrage richtig formulieren.

---

60 Ersteres ist von letzterem unabhängig, nicht psychologisch gesehen, sondern sachlich.
61 Emil Walter-Busch, *Organisationtheorien von Weber bis Weick* (Chur: G+B Verlag Fakultas, 1996) 73.

Die Entwicklung der Forschungsfrage ist erst die eine Hälfte der Anforderung; die Bearbeitung, d.h. die Umsetzung der Forschungsfrage, macht die andere Hälfte aus. Der von der Forschungsfrage aufgeworfene Sachverhalt muss vollständig bearbeitet werden. Für die Vollständigkeit bedarf es der Thematisierung aller wichtigen Aspekte einer Frage, sodass eine gründliche und tief gehende Abhandlung gewährleistet ist. Damit die Frage sowohl vor Fachkundigen als auch vor Fachunkundigen bestehen kann und bei beiden Gruppen auf Interesse stößt, muss die Bearbeitung systematisch, also einer logischen Struktur folgend, durchgängig ohne Brüche und Denkfehler von Anfang bis Ende erfolgen. Konsequenterweise sollte man Wiederholungen und Abschweifungen vermeiden. Das heißt im Einzelnen, dass sämtliche Teile der Bearbeitung einen konkreten Bezug zur Forschungsfrage aufweisen, d.h. zur Lösung beitragen müssen. Das Ziel ist also ein Text, in dem alles steht, was zur Beantwortung der Forschungsfrage nötig ist und in dem auch nur das steht, was man zu ihrer Lösung wirklich braucht.

### 2.3.3   Methodisches und kreatives Vorgehen

Nun stellt sich die schwierige Frage: Wie komme ich zu einer geeigneten Forschungsfrage? Überlegen wir dazu als erstes, wie überhaupt neue Aussagen entstehen können, bevor es an die Formulierung der Forschungsfrage geht.

#### Chancen auf neue Aussagen

Universelle Anforderung an die Forschung ist das Treffen von neuen Aussagen bzw. das Widerlegen von bestehenden. Man wird sich zu Recht fragen, wie denn dieser Anforderung zu begegnen ist, wenn gleichzeitig immer mehr Menschen in der Forschung arbeiten und die einzelnen Felder immer differenzierter werden. Diesen Sachverhalt hat – wie vor ihm kein anderer – der amerikanische Soziologe Arthur L. Stinchcombe pointiert formuliert: „The neuroses of the dissertation are essentially similar to the neuroses of coquetry, in which the person needs to establish that he or she is uniquely desirable, though also a good solid person by the standards of general eligibility."[62] Sicherlich, die niedrig hängenden Früchte sind zumeist gepflückt, doch gibt es immer eine Chance auf neue Aussagen. Dies kann etwa dadurch geschehen, dass man einen Fehler in den Daten oder Aussagen von bestehenden Publikationen gefunden hat. Beispielsweise könnte man feststellen, dass unter bestimmten Voraussetzungen zwischen einer abhängigen und einer unabhängigen Variablen statt einer angeblich positiv linearen tatsächlich eine logarithmische Beziehung besteht. Oder wenn neue Fakten oder Methoden aufgeführt werden können, die die bisherigen ersetzen, wie etwa die Maslowsche Bedürfnispyramide in Psychologie und Führungslehre. Zum anderen besteht die Möglichkeit einer Aufdeckung logischer Fehler oder Unvollständigkeiten bei der Interpretation, etwa unter Verwendung einer neuen Perspektive. Eine Zuordnung beziehungsweise eine Unter- oder Überordnung kann sich als falsch erweisen und bietet die Möglichkeit der Richtigstellung. Eine weitere Chance besteht bei der Entdeckung falscher Kausalitäten oder bei zeitlichen Brüchen respektive unvorhersehbaren zeitlichen Entwicklungen, z.B. einer Widerlegung der Pfadabhängigkeit einer Entwicklung.

Die Vorgehensweise zur Identifizierung von Lücken im aktuellen Forschungswissen ist von der Art der wissenschaftlichen Untersuchung abhängig.[63] Bei allen Arbeiten,

---

62 Arthur L. Stinchcombe, „A structural analysis of sociology", *The American Sociologist* 10 (1975): 63.
63 Eine detaillierte Behandlung dieser Thematik findet sich bei Kromrey 67-108.

vor allem deduktiven, werden Lücken durch ein intensives Studium der vorhandenen Literatur und anderer Quellen entdeckt und durch die Besprechung dieser aufgezeigt. So entstehen oftmals konkrete und spezialisierte Forschungsfragen. Ein Blick in entsprechende Studien oder Dissertationen genügt, um den Stellenwert dieses Vorgehens aufzuzeigen. In der Regel werden in derartigen Texten immer eine intensive Diskussion der bisherigen Erkenntnisse auf einem Gebiet, eine Abwägung von verschiedenen Perspektiven und Ansätzen sowie die daraus abgeleitete Forschungsfrage der eigentlichen Argumentation vorangestellt. Hierdurch vermag der Leser sich von der Existenz und Legitimität der Lücke selbst zu überzeugen.

Empirisch-induktiv angelegte Arbeiten laufen oft Gefahr, nur wenige neue Erkenntnisse zu bieten, weil zu wenig klar ist, was warum wie angegangen und geprüft werden soll bzw. mangels präziser Forschungsfrage die Materialien nicht tiefgreifend genug untersucht werden können. Aber dieses Forschungsvorgehen kann in bisher wenig bearbeitetem Terrain sehr wohl große Lücken aufzeigen und schließen helfen. Voraussetzung ist aber ein Erkenntnisinteresse, das den vorgängig aufgestellten Anforderungen genügt.

### Formulierung der konkreten Forschungsfrage

Ausgehend von einer derartigen potenziellen Lücke oder einem gestellten Thema gilt es, von einer abstrakten und sehr allgemeinen Ebene zu einer konkreten Forschungsfrage zu kommen, deren Bearbeitung lohnt: Was will ich, wozu aus welchen Gründen erarbeiten? Für diesen nicht ganz einfachen Schritt gibt es im Wesentlichen zwei verschiedene Ansätze. Der zuerst besprochene wählt ein analytisch strukturiertes Vorgehen, während sich der andere durch eine eher intuitive und kreative Herangehensweise auszeichnet.

### Analytische Vorgehensweise[64]

In den meisten Fällen werden Sie sich veranlasst sehen das Thema einzuengen, statt noch auszuweiten. Letzteres kommt sehr selten vor. Die Vorgehensweise unterscheidet sich aber einzig bezüglich der Richtung der Argumentation. Die Einengung beginnt man am besten pragmatisch mit den berühmten fünf „W-Fragen": **Wer? Was? Wann? Wo? Warum?** Auf diese Weise lassen sich beteiligte **Personen** (z.B. Führungskräfte, Kunden, etc.) ausmachen, lässt sich ein Sachverhalt konkretisieren (z.B. auf eine Institution, Erscheinungsform, Quelle, Typ, etc.), ein Datum oder eine Zeitspanne definieren (z.B. in den 1990er Jahren, in einer Wachstumsphase, bei Markteintritt, etc.), eine **geographische Zuordnung** vornehmen (in Deutschland, in Hessen, in Großstädten, in Flughafenregionen, etc.) oder eine gute Begründung für einen Sachverhalt vorbringen. Andere Eingrenzungen folgen **theoretischen Perspektiven** (z.B. aus Sicht verschiedener Principal Agent Ansätze, unter Berücksichtigung einer Zinstheorie, gemäß einer psychoanalytischen Untersuchung oder einer wirtschaftlichen Betrachtung, Y interpretiert als Bürokratie nach Max Weber etc.), bestimmten **Vorgehensweisen** (z.B. empirische Untersuchung, auf Basis von Berichten in Tageszeitungen, sprachlicher Vergleich, etc.) und angepeilten **Zielen** (z.B. Klärung von Funktionen, Ursachen, Wirkungen, Möglichkeiten, Grenzen, Problemen, Widersprüchen, Voraussetzungen gewisser Sachverhalte oder Fragen). Eingrenzungen können kombiniert werden. Alle derart definierten Forschungsfragen müssen gut begründet werden, um ehrlich das Leistbare herauszuarbeiten. Nur so gelingt es, die zur Verfügung stehende Energie wie durch ein Brennglas auf einen begrenzten Ausschnitt der Wirklichkeit zu fokussieren.

---

64 Zur analytischen Vorgehensweise vgl. Booth, Colomb and Williams 40-71.

Danach sollte man das Thema systematisch hinterfragen. Dazu wird es in einzelne Teile zerlegt, die dann separat betrachtet und auf ihren Beitrag, Sinn und Zweck untersucht werden. Anschließend widmet man sich der Beziehung der Teile untereinander und versucht, logische Schlüsse auf verschiedenen Ebenen zu verknüpfen. Ist man mit der systematischen Hinterfragung zu einem Ergebnis gelangt, sucht man nach zeitlichen Abhängigkeiten, nach historischen Entwicklungen, Entstehungszusammenhängen, Phasen und Veränderungen. Die zeitliche Hinterfragung, also die kritische Beleuchtung der zeitlichen Einordnung und der zeitlichen Abhängigkeiten des Themas, erweist sich oft als extrem nützlich, weil sie häufig Anhaltspunkte für die Bildung von Kategorien oder eines Systems von Merkmalen gibt. Die Kategorisierung ermöglicht die gezielte Behandlung ausgewählter Aspekte eines Themas, aber eben auch die absichtliche Ausblendung anderer Problembereiche. Eine Frage, die man sich immer stellen sollte und hier der Einengung dient, ist die nach dem Nutzen einer Fragestellung: Was bringt uns diese Erkenntnis? Wenn wir uns sagen müssen, dass eine Fragestellung vom Zielpublikum als nicht relevant oder als schon beantwortet eingestuft wird, dann erübrigt sich eine weitere Beschäftigung mit ihr und wir müssen eine andere Fragestellung suchen. Mit dem entsprechenden Ehrgeiz kann man eine neue oder wie man meint, zu Unrecht vernachlässigte Fragegestellung gegen herrschendes Desinteresse wieder aufs Tapet bringen.

Sobald das Thema auf ein adäquates Maß eingeengt und dadurch auch in einem vernünftigen Zeitrahmen bearbeitbar gemacht wurde, muss es begründet werden. Die Begründung vollzieht man am besten mithilfe des nachfolgend angeführten Schemas:

*Thema:*          *„Ich untersuche ...“*

*Begründung:*   *„ ...weil ich herausfinden will, wer / was / wann / wo / ob / wie / warum ...“*

*Berechtigung:*  *„ ...um zu verstehen, wie / warum ...“*

Zuerst wird das Thema genannt, um dann die konkrete Forschungsfrage anzuführen und anschließend die Berechtigung zu geben. Lassen Sie uns diesen abstrakten Schritt an einem Beispiel nachvollziehen:

*Thema:*          *„Ich untersuche das Führungsverständnis und -verhalten von Abteilungsleiterinnen in strategischen Geschäftseinheiten.“*

*Begründung:*   *„Weil ich herausfinden will, welche Einflussstrategien und Allianzen Manager auf der mittleren Hierarchieebene in international tätigen Konzernen einsetzen.“*

*Berechtigung:*  *„Um zu verstehen, wie ein geeignetes Anreizsystem für diese Führungsebene zu gestalten ist.“*

Aber selbst diese Einengung wird, sogar für eine Dissertation, ein äußerst ehrgeiziges Ziel darstellen. Deshalb muss man diesen Einengungsprozess mehrmals hintereinander durchlaufen, um auf die richtige Abstraktionsebene zu gelangen. Der Einengungsprozess wird nachfolgend an zwei Beispielen[65] gezeigt:

---

65 Siehe Sascha Spoun und Simon Grand, „Hinweise zum Verfassen von Diplomarbeiten“, Vorlesungsunterlagen, Universität St.Gallen, 1999 und folgende Jahre.

| Anzustellende Überlegungen | Beispiel 1 | Beispiel 2 |
|---|---|---|
| **Schritt 1:** Themen wie sie beispielsweise als Aufgaben für eine Seminar-, Bachelor- oder Masterarbeit gestellt werden: *Ein Thema ist keine Forschungsfrage bzw. Problemstellung!* | „Sind die aktuellen Bewertungen von Internetfirmen an den Börsen ökonomisch sinnvoll?" | „Erfolgsbedingungen für globale Innovationsprojekte in multinationalen Firmen" |
| **Schritt 2:** Wie wird aus einem Thema eine Problemstellung? Beobachtungen, Fakten, Widersprüche, Lücken, Thesen etc. sammeln. | Internetfirmen sind an den Börsen höher bewertet, als man es aufgrund ihrer aktuellen Performance erwarten würde: Wie lässt sich dieser Widerspruch erklären? | Globale Innovationsprojekte in multinationalen Firmen sind nicht immer erfolgreich: Wovon hängt der Erfolg dieser Projekte ab und wie kann das Management zum Erfolg beitragen? |
| **Schritt 3:** Wie macht man eine Problemstellung bearbeitbar? Indem man sie in interessante Fragestellungen auflöst. Problemstellungen sind häufig zu komplex, um sie direkt und als Gesamtpaket zu diskutieren. | Wie bestimmt man den Wert einer Firma? Wie hängt der Firmenwert mit der Performance zusammen? Wie sind Internetfirmen an der Börse im Moment bewertet? Worin genau besteht der Widerspruch? | Was sind Innovationsprojekte? Was bedeutet „global" in diesem Zusammenhang? Was bestimmt den Erfolg dieser Projekte? Was sind multinationale Firmen? Was ist speziell an Innovationsprojekten in diesen Firmen? Welche Rolle spielt das Management bei diesen Projekten? Welche möglichen praktischen Implikationen ergeben sich? |
| **Schritt 4:** Zu (fast) jeder Problemstellung beziehungsweise zu (fast) jeder Fragestellung bestehen bereits Beiträge in der wissenschaftlichen Literatur. Allerdings ist nicht immer offensichtlich oder eindeutig, welche Erkenntnisse in der wissenschaftlichen Literatur für die Bearbeitung *angemessen* und *relevant* sind. | Bewertung von Firmen in der Finance Theory Bewertung von Firmen in der Strategietheorie Aktuelle Diskussion zur Bewertung von Internetfirmen Annahmen betreffend die Bewertung durch die Finanzmärkte | Erkenntnisse aus der Innovationsforschung Erkenntnisse aus dem Internationalen Management Erkenntnisse aus der Knowledge Management Literatur Spezielle Untersuchungen zu Innovationsprojekten Case Studies zu Innovationsprojekten |

**Abbildung 2.7:** vom Thema zur Forschungsfrage

| Anzustellende Überlegungen | Beispiel 1 | Beispiel 2 |
|---|---|---|
| **Schritt 5:** Welche theoretischen Positionen und aktuellen Diskussionen in der wissenschaftlichen Literatur haben einen Bezug zu den formulierten Fragestellungen? | Ausgangspunkt: „Ist die aktuelle Bewertung von Internetfirmen an den Börsen ökonomisch sinnvoll?" | Ausgangspunkt: „Erfolgsbedingungen für globale Innovationsprojekte in multinationalen Firmen" |
| Welche Themen und Fragen werden durch die aktuelle wissenschaftliche Literatur nicht, nur unzureichend oder widersprüchlich behandelt? | Relevanz der neuen Informations- und Netzwerkökonomie | Fehlen des Themas im Internationalen Management |
| Welche weiterführenden wissenschaftlichen Interessen ergeben sich aus diesen Defiziten und wie können diese Defizite diagnostiziert werden? | Erkenntnisse der Wissensmanagement-Perspektive | Erkenntnisse der Wissensmanagement-Perspektive |
| Aufgrund der Diagnose der wissenschaftlichen Erkenntnisse ist zu bestimmen, worin der spezifische Beitrag der eigenen Arbeit besteht: | Erkenntnisse der Komplexitäts- / Chaostheorie | Relevanz der Wissenschaftsforschung |
| ... theoretischer Beitrag (Entwicklung einer neuen Theorie / Einführung einer Theorie) | Meta-Vergleich unterschiedlicher Theorien | Case Study zu einem konkreten Innovationsprojekt |
| ... empirischer Beitrag (Überprüfung offener Fragen / Entwicklung neuer Erkenntnisse durch qualitative oder quantitative Empirie) | Empirische Überprüfung der aktuellen Bewertungen | Vergleichende Studie von empirischen Ergebnissen |
| ... theoretische / empirische Meta-Diskussion (vergleichende Diskussion der bestehenden Literatur) | Praktische Implikationen für aktuelle Investitionen | |

**Abbildung 2.7:** vom Thema zur Forschungsfrage (Fortsetzung)

## Kreative Vorgehensweise[66]

Neben der vorgängig erläuterten, eher analytischen Vorgehensweise zur Formulierung eine Forschungsfrage, eignen sich Vorgehensweisen, die auf Kreativität und Intuition setzen. Hier kommen vor allem graphische Techniken zum Einsatz, die insbesondere

---

66 Vgl. zur intuitiven Vorgehensweise Helga Esselborn-Krumbiegel, *Von der Idee zum Text. Eine Anleitung zum wissenschaftlichen Schreiben* (Paderborn: Ferdinand Schöningh, 2002) 37-47 ferner Ebster und Stelzer, die einen Überblick über Kreativitätstechniken bieten, 31f.

übergeordnete Zusammenhänge leichter erkennen lassen sowie eine Vielzahl von gedanklichen Verknüpfungen und Verkettungen veranschaulichen helfen. Einer dieser Ansätze entstammt der klassischen Kreativitätstechnik. Wie bei einem Atommodell werden Ideen, Urteile, Vermutungen, Fragen und andere Aussagen um einen zentralen Nukleus, den thematischen Impuls, angeordnet. Bei der Erstellung dieser sogenannten Cluster bzw. Mind Maps gilt es, wie bei Brainstorming-Techniken die Gedanken möglichst ungefiltert, ohne Hemmungen oder Zensur fließen zu lassen. Ideen entstehen dabei durch Analogien, Vergleiche, Verschiebungen, Fragen, Verknüpfungen und graphische Darstellungen. Zur Problematisierung eines Themas eignen sich Fragen nach:

- Anfängen, Grundlagen, Ausgangspunkten, Ursprüngen, Vorgeschichten, Entstehung,
- Zielen, Zweck, Zukunft, Relevanz, Notwendigkeit, Absichten, Motiven, Interessen,
- Bedingungen, Bedeutungen, Begründungen, Zusammenhängen, Tendenzen, Techniken, Strukturen, Selbstverständnis, Prinzipien, Leitlinien, Perspektiven, Geltungsbereichen, Erscheinungen, Entwicklungen, Dimensionen,
- Vorteilen, Nachteilen, Chancen, Gefahren, Schwierigkeiten, Kritiken,
- Ergebnissen,
- Folgen, Auswirkungen, Forderungen.

Eine Bewertung der einzelnen Faktoren, die um den Nukleus angeordnet sind, ist zu diesem Zeitpunkt noch nicht geeignet, da sonst möglicherweise relevante Ideen verloren gehen. Ist diese Phase aber abgeschlossen, empfiehlt es sich, aus der Sammlung die interessantesten Aspekte herauszugreifen und diese auszuformulieren. Bei dieser Beurteilung werden sich einige Aussagen weiter verdichten, sodass mehrere Kerne entstehen und die graphische Darstellung eher einem Molekülmodell gleicht. Bei der Gewichtung und Umschichtung werden ebenfalls die Beziehungen zwischen den Elementen und den Teilclustern untereinander zu klären sein. Auf diese Art bekommt ein Thema unweigerlich Struktur und eine Assoziation prägt die nächste. Wer sich auf diese Art seine Forschungsfrage einengt, wird wenig Probleme haben, eine sinnvolle Disposition anhand der Leitlinien seiner Cluster aufzubauen und die dafür nötige Gewichtung vorzunehmen. Doch auch hier ist darauf zu achten, dass man nicht mit einer zu allgemeinen Forschungsfrage (Inflation und Deflation in Europa), sondern mit einer präzisen, beantwortbaren Fragestellung (Erkenntnisse aus der Neuausrichtung der vorlaufenden Indikatoren zur Bestimmung der Entwicklung der Preisniveaustabilität der Schweizerischen Nationalbank im Krisenjahr 1994 für die Situation 2012) endet.

Als Alternative zur Bildung von Clustern bietet sich die Verwendung eines Strukturbaums an. Dieser Ansatz wird gewählt, wenn man insbesondere neue Perspektiven anlegen und sich von trivialen Gedankengängen lösen möchte. Eine Anzahl von Kategorien wird zu einem Grundbegriff oder zentralen Gedanken gebildet. An diesem Stamm des Strukturbaums werden dann die tragenden Äste in Gestalt der Kategorien angebracht. Auf diese Weise werden die unterschiedlichsten Bereiche mit dem Zentralbegriff verbunden, ohne dass bereits im Vorhinein Gedankenverknüpfungen zwischen den einzelnen Kategorien entstehen. Beispielsweise könnten zum Begriff „Film" eine ganze Reihe von Kategorien gefunden werden: Chemie, Photo, Ausleihe, Kommerzialisierung, Kino, Schauspielkunst, Bühnentechnik, Kultur, Berufsleben etc. Diese Kategorien würden dann weiter unterteilt in Unterkategorien. So könnte man die Kategorie Kommerzialisierung in die Subkategorien Werbung, Merchandising, Lizenzvergabe, Product Placement, Sponsoring, Vertriebskanal usw. aufteilen. Dieses Vorgehen lässt sich bis zu einer beliebigen Detaillierungsstufe fortführen und auch mit den anderen Vorgehensmöglichkeiten kombinieren.

### 2.3.4 Forschungsfrage und Methodenwahl

Eine Schlüsselrolle in jedem Forschungsprojekt kommt der Verknüpfung von Forschungsfrage und Methode zu. Der Begriff Methode stammt vom griechischen *„methodos"*, was so viel heißt wie der Nach-Weg oder das Nachgehen. Im allgemeinen, wissenschaftstheoretischen Sinne meint Methode den vom Forscher gewählten Weg, mit dem die Aussagen der Forschung aufgebaut oder erreicht werden sollen. Es geht um den Weg zum Ziel der Beantwortung der Forschungsfrage.[67] Die Konsistenz der Verknüpfung von Frage und Methode ist derart zentral, dass die Vernachlässigung dieses Aspektes in deutschsprachigen Werken zu wissenschaftlichen Arbeiten sehr verwundert. Entscheidend wie vielleicht keine andere Frage ist die Verbindung von Forschungsfrage und verwendeter Methode. Zunächst ist diese Verbindung von der Art der Forschungsfrage abhängig, denn nach dem „Was" fragende beschreibende, sogenannte **deskriptive Forschung** führt die bloße Existenz empirischer Sachverhalte vor Augen. Die erklärende bzw. begründende **explanatorische Forschung** hingegen eruiert die Ursachen eines Phänomens und versucht diese mittels Kausalketten herzuleiten. Die Aufgabe, die entsprechende Forschungsfrage möglichst exakt und passend anhand der vorhandenen empirischen Daten zu beantworten, obliegt dem Forschungsdesign.[68] Das Design stellt die logische Struktur der Untersuchung dar und zeigt, welche Art der Evidenz man zur Beantwortung der jeweiligen Forschungsfrage benötigt. Daraus ergibt sich unweigerlich, welche Auswahl-, Datenerhebungs- oder Analysemethoden zur Anwendung kommen.

Die oft anzutreffende einfache Dichotomie, nach der „quantitative" Forschungsfragen einer quantitativen Methode respektive „qualitative" Forschungsfragen einer qualitativen Methode bedürfen, greift zu kurz und ist unter Validitätsgesichtspunkten mehr als fraglich. Grundsätzlich kann jede Frage mit jeder Methode beantwortet werden.[69] Um gleich die Einschränkung folgen zu lassen: Es gibt aber für eine bestimmte Forschungsfrage besser geeignete und weniger geeignete Methoden. Das wird umso deutlicher, wenn man vom Primat der Frage ausgeht. Der Abgleich oder besser die Paarung von Frage und Methode sollte so eng und klar erfolgen, dass sich unweigerlich die richtige Methode zur Forschungsfrage ergibt. Insofern sind die gewählten Methoden unmittelbare Folge der Frage, die beantwortet werden soll. Nach Punch hat ein derartiges Vorgehen auch den großen Vorteil der Verschiebung von forschungsmethodischen Erwägungen auf den Zeitpunkt, wenn Klarheit über die genaue Fragestellung besteht.[70] Dadurch werden die einzelnen Phasen des Forschungsprozesses besser trennbar und die Organisation des Projektes überschaubar, da nicht ständig sämtliche Gesichtspunkte und ihre Interaktion berücksichtigt werden müssen. Letzten Endes müssen sämtliche Teile inklusive Forschungsfrage, Weltbild, Forschungsdesign, logisch-konzeptionellem Rahmen sowie die Datenerhebungs- und Auswertungsmethoden eines Forschungspro-

---

67 Für weitere Ausführungen zum Bedeutungsumfang von „Methode" und dem damit assoziierten planmäßigen Vorgehen finden sich bei Walter Brugger (Hrsg.), *Philosophisches Wörterbuch* (Freiburg im Breisgau: Herder, 1976/1996) 244-246 sowie bei Jürgen Mittelstraß (Hrsg.), *Enzyklopädie Philosophie und Wissenschaftstheorie* Bd. 2 (Mannheim: B.I.-Wissenschaftsverlag, 1984) 876-886.

68 David A. de Vaus, *Research Design in Social Research* (London: Sage, 2001).

69 Mit der Ausnahme von einigen Dogmatikern hat sich die Gleichstellung von quantitativen und qualitativen Methoden mittlerweile durchgesetzt. Die Tendenz zur Kombination beider Ansätze trägt dieser Entwicklung Rechnung. Der zusätzliche Aufwand schlägt sich in der höheren Güte der Aussagen als Nutzen nieder.

70 Punch 21.

zesses aufeinander abgestimmt werden, um dem Gütekriterium der Gültigkeit, genauer gesagt der empirischen Gültigkeit der Operationalisierung, zu genügen.[71]

An dieser Stelle sei auf einen gefährlichen Fallstrick hingewiesen. Formulieren Sie die Forschungsfrage sehr umsichtig, also begrifflich äußerst präzise und werden Sie sich über die Assoziation der verwendeten Wörter klar. Das ist deswegen von großer Bedeutung, weil bestimmte Begriffe gleich schon methodische Implikationen suggerieren. Während Begriffe wie „Variable", „Korrelation", „Faktoren", „Varianz" auf einen quantitativen Ansatz hinweisen, deuten Formulierungen wie „ein besseres Verständnis gewinnen", „Beschreibung", „Entdecken" oder „Herausfinden" eher auf einen qualitativen Ansatz hin.[72]

Die jeweils gebräuchlichen Forschungsmethoden sind gut dokumentiert. Daher folgen nur einige Empfehlungen für Werke, die unserer Ansicht nach dazu geeignet sind, einen guten Überblick über die Methodenlandschaft zu vermitteln. Auch hier gilt es wieder zu beachten, dass die Forschungsfrage bzw. das Erkenntnisinteresse den Griff zum jeweils geeigneten Buch bestimmt.

# 2.4 Forschung in der Reflexion: Wissenschaftstheorie

Der Einsatz der zuvor beschriebenen Formen der wissenschaftlichen Arbeit muss jeweils durch ein Erkenntnisinteresse begründet werden und diesem dienen. Das Erkenntnisstreben in den Sozialwissenschaften wird von zwei Typen von Fragestellungen geleitet, den **Wie-Fragen** (beschreibende Forschung) und den **Warum-Fragen** (erklärende bzw. begründende Forschung).[73]

## 2.4.1 Beschreibende, erklärende und begründende Forschung

Die Fragen, die sich mit dem Wie eines Phänomens oder Sachverhalts auseinander setzen, beschreiben und interpretieren diese. Damit sollen Bedeutungen und Sinnzusammenhänge entdeckt und die Welt begrifflich erschlossen werden. Komplizierte Sachverhalte sollen durch die Beschreibung wie durch das Zeichnen eines Bildes besser verständlich und greifbar gemacht werden. Deskriptive Forschung gilt bestimmten Wissenschaftstheorien allerdings nicht als vollwertige Forschungsleistung. Dieser Standpunkt greift jedoch entschieden zu kurz und unterschlägt die fundamentalen und unschätzbaren Beiträge guter Beschreibung und Interpretation, denn kein wissenschaftliches Forschen kommt ohne Beschreibungen aus. Eine Vielzahl von Forschungsprojekten fällt in den Bereich der Deskription, wie z.B. Arbeitslosenstatistik, Absolventenbefragungen, Ausstellungskataloge, Bevölkerungsstatistik, Wohlfahrtsindikatoren, Dokumente über das Verhalten von Kindern im Vorschulalter oder in gesteuerten Gruppenprozessen usw. Der Gegenstand der Forschung muss begrifflich erfasst werden und ist somit immer auch subjektiver Interpretation und Auslegung

---

71 Die Gültigkeit bzw. Validität ist das Kriterium für die Übereinstimmung zwischen dem, was man angibt in der Realität zu beobachten oder zu erfassen, und der begrifflichen Definition dessen, was beobachtet werden soll.

72 Vgl. John W. Creswell, Qualitative Inquiry and Research Design: Choosing Among Five Traditions (Thousand Oaks, CA: Sage, 1998) 95-99.

73 Eine ausführliche Diskussion der Unterscheidung von deskriptiver und erklärender Forschung und deren Beweggründe findet sich z.B. bei Daniel Little, *Varieties of Social Explanation: An Introduction to the Philosophy of Social Science* (Boulder, Co: Westview Press, 1991).

unterworfen. Insofern ist dies letztlich immer auch normativ und eng mit dem Weltbild eines Forschers verbunden.[74] Das wird deutlich, wenn man beispielsweise die Beschreibung der Aufgabe eines Unternehmens im Staat aus marxistischer und aus neoliberaler Perspektive vergleicht.

Deskription kann auf einer eher abstrakten Ebene erfolgen, wie bei der Untersuchung der Insolvenzrate im europäischen Vergleich oder der Entwicklung der Jugendkriminalität im städtischen Raum. Dagegen wäre die Untersuchung eines erfolgreichen Restrukturierungsprojektes der Firma „Saniert" ein Beispiel für eine recht konkrete Deskription. Bei der Deskription kommt die Hermeneutik zum Einsatz. Dabei geht es zum einen um das Verstehen anderer, da die fremde Sprache in die eigene mehr oder weniger verkürzt übersetzt wird, und zum anderen um das bessere Verständnis des Selbst, da das erworbene Wissen in einen systematischen und geschichtsphilosophischen Horizont gestellt wird.[75]

Als Forscher kann man entweder beim Beschreiben stehen bleiben oder weitergehen und die Warum-Frage aufwerfen. Sehr gute Beschreibungen werfen unweigerlich die Frage nach dem Warum auf. Wenn eine Forschungsarbeit dezidiert aufzeigt, dass eine flache Hierarchie und ein hoher Autonomiegrad des einzelnen Mitarbeiters zu einem höheren finanziellen Erfolg in mittelgroßen Unternehmungen führt, fragt man sofort nach den Gründen dieses Ergebnisses. Diese Verknüpfung ist nur sinnvoll, wenn die zugrunde liegenden Prämissen richtig und die Beschreibung derart aussagekräftig sind, dass eine kausale Begründung herstellbar ist. Der Zusammenhang der beiden Bereiche lässt sich ferner durch die Synthese der folgenden logischen Sätze erschließen:

*„Einen Satz verstehen, heißt, wissen was der Fall ist, wenn der Satz wahr ist."*[76]

Eine vergleichbare Formulierung finden wir bei Habermas:

*„Wir verstehen einen Sprechakt, wenn wir wissen, was ihn akzeptabel macht."*[77]

Zusammengenommen könnte man dies auch so formulieren: *„Wir verstehen einen Satz, wenn wir wissen, warum er wahr (gültig) oder unwahr (ungültig) ist."*[78] Folglich muss ein Gegenstand erst genau beschrieben werden, bevor nach dem richtigen Weg zur Wahrheit gefragt und der Gesamtzusammenhang verstanden werden kann.

Erklärende und begründende Forschung will das Warum untersuchen und begibt sich auf die Suche nach Gründen für die Existenz und die Entstehung von Phänomenen. Sie versucht, diese kausal zu erklären, geht aber über die reine Beschreibung hinaus und gewinnt dadurch eine andere Qualität. Beschreiben ohne gleichzeitiges Erklären oder Begründen ist gut möglich, Erklären und Begründen ohne Beschreiben hinge-

---

74 Ulrich Thielemann, „Wonach fragt wissenschaftliche Forschung? Eine Skizze grundlegender Erkenntnisinteressen und Methodologien", unveröffentl. Arbeitspapier, Universität St.Gallen, 2002.

75 Jürgen Mittelstraß, „Was heißt: sich im Denken orientieren?", *Vernunft, Handlung und Erfahrung. Über die Grundlagen und Ziele der Wissenschaften*, Hrsg. Oswald Schwemmer (München: C.H. Beck, 1981) 125.

76 Ludwig Wittgenstein, *Tractatus Logico-Philosophicus* (Frankfurt am Main: Suhrkamp, 1984) Satz 4.024 oder www.kfs.org/~jonathan/witt/t4024en.html

77 Jürgen Habermas, *Theorie des kommunikativen Handelns*, Bd. 1 (Frankfurt am Main: Suhrkamp, 1981) 400.

78 Thielemann 2.

gen nicht. Die Warum-Fragen sind nach Apel „systematisch zweideutig",[79] zerfallen dementsprechend in zwei grundsätzlich verschiedene und kategorial unterschiedliche Fragetypen und damit Sinnbestimmungen von Wissenschaft bzw. des „neu" zu schaffenden Wissens: die Erklärungen und die Begründungen.

Unter den Typus **Erklärungen** fallen Fragen nach den Ursachen und Anstößen einer Entwicklung oder eines Zustandes, also den **Wirkungszusammenhängen**. Ein solcher ergibt sich aus der Beziehung zweier oder mehrerer Variablen untereinander, die sich entweder direkt, indirekt oder multipel (d.h. auf vielfältige Weise inklusive Rückkoppelungen) beeinflussen können. Ausgangspunkt der Suche nach Erklärungen ist eine These (Proposition oder Hypothese) über einen angenommenen Zusammenhang, die im Sinne des Falsifikationismus nur als temporär gesichert gelten kann und ihrer Falsifikation oder Ersetzung harrt. Bei der Untersuchung gilt es, den Zufall auszuschließen und zu beachten, dass das Vorliegen einer Korrelation zwischen zwei Ereignissen noch keine Erklärung liefert, sondern einen Zusammenhang (z.B.: Steigt A um eine Einheit, so steigt B um zwei Einheiten). Korrelationen machen aber Voraussagen möglich. Bekanntes (vereinfachendes) Beispiel ist die Anzahl der Störche und die Anzahl der Geburten in einer Gegend. In einigen Regionen lässt sich beobachten, dass die Anzahl der Störche und der Geburten in einem auffallenden quantitativen Verhältnis zueinanderstehen: je mehr Störche, desto mehr Geburten (Korrelation). Es liegt also die Vermutung nahe, der Storch bringe die Kinder. Die Störche sind jedoch – wie allgemein bekannt – nicht für die Geburten verantwortlich. Für die Korrelation lassen sich jedoch Erklärungen finden: Eine höhere Zahl von Störchen verweist auf eine ländliche Gegend, in der traditionellere Werte herrschen, die die Geburt von Kindern eher begünstigen als ein städtisches Umfeld. Korrelationen kann man im Gegensatz zu einer Erklärung beobachten; die These einer Erklärung kann und muss deshalb erst aus einem empirischen oder theoretischen Sachverhalt erschlossen werden.

Sinn dieser Art von Forschung sind die Erlangung und der Aufbau von Verfügungswissen[80], welches der Lösung von Problemen dient und sich einzig am positivistischen Gültigkeitskriterium der (vermeintlich objektiven) Wahrheit misst. Praktische Umsetzung findet dieses Verfügungswissen in neuen Verfahren, Prozessen oder Technologien.

**Begründungen** hingegen geben Sinnzusammenhänge oder Kausalitäten an. Fragen nach Gründen beabsichtigen die Schaffung von Orientierungswissen (Wissen, was zu machen ist). Dazu ist es notwendig, Probleme zu definieren und der Legitimität, dem zusätzlichen Erkenntnisgewinn sowie dem etwaigen Verlust an Erklärungspotenzial nachzuspüren. Insofern ist man mit normativ-ethischem Erklärungsbedarf konfrontiert und muss eine wohlbegründete Position beziehen. Ausgangspunkt dieses Fragetypus ist ein Postulat oder eine andere Form des Axioms. Das dazu gehörende Gültigkeitskriterium ist das der Richtigkeit.

---

79 Karl-Otto Apel, „Die hermeneutische Dimension von Sozialwissenschaft und ihre normative Grundlage", *Mythos Wertfreiheit*, Hrsg. Karl-Otto Apel und Matthias Kettner (Frankfurt am Main: Campus, 1994) 38.

80 Verfügungswissen, gemeinhin auch als „Know-how" bezeichnet, schafft Möglichkeiten, während Orientierungswissen, das „Know-what", aufzeigt, was erstrebenswert oder richtig ist und somit begrenzt. Siehe Jürgen Mittelstraß, „Bildung und ethische Maße", *Die Zukunft der Bildung*, Hrsg. Nelson Killius, Jürgen Kluge und Linda Reisch (Frankfurt am Main: Suhrkamp, 2002) 164.

Begründungen und Erklärungen stehen in einem schwierigen Verhältnis zueinander. Zwar können Begründungen auch ohne Erklärungen auskommen, doch sind Erklärungen auf Begründungen angewiesen. Erklärungen sind ohne Begründungen quasi wertfrei und insofern problematisch, als sie suggerieren, ohne forschungsleitende Hinterkopftheorien auszukommen und völlig losgelöste objektive „Wirklichkeiten" zu sein. Dieses Forschungs- oder Wissenschaftsverständnis ist nur sehr begrenzt mit den Sozialwissenschaften vereinbar und bleibt wohl den Naturwissenschaften vorbehalten, da nur dort Erklärungen gefragt und Begründungen unter Umständen auszuschließen sind.

Die folgende Abbildung stellt die Hauptmerkmale der erklärenden und begründenden Forschung tabellarisch dar.

| | Erklärungen | Begründungen |
|---|---|---|
| Fragt nach … | Ursachen | Gründen |
| Forschungsgegenstand | Wirkungszusammenhänge | Sinnzusammenhänge |
| Bezogen auf Sozialwissenschaften | Verhalten, Verhaltensmuster, Systeme (Regelmäßigkeiten) | Handlungen (Regeln, die intentional befolgt werden) |
| Wissenstypus | Verfügungswissen | Orientierungswissen |
| Sinn | Know-How | Know-What |
| | Lösung von Problemen | Definition von Problemen |
| | z.B. Realisierbarkeit, Durchsetzbarkeit, Wirksamkeit (denn nur wenn man die Faktenzusammenhänge kennt, kann man erfolgreich gestalten) | z.B. Legitimität, Verantwortbarkeit, Lebensdienlichkeit |
| Gültigkeitskriterium | Wahrheit | Richtigkeit |
| Ausgangspunkt, Typ des Behauptens | These, Hypothese | Postulat |
| Zugang zum Forschungsgegenstand | Beobachten (Beobachterperspektive) | (kritisches) Verstehen (Teilnehmerperspektive) |
| Forscher/Gegenstand | Subjekt-Objekt-Beziehung | Subjekt-Subjekt-Beziehung |
| Wissenschaftstypus | Positive Wissenschaften | Normative Wissenschaften, Ethik, Hermeneutik |
| Originaltypus | Naturwissenschaften | Sozialwissenschaften |

**Abbildung 2.8:** Erforschung des Warum nach Thielemann 2002

## 2.4.2 Wissenschaftstheoretische Grundpositionen

Hinter Forschungsfragen stehen vielfältige, teils umfassend theoretisch begründete, Auffassungen über die Gewissheit von Erkenntnissen und die Legitimität bzw. Beschränktheit von Aussagen. Um dieser Relativität eigenen Arbeitens bewusst zu werden, befassen wir uns mit der Wissenschaftstheorie. Die Wissenschaftstheorie als eigenständige philosophische Disziplin entstand in den 30er Jahren des 20. Jahrhunderts. Ihre Entstehung – genauer: ihr Hervorgehen aus der allgemeinen Erkenntnistheorie – liegt in dem enormen Fortschritt der Wissenschaften in dieser Zeit begründet. Dieser Fortschritt führte zu einem Bedürfnis nach einer philosophischen Fundamentierung der wissenschaftlichen Tätigkeit. Gleichzeitig brachten Überlegungen aus der Erkenntnistheorie und aus der Logik die Wissenschaften unter Zugzwang: Wie kommt man von einer Beobachtung zu Erkenntnis? Gibt es „wahre" Erkenntnis? Welche Rolle spielt die Sprache bei der Gewinnung von Erkenntnis? Kann man Wissenschaft wertfrei betreiben? Wie funktioniert Forschung? Wie sollte gute Forschung betrieben werden? Diese Debatte bildet den Kern einer eigenen Wissenschaft über die Wissenschaft, der Wissenschaftstheorie. Die Wissenschaftstheorie beschäftigt sich nicht mit Phänomenen oder Methoden in den Einzelwissenschaften, „sondern fragt ganz allgemein, was die Bedingungen der Möglichkeit wissenschaftlicher Erkenntnis sind".[81] Umgekehrt haben die wissenschaftstheoretischen Grundperspektiven einen maßgeblichen Einfluss auf die Einzelwissenschaften.

Die folgenden Ausführungen stellen einige der für die Sozial- und Wirtschaftswissenschaften maßgeblichen wissenschaftstheoretischen Positionen und Debatten in kurzer Form dar und bleiben deswegen notwendigerweise ausschnitthaft. Die Auseinandersetzungen zwischen den unterschiedlichen Positionen wurden scharf, teilweise polemisch geführt. Weil alle Wissenschaftler von diesen Debatten betroffen waren, ja oftmals ihre Grundannahmen der wissenschaftlichen Arbeit zur Disposition standen, wurden diese theoretischen Debatten unter großer Beteiligung geführt, weshalb auch Studierende zumindest einmal davon gehört bzw. gelesen haben sollten.

Wissenschaftliche Erkenntnis kann man abgrenzen von anderen Formen der Erkenntnis, wie meditativer Erkenntnis, religiöser Offenbarung oder Intuition. Es soll überhaupt nicht bestritten werden, dass Meditation, religiöse Offenbarungen oder Intuition zu Erkenntnis bei gewissen Fragestellungen führen können und bei diesen auch helfen mögen. Wissenschaftliche Erkenntnis ist indes intersubjektiv, d.h. sie soll für jeden Wissenschaftler zugänglich und überprüfbar sein, indem sie einer bekannten und nachvollziehbaren Methode unterliegt. Die Wahl der Methode ist jedoch umstritten, wie folgende wissenschaftstheoretische Debatten und Positionen zeigen:

### 2.4.2.1 Kritischer Rationalismus

Karl R. Popper entwickelte mit seinem **Kritischen Rationalismus** eine Theorie, wie wissenschaftlicher Fortschritt möglich sei.[82] Popper erkennt an, dass absolut sichere Erkenntnis unmöglich sei. Unsere Beobachtungen erlauben uns nicht, Theorien endgültig zu beweisen, aber sie ermöglichen es uns, Theorien als falsch zu erkennen. Deshalb schlägt Popper als zentrales Prinzip der Wissenschaft die Falsifikation vor: Theorien müssen sich Versuchen der Widerlegung stellen. Hält eine Theorie vielen Falsifikationsversuchen stand, handelt es sich offenbar um eine gute Theorie. Die Widerlegung einer Theorie ist keinesfalls ein negatives Ereignis, sondern ein Schritt des wissenschaftlichen Fortschritts, weil eine verbesserte Theorie an ihren Platz treten kann.

---

81 Poser 16.

82 Vgl. Karl R. Popper, Wissenschaftslehre in entwicklungstheoretischer und in logischer Sicht. Alles Leben ist Problemlösen. Über Erkenntnis, Geschichte und Politik (München: Piper, 1994) sowie zur Orientierung: Jan M. Böhm, Heiko Holweg und Claudia Hoock, Karl Poppers kritischer Rationalismus heute (Tübingen: Mohr Siebeck, 2002).

- Es gibt keinen sicheren Weg, um zu **Erkenntnis** zu gelangen. Weder die Sinne noch die Vernunft noch der sogenannte gesunde Menschenverstand (Common Sense) können uns sicheres Wissen verschaffen, vielmehr können wir uns nur nähern.

- Die Hoffnung, durch **Induktion** zu Erkenntnis zu gelangen, ist vergeblich. (Induktion: mittels einer Vielzahl von Beobachtungen auf allgemeine Tatsachen schließen. Beispiel: „Schwan 1 ist weiß, Schwan 2 ist weiß, Schwan 3 ist weiß. Folgerung: Alle Schwäne sind weiß." Das Problem der Induktion ist, dass sie kein sicheres Wissen liefern kann: Die Existenz von schwarzen Schwänen kann auch bei der Beobachtung von unendlich vielen weißen Schwänen nicht ausgeschlossen werden.)

- Personen stehen **Problemen** gegenüber. Probleme sind definiert durch eine gewisse Erwartungshaltung (was soll erreicht werden?) und durch Hintergrundinformationen. Das Hintergrundwissen ist teilweise von dem zu lösenden Problem abhängig; umgekehrt kann man auch feststellen, dass das Problem auch durch das gegebene Hintergrundwissen bestimmt wird.

- Probleme können mehr oder weniger rational gelöst werden. Entscheidet sich die Person für einen rationalen Lösungsweg, wird sie eine **Theorie** aufstellen. Die Theorie kann in einer konkreten Handlung bestehen oder in einem abstrakten System von Hypothesen. Theorien bestehen im einfachsten Fall aus einem **Allsatz**, d.h. aus einem Satz der Form „Alle x haben die Eigenschaft P" oder „ X verhält sich gemäss A aufgrund der Eigenschaft P".

Die Theorie (d.h. die angenommene Lösung des Problems) muss sich nun Tests unterwerfen. Sie muss sich bewähren und sich der **Kritik** stellen. Dabei entstehen neue Probleme, die nun wiederum neue Theorien erfordern. Es ergibt sich folgendes Schema:

*Problem 1 → korrigierbare Theorie → Fehlerelimination → Problem 2 → korrigierbare Theorie → Fehlerelimination → Problem 3 → usw.*

Theorien müssen ständig verbessert werden. Besser sind Theorien dann, wenn mehr Probleme lösen können bzw. vorhandene Probleme besser lösen können. Die Theorien nähern sich in diesem Verbesserungsprozess der Wahrheit. Um Verbesserungen möglich zu machen, muss eine Theorie **falsifizierbar** sein, d. h., sie muss Aussagen machen, die man durch Beobachtung überprüfen kann. Von einer Theorie ist deshalb zu fordern, dass sie Aussagen in der Form von Basissätzen macht. Ein Beispiel für einen Basissatz: „Am 25.08.2023 wird sich eine Mondfinsternis ereignen." Nicht falsifizierbare Theorien sind nicht kritisierbar und damit auch nicht verbesserbar. Es sind daher keine wissenschaftlichen Theorien. Von einer **wissenschaftlichen Theorie** muss gefordert werden: Es gibt eine nichtleere Menge von Basissätzen, deren Wahrheit die Theorie widerlegen würde. Diese Basissätze nennt man Falsifikatoren. Anders gesagt: Eine wissenschaftliche Theorie muss Aussagen machen, die durch Beobachtung zu überprüfen und gegebenenfalls zu widerlegen sind. Daher ist zu fordern: Erstens sollen Theorien möglichst viel erklären. Zweitens sollen Theorien falsifizierbar sein. Von den Wissenschaftlern ist zu fordern: Sie sollen kritisch mit ihren eigenen Theorien umgehen. Der verantwortungsvolle Wissenschaftler versucht, seine eigene Theorie zu widerlegen. So trägt er zur Weiterentwicklung der Wissenschaft bei.

## 2.4.2.2 Paradigmenwechsel

Kritik am Popperschen Wissenschaftsverständnis äußert unter anderem Thomas S. Kuhn mit seiner Theorie der **Wissenschaft als Paradigmenwechsel**.[83] Kuhn bezweifelt, dass Wissenschaft ein stetig fortschreitender Prozess hin zu besserer Erkenntnis ist. Aus seinen Beobachtungen der Wissenschaftsentwicklung folgert Kuhn, dass Wissenschaftler kein Interesse an der Falsifikation ihrer Theorien haben, vielmehr ihre eigenen Theorien möglichst lange verteidigen. Wissenschaftler haben nie nach den Popperschen Idealen gehandelt. Sie verhalten sich nicht kritisch gegenüber eigenen Theorien, sondern versuchen, ihre Theorien zu verbreiten und zu verteidigen. Erst wenn zu viele Anomalien auftreten, die durch das herrschende Paradigma nicht zu erklären sind, stürzt das Paradigma in eine Krise, und es kommt zur wissenschaftlichen Revolution. Es bildet sich ein neues, prinzipiell verschiedenes wissenschaftliches Weltverständnis. Wissenschaft verläuft nach Kuhn in Brüchen, nicht fortschreitend.

Zwei Begriffe sind für Kuhns Wissenschaftstheorie entscheidend. Das **Paradigma** und die **Forschergemeinschaft**: Paradigmen sind mehr als Theorien; sie sind nicht nur ein System von Aussagen, sondern sie müssen Problemlösungen enthalten. Ein Paradigma muss (1) so einmalig sein, dass die Forscher von anderen Aktivitäten ablassen und (2) die Forschergemeinschaft mit genug offenen Fragen innerhalb des Paradigmas beschäftigen. Eine Forschergemeinschaft ist eine Gruppe von Wissenschaftlern, die innerhalb des herrschenden Paradigmas forschen. Grundsatzdiskussionen über die Grundlagen der Wissenschaft werden innerhalb einer Forschergemeinschaft gerne vermieden, weil sich alle Forscher auf das gemeinsame Paradigma berufen. Forschergemeinschaften und Paradigmen werden durch das Verhalten innerhalb einer Forschungsgemeinschaft gestärkt: Forscher müssen bestimmten Arbeits- und Verhaltensregeln folgen, um als Experte auf einem Gebiet angesehen zu werden. Häufig werden auch die gleichen Lehrbücher gelesen und dieselben Vorbilder bewundert.

Zu manchen Themen befindet sich die Forschung noch in einer Phase so genannter „vorparadigmatischer Wissenschaft", d.h. es gibt noch kein dominierendes Paradigma, sondern verschiedene konkurrierende Auffassungen, Schulen genannt. Paradigmatische oder reife Wissenschaft entsteht, wenn sich eine der Schulen durchsetzt, weil ihr Paradigma als das bessere erkannt wird, weil es inhaltlich bessere Problemlösungen anzubieten hat und es damit zu wissenschaftlichem Fortschritt kommt. Damit sind zwei Phasen wissenschaftlicher Arbeit zu unterscheiden. Einerseits: **Normalwissenschaftliche Forschung** bewegt sich innerhalb des Paradigmas. Das Paradigma wird selbst nicht infrage gestellt. Normalwissenschaftliche Forschung will (1) Daten sammeln, die das Paradigma bestätigen, (2) Methoden und Instrumente entwickeln, um eine bessere Übereinstimmung von Theorie und Fakten zu erreichen und (3) die paradigmatischen Theorien besser ausarbeiten. Anderseits: **Außerordentliche Wissenschaft** entsteht, wenn genügend unerklärbare Phänomene (Anomalien) auftreten, um das herrschende Paradigma in eine Krise zu stürzen. Das Paradigma wird nun angezweifelt und die Wissenschaftler beginnen, nach neuen Paradigmen mit besseren Problemlösungen zu suchen. Wenn sich ein neues Paradigma durchsetzen kann, hat **eine wissenschaftliche Revolution** stattgefunden. Die Wissenschaft hat sich mit der

---

83 Vgl. Thomas S. Kuhn, *Die Struktur wissenschaftlicher Revolutionen* (Frankfurt am Main: Suhrkamp, 1976). Ferner Thomas S. Kuhn, „Logik der Forschung oder Psychologie der wissenschaftlichen Arbeit?", *Kritik und Erkenntnisfortschritt*, Hrsg. Imre Lakatos und Alan Musgrave (Braunschweig: Vieweg, 1974) 1-24 sowie Gunnar Andersson, *Kritik und Wissenschaftsgeschichte: Kuhns, Lakatos' und Feyerabends Kritik des Kritischen Rationalismus* (Tübingen: JCB Mohr, 1988).

Revolution grundlegend gewandelt, sie findet sozusagen „in einer anderen Welt" statt. Die Kommunikation zwischen den Anhängern verschiedener Paradigmen ist gestört, weil sich mit dem Paradigmenwechsel auch die Bedeutungen ändern. Es gibt deshalb keinen objektiven Standpunkt außerhalb der Paradigmen.

### Mögliche Kritik an Kuhn

- Sind Normalwissenschaft und außerordentliche Wissenschaft wirklich so gut unterscheidbar, wie Kuhn behauptet?
- Ist Kuhns Folgerung richtig, dass Wissenschaft nicht objektiv sein kann, weil es keinen Standpunkt außerhalb eines Paradigmas gibt?
- Wenn es diese Objektivität nicht gibt, wie kann es dann Fortschritt in der Wissenschaft geben? Wer sollte beurteilen, ob ein Paradigmenwechsel als Fortschritt zu werten ist?

### 2.4.2.3 Konstruktivismus

Neben der Art der Wissensentstehung wird der kritische Rationalismus bzw. der Positivismus grundsätzlich durch den **Konstruktivismus** infrage gestellt. Der Konstruktivismus tritt als „Sammelbecken" der Wissenschaftstheorie in unterschiedlichen Ausprägungen hervor. Deshalb findet sich unter der Bezeichnung „Konstruktivismus" eine Vielzahl von Denkrichtungen aus unterschiedlichen Disziplinen.[84] Grundsätzlich stellt der Konstruktivismus die These auf, dass das, was wir als „Wirklichkeit" empfinden, weniger mit der realen Beschaffenheit der Welt als vielmehr mit unseren eigenen Konstruktionen zu tun hat. In einer „schwachen" Form weist der Konstruktivismus darauf hin, dass soziale Einflüsse die Interpretation der Welt beeinflussen. In „stärkeren" Ausprägungen behauptet der Konstruktivismus, dass die Welt nur durch unsere Interpretationen zugänglich sei und dass es folglich keine unabhängige Realität gebe. So gesehen geht es bei der Wissenschaft weniger um eine möglichst genaue Beschreibung, wie die Welt ist, sondern eher um das Finden möglichst leistungsfähiger Konstruktionen. Einige Konstruktivisten gehen so weit, dass sie die Existenz einer realen Welt für irrelevant halten. Die konstruktivistischen Theorien sind unterschiedlich gut ausgearbeitet. Sie reichen von einem eher undifferenzierten Antirealismus und Skeptizismus bis zu einem detailliert ausgearbeiteten wissenschaftlichen Programm, z.B. die „Erlanger Schule". Die vorliegende Skizze kann die Vielzahl der verschiedenen konstruktivistischen Theorien nicht darstellen, sondern dient nur als erste Einführung.

Der Konstruktivismus knüpft insbesondere an die Tradition von Immanuel Kant an. Kant entwickelte mit seinem transzendentalen Idealismus den bahnbrechenden Gedanken, dass wir die Welt nie an sich, sondern mittels gedanklicher Kategorien wie Kausalität, Zeit, Raum usw. wahrnehmen. Allerdings hält Kant diese Kategorien nicht für konstruiert, sondern für vorweg gegeben. Kant ist kein Konstruktivist, sondern ein Wegbereiter des Konstruktivismus. Zu den ersten Denkern des Konstruktivismus zähl-

---

84 Vgl. Ruedi Fischer, „Abschied von der Hinterwelt? Zur Einführung in den Radikalen Konstruktivismus", *Die Wirklichkeit des Konstruktivismus. Zur Auseinandersetzung um ein neues Paradigma*, Hrsg. Hans Ruedi Fischer (Heidelberg: Carl Auer Verlag, 1995) 11-34, wie auch Ernst von Glasersfeld, „Die Wurzeln des ‚Radikalen' Konstruktivismus", *Die Wirklichkeit des Konstruktivismus. Zur Auseinandersetzung um ein neues Paradigma*, Hrsg. Hans Ruedi Fischer (Heidelberg: Carl Auer Verlag, 1995) 35-46; ferner Ernst von Glasersfeld, *Radikaler Konstruktivismus. Ideen, Ergebnisse, Probleme* (Frankfurt am Main: Suhrkamp, 1996) sowie Humberto R. Maturana und Francisco Varela, *Der Baum der Erkenntnis* (Bern: Scherz, 1987) oder auch Gebhard Rusch und Siegfried J. Schmidt, *Konstruktivismus und Ethik* (Frankfurt am Main: Suhrkamp, 1995).

ten im deutschsprachigen Raum Paul Watzlawick und Ernst von Glasersfeld. Wenn die Welt als Konstruktion aufgefasst wird, stellt sich die alles bestimmende Grundfrage: „Ist das, was wir als »Wirklichkeit« – aufgrund unserer Sinneseindrücke und deren Verarbeitung im Denkapparat – vorzufinden glauben, vielleicht in Wahrheit etwas von uns Erfundenes, ist es unsere eigene Konstruktion?"

Diese Frage wird genährt aus der Erkenntnis, dass unsere Wahrnehmungen stets theoriegebunden sind: Wenn wir beobachten, setzen wir gewisse Naturgesetze voraus, wenn wir messen, dann nehmen wir an, dass unsere Messgeräte auf eine gewisse Weise funktionieren usw. Wenn wir unsere Beobachtungen in Sprache und schließlich in Theorien fassen, dann können wir keinesfalls sicher sein, dass wir die „richtige" Theorie gefunden haben. Wir haben uns lediglich eine geordnete, sinnvolle Theorie konstruiert, aber wir wissen nicht, wie viel diese Konstruktion mit der Wirklichkeit zu tun hat. Es könnte auch andere Konstruktionen geben, die ebenso gut oder noch besser funktionieren.

Konstruktivisten bezweifeln demnach, dass es eine einzige korrekte Beschreibung von „Wirklichkeit" gibt. Radikale Konstruktivisten bezweifeln, dass der Begriff „Wirklichkeit" überhaupt sinnvoll ist. In der Konsequenz führt der Konstruktivismus – je nach Ausprägung – zu einer Skepsis gegenüber Wahrheitsansprüchen der Wissenschaft und, wie einige Kritiker meinen, zu völliger Beliebigkeit.

Im Werturteilsstreit beziehen die Konstruktivisten klar Position: Sie halten Konstruktion für einen wertenden Vorgang. Demnach sei wertfreie Wissenschaft nicht möglich.

Der kurze Abriss der vorgehend porträtierten wissenschaftstheoretischen Strömungen gibt nur eine rudimentäre Vorstellung dessen, was in der Wissenschaftstheorie maßgeblich ist, geschweige denn aktuell diskutiert wird. Die Auswahl soll dem Leser einzig die Möglichkeit geben, einige wissenschaftliche Arbeiten, z.B. einen Beitrag über Organisationskultur in der *Zeitschrift für Betriebswirtschaft* (ZfB), in den richtigen Kontext zu stellen. Weitere wichtige Themen, wie etwa die analytische Philosophie oder postmoderne Ansätze, können in dieser Übersicht nicht erwähnt werden. Für eine umfassende Darstellung der Wissenschaftstheorie und ihre zeitliche Entwicklung sei auf die vielfältige Literatur verwiesen.

### 2.4.2.4 Werturteilsstreit

Im **Werturteilsstreit** geht es um die Frage, ob Wissenschaft ohne Werturteile zu betreiben ist.[85] Während die Positivisten fordern, dass die Wissenschaft sich allein „mit dem, was ist" zu beschäftigen habe, behaupten die Gegner des Positivismus, dass man Wissenschaft gar nicht betreiben könne, ohne Wertungen vorzunehmen. Man kann folglich zwei Grundströmungen unterscheiden:

- Die **positivistische** (realistische, sprachanalytische, empirische) Position: Ihre Anhänger vertreten die Auffassung, dass Wertauffassungen und Wissenschaft zu trennen seien, um die Wissenschaftlichkeit zu gewährleisten. Wissenschaft zeichne sich dadurch aus, subjektive Werturteile außen vor zu lassen.

---

85 Vgl. Heinrich Kanz, „Voraussetzungslosigkeit und Wertproblem", *Wissenschaftstheorie. Probleme und Positionen der Wissenschaftstheorie*, Hrsg. Heinrich Rombach, Bd. 1. (Freiburg im Breisgau: Herder, 1974) 37-40; sowie die Originaltexte – Max Weber, „Der Sinn der ‚Wertfreiheit' der soziologischen und ökonomischen Wissenschaften", 1918; ders., „Die ‚Objektivität' sozialwissenschaftlicher und sozialpolitischer Erkenntnis", 1904; ders., „Wissenschaft als Beruf", 1919, *Gesammelte Aufsätze zur Wissenschaftslehre*, Hrsg. Johannes Winckelmann, 3. Aufl. (Tübingen: Mohr, 1968) 489-540; 186-262; 582-613.

- Die **hermeneutische** (geisteswissenschaftliche, pragmatische, kritische) Position: Ihre Anhänger halten Aussagen über die Wirklichkeit und Werturteile für so eng verflochten, dass eine Trennung nicht möglich sei.

Der deutsche Soziologe Max Weber hat als eine der zentralen Personen in dieser Debatte eine Trennung von wissenschaftlichen Aussagen („Tatsachen") und Werturteilen vorgeschlagen. Allerdings leugnet er – im Gegensatz zu manchen Positivisten – nicht die Bedeutung der Werturteile: Der „Kampf" der Ideologien ist aus dem Kulturleben nicht wegzudenken, die Sinn- und Wertsphäre hat demnach eine große Bedeutung. Die Wissenschaft soll sich aber nicht anmaßen, sich in die Sphäre der Werturteile einzumischen. Aus Tatsachenbeobachtungen ergibt sich niemals ein Werturteil. Die Aufgabe von Wissenschaft besteht nach Weber vielmehr darin, verschiedene Handlungsoptionen für praktische Probleme aufzuzeigen, Tatsachenwissen zu ermitteln und für eine informierte Entscheidung bereitzustellen.

Kritik an Max Weber erfolgte insbesondere vonseiten der Geisteswissenschaften. Aber auch mit Blick auf die Sozialwissenschaften und Naturwissenschaften kann man bezweifeln, ob Wertfreiheit bei der Tatsachenermittlung möglich ist, wie folgende Fragen zeigen:

- Ist „Verstehen" überhaupt ohne eine weltanschauliche Grundhaltung möglich?

- Ist es möglich, Tatsachenbeobachtungen wertneutral in Sprache zu fassen? Führt Sprache nicht zwangsläufig zu Werturteilen?

- Wissenschaftliche Beobachtungen finden immer unter gewissen Theorieannahmen statt: Kann man unter diesen Voraussetzungen von wertfreier Wissenschaft sprechen?

- Wie begründet ein Anhänger der Werturteilsfreiheit seine Entscheidung für die Werturteilsfreiheit? Die Entscheidung für die Werturteilsfreiheit ist ja selbst ein Werturteil!

Eng verknüpft mit dem Werturteilsstreit ist der sogenannte Positivismusstreit.[86] Die „Positivisten" Karl Raimund Popper und sein Schüler Hans Albert wollen die Wissenschaft streng an Beobachtungen orientieren. In der Wissenschaft sei kein Platz für wertende Aussagen oder für Aussagen, die sich einer empirischen Widerlegung prinzipiell entziehen (z.B. metaphysische Aussagen wie der „gnädige Gott", Glaubensbekenntnisse wie die Wiedergeburt, Sagen und Mythen wie die „gute Fee").

Dieses rational-analytische Programm betrachten die marxistisch geprägten dialektischen Theoretiker der „Frankfurter Schule" als verfehlt. Theodor W. Adorno und Jürgen Habermas halten das Projekt einer wertfreien Wissenschaft für undurchführbar, weil Wertentscheidungen auch im Wissenschaftsprozess unvermeidbar seien. Sie weisen insbesondere darauf hin, dass weder die Wahl der Forschungsgegenstände, noch die Wahl der wissenschaftlichen Sprache, der Kategorien, der logischen Verknüpfungen usw. aus dem Positivismus herleitbar seien. Die dialektischen Theoretiker hinterfragen weiterhin, ob es überhaupt wertfreie „Erfahrungstatsachen" geben könne. Beobachter (Wissenschaftler) seien geprägt durch frühere Erfahrungen, Absichten und Erwartungen. Dies schlage sich auch in der verwandten Sprache nieder. Diese Entscheidungen seien vielmehr Werturteile. Letztlich sei die Entscheidung für eine wertfreie Wissen-

---

86 Vgl. Heinrich Beck, „Der Positivismusstreit", *Wissenschaftstheorie 1. Probleme und Positionen der Wissenschaftstheorie*, Hrsg. Heinrich Rombach (Freiburg: Herder, 1974) 41-49; ferner Friedrich Kümmel, „Die hermeneutische Position im Positivismusstreit", *Der Positivismusstreit in der deutschen Erziehungswissenschaft*, Hrsg. W. Büttemeyer und B. Möller (München: Wilhelm Fink Verlag, 1979) 122-156.

schaft selbst ein Werturteil. Nach Habermas und Adorno ist der Positivismus daher inkohärent. Vor allem aber, so betonen sie, sei eine wertfreie Wissenschaft nichts anderes als eine Unterstützung der herrschenden Verhältnisse, weil die Wissenschaft zu einem reinen Mittel degradiert werde, das die herrschenden Strukturen stütze.

Statt des Positivismus führt – nach Auffassung der dialektischen Theoretiker – das Nachdenken über die „gesellschaftliche Bedingtheit des Erkenntnisinteresses" zur Objektivität. Weil die Gesellschaft widerspruchsvoll sei, müsse man den Blick auf das „Ganze" werfen (siehe auch Hermeneutik).

Der Positivismusstreit wurde in den 60er Jahren überwiegend im deutschsprachigen Raum ausgetragen und hat den alten Werturteilsstreit zugespitzt auf die Frage, ob wertfreie Erfahrung überhaupt möglich sei. Die „Frankfurter Schule" stellt folglich zwei Fragen, erstens diejenige nach der Logik und zweitens die Ideologiefrage, indem sie den Positivisten unterstellt, sie dienten mit ihrer Ablehnung wertender Wissenschaft den herrschenden Verhältnissen. Damit wurden erhebliche Teile der Wissenschaft zu einem Instrument der herrschenden Ideologie degradiert. Während die ideologische Debatte abgeflaut ist, bleibt die Grundfrage nach der Möglichkeit wertfreier Wissenschaft aktuell.

# 2.5　Literatur

## 2.5.1　Zum Umgang mit Quellen

Babiak, Ulrich. *Effektive Suche im Internet.* 4. Aufl. Köln: O'Reilly, 2001.

Bachtin, Michail M. *Die Ästhetik des Wortes.* Frankfurt am Main: Suhrkamp, 2001.

Becker, Howard S. *Die Kunst des professionellen Schreibens. Ein Leitfaden für Geistes- und Sozialwissenschaftler.* 2. Aufl. Frankfurt a.M.: Campus, 2000.

*Bibliographie der deutschen Sprach- und Literaturwissenschaft.* Begr. von Hanns W. Eppelsheimer; fortgeführt von Clemens Köttelwesch. Frankfurt a.M.: Klostermann 1957-.

Booth, Wayne C., Gregory G. Colomb and Joseph M. Williams. *The Craft of Research.* 2nd ed. Chicago: University of Chicago Press, 2003.

Brooks, T.A. „Private Acts and Public Objects: An Investigation of Citer Motivations". *Journal of the American Society for Information Science* 36 (1985): 223-229.

Business Periodicals Index. Bettie Jane, Ed. New York, NY: Wilson, 1958-.

Cornin, Blaise. „Tiered Citation and Measures of Document Similarity". *Journal of the American Society for Information Science* 45 (1994): 537-538.

Emrich, Hinderk M. „Schreib-Partikel und ihre allmähliche Verfertigung". *Lust und Last des wissenschaftlichen Schreibens.* Hrsg. Wolf-Dieter Narr und Joachim Stary. Frankfurt am Main: Suhrkamp, 1999, 54-57.

Fink, Arlene. *Conducting Research Literature Reviews.* London, Thousand Oaks: Sage, 1998.

Genette, Gérard. *Palimpseste, Die Literatur auf zweiter Stufe.* Frankfurt am Main: Suhrkamp, 1993.

Hacker, Rupert. *Bibliothekarisches Grundwissen.* 3. Aufl. München: K.G. Saur, 1976.

Handbuch der Bibliographie. Begr. von Georg Schneider; völlig neu bearb. von Friedrich Nestler. 6. Aufl. Stuttgart: Hiersemann, 1999.

Hartmann, Werner, Michael Näf und Peter Schäuble. *Informationsbeschaffung im Internet: Grundlegende Konzepte verstehen und umsetzen.* Zürich: Orell Füssli, 2000.

Hehl, Hans. *Die elektronische Bibliothek: Literatur- und Informationsbeschaffung im Internet.* 2. überarb. und erw. Aufl. München: K.G. Saur, 2001.

Kristeva, Julia. „Probleme der Textstrukturation (Problèmes de la structuration du texte)". Übersetzung Jochen und Irmela Rehbein. *Literaturwissenschaft und Linguistik* I. Hrsg. Jens Ihwe. Frankfurt am Main: Athenäum, 1971.

Mastronardi, Philippe. *Juristisches Denken: eine Einführung.* 2. überarb. Aufl. Bern: Haupt, 2003.

Metzger, Christoph. *Lern- und Arbeitsstrategien. Ein Fachbuch für Studierende an Universitäten und Fachhochschulen.* 5. Aufl. Aarau: Sauerländer, 2002.

Moennighoff, Burkhard und Eckhardt Meyer-Krentler. *Arbeitstechniken Literaturwissenschaft.* 9. Aufl. München: Fink, 2001.

Otto, Michael. *Suchstrategien im Internet: Search Engines, Themenkataloge, Besprechungsdienste.* Bonn: International Thomson Publ., 1997.

Poenicke, Klaus. *Wie verfasst man wissenschaftliche Arbeiten?* Mannheim: Dudenverlag, 1988.

Popper, Karl Raimund. Vorwort der deutschen Ausgabe. *Das Elend des Historizismus.* Tübingen: Mohr, 1965.

Schnabel, Ulrich und Andreas Sentker. „Der alltägliche Betrug. Ein Gespräch mit dem Wissenschaftssoziologen Peter Weingart". *Die Zeit.* 15. Mai 2003, 39.

Stary, Joachim und Horst Kretschmer. *Umgang mit wissenschaftlicher Literatur: Eine Arbeitshilfe.* Frankfurt a.M.: Cornelsen Scriptor, 1994.

Stickel-Wolf, Christine und Joachim Wolf. *Wissenschaftliches Arbeiten und Lerntechniken.* 2. Aufl. Wiesbaden: Gabler, 2002.

Theisen, Manuel R. *Wissenschaftliches Arbeiten.* 10. Aufl. München: Franz Vahlen, 2000.

van den Berg, Wim. „Autorität und Schmuck. Über die Funktion des Zitates von der Antike bis zur Romantik". *Instrument Zitat: über den literaturhistorischen und institutionellen Nutzen von Zitaten und Zitieren.* Hrsg. Klaus Beekman und Ralf Grüttemeier. Amsterdam: GA Rodopi, 2000.

Werlich, Egon. *Typologie der Texte.* 2. Aufl. Heidelberg: Quelle & Meyer, 1979.

## 2.5.2 Zu Forschungsfrage und Wissenschaftstheorie

Andersson, Gunnar. *Kritik und Wissenschaftsgeschichte*: Kuhns, Lakatos' und Feyerabends *Kritik des kritischen Rationalismus.* Tübingen: JCB Mohr, 1988.

Apel, Karl-Otto. „*Die hermeneutische Dimension von Sozialwissenschaft und ihre normative Grundlage*". Mythos Wertfreiheit. Hrsg. Karl-Otto Apel und Matthias Kettner. Frankfurt am Main: Campus, 1994, 17-47.

Barritt, Loren. *„Human Sciences and the Human Image".* Phenomenology and Pedagogy 4.3 (1986): 14-22.

Beck, Heinrich. *„Der Positivismusstreit".* Wissenschaftstheorie 1. Probleme und Positionen der Wissenschaftstheorie. Hrsg. Heinrich Rombach. Bd. 1. Freiburg: Herder, 1974, 41-49.

Böhm, Jan M., Heiko Holweg und Claudia Hoock. *Karl Poppers kritischer Rationalismus heute.* Tübingen: Mohr Siebeck, 2002.

Brugger, Walter (Hrsg.). *Philosophisches Wörterbuch.* Freiburg im Breisgau: Herder, 1976/1996.

Creswell, John W. *Qualitative Inquiry and Research Design: Choosing Among Five Traditions.* Thousand Oaks, CA: Sage, 1998.

Curd, Martin and J.A. Cover, Eds. *Philosophy of Science: The Central Issues.* New York: W.W. Norton & Company, 1998.

de Vaus, David A. *Research Design in Social Research.* London: Sage, 2001.

Diekmann, Andreas. *Empirische Sozialforschung: Grundlagen, Methoden, Anwendungen.* 9. Aufl. Reinbek bei Hamburg: Rowohlt, 2002.

Ebster, Claus und Liselotte Stalzer. *Wissenschaftliches Arbeiten für Wirtschafts- und Sozialwissenschaftler.* Wien: WUV/UTB, 2003.

Esselborn-Krumbiegel, Helga. *Von der Idee zum Text. Eine Anleitung zum wissenschaftlichen Schreiben.* Paderborn: Ferdinand Schöningh, 2002.

Fischer, Ruedi. *„Abschied von der Hinterwelt? Zur Einführung in den radikalen Konstruktivismus".* Die Wirklichkeit des Konstruktivismus. Zur Auseinandersetzung um ein neues Paradigma. Hrsg. Hans Ruedi Fischer. Heidelberg: Carl Auer Verlag, 1995, 11-34.

Habermas, Jürgen. *Theorie des kommunikativen Handelns.* 2 Bd. Frankfurt am Main: Suhrkamp, 1981.

Hitchcock, Christopher, ed. *Contemporary Debates in the Philosophy of Science.* Oxford: Blackwell, 2004.

Jele, Harald. *Wissenschaftliches Arbeiten in Bibliotheken: Einführung für Studierende.* 2. Aufl. München: Oldenburg, 2003.

Kanz, Heinrich. *„Voraussetzungslosigkeit und Wertproblem".* Wissenschaftstheorie. Probleme und Positionen der Wissenschaftstheorie. Hrsg. Heinrich Rombach. Bd. 1. Freiburg i. Bg.: Herder, 1974, 37-40.

Kromrey, Helmut. *Empirische Sozialforschung.* 10. Aufl. Opladen: Leske & Budrich, 2002.

Kruse, Otto. *Keine Angst vor dem leeren Blatt: Ohne Schreibblockaden durchs Studium.* Frankfurt am Main: Campus, 1993.

Kuhn, Thomas S. *„Logik der Forschung oder Psychologie der wissenschaftlichen Arbeit?" Kritik und Erkenntnisfortschritt.* Hrsg. Imre Lakatos und Alan Musgrave. Braunschweig: Vieweg, 1974, 1-24.

Kuhn, Thomas S. *Die Struktur wissenschaftlicher Revolutionen.* Frankfurt am Main: Suhrkamp, 1976.

Kümmel, Friedrich. „*Die hermeneutische Position im Positivismusstreit*". Der Positivismusstreit in der deutschen Erziehungswissenschaft. Hrsg. W. Büttemeyer und B. Möller. München: Wilhelm Fink Verlag, 1979, 122-156.

Little, Daniel. *Varieties of Social Explanation: An Introduction to the Philosophy of Social Science.* Boulder, Co: Westview Press, 1991.

Mastronardi, Philippe. *Juristisches Denken: eine Einführung.* 2. überarb. Aufl. Bern: Haupt; 2003.

Maturana, Humberto R. und Francisco Varela. *Der Baum der Erkenntnis.* Bern: Scherz, 1987.

Mittelstraß, Jürgen. „*Was heißt: sich im Denken orientieren?*" Vernunft, Handlung und Erfahrung. Über die Grundlagen und Ziele der Wissenschaften. Hrsg. Oswald Schwemmer. München: C.H. Beck, 1981.

Mittelstraß, Jürgen (Hrsg.). *Enzyklopädie Philosophie und Wissenschaftstheorie* Bd. 2. Mannheim: B.I.-Wissenschaftsverlag, 1984.

Mittelstraß, Jürgen. „*Bildung und ethische Maße*". Die Zukunft der Bildung. Hrsg. Nelson Killius, Jürgen Kluge und Linda Reisch. Frankfurt am Main: Suhrkamp, 2002, 151-170.

Nida-Rümelin, Julian, Hrsg. *Philosophie der Gegenwart in Einzeldarstellungen: von Adorno bis v. Wright.* 2. Aufl. Stuttgart: Körner, 1992.

Peirce, Charles Sanders, *Naturordnung und Zeichenprozess: Schriften über Semiotik und Naturphilosophie.* Mit einem Vorw. von Ilya Prigogine; hrsg. u. eingel. von Helmut Pape; übers. von Bertram Kienzle. Frankfurt a.M.: Suhrkamp, 1991.

Peirce, Charles Sanders. *Vorlesungen über Pragmatismus.* Mit Einl. u. Anmerkungen neu hrsg. von Elisabeth Walther. Hamburg: Meiner, 1991.

Popper, Karl R. *Wissenschaftslehre in entwicklungstheoretischer und in logischer Sicht. Alles Leben ist Problemlösen. Über Erkenntnis, Geschichte und Politik.* München: Piper, 1994.

Poser, Hans. *Wissenschaftstheorie. Eine philosophische Einführung.* Stuttgart: Philipp Reclam jun., 2001.

Punch, Keith F. *Introduction to Social Research: Quantitative and Qualitative Approaches.* London: Sage, 1998.

Ritter, Joachim und Karlfried Gründer, Hrsg. *Historisches Wörterbuch der Philosophie.* Basel: Schwabe, 1971-.

Rusch, Gebhard und Siegfried J. Schmidt. *Konstruktivismus und Ethik.* Frankfurt am Main: Suhrkamp, 1995.

Schneider, Robert. *Erkenntnistheorie im 20. Jahrhundert. Klassische Positionen.* Stuttgart: Philipp Reclam jun., 1998.

Seiffert, Helmut. *Einführung in die Wissenschaftstheorie.* 3. Bd. München: C.H. Beck, 1996.

Spoun, Sascha und Simon Grand. „*Hinweise zum Verfassen von Diplomarbeiten*". Vorlesungsunterlagen, Universität St.Gallen, St.Gallen. 1999 und folgende Jahre.

Stinchcombe, Arthur L. „*A structural analysis of sociology*". The American Sociologist 10 (1975): 57-64.

Strunin, Leo. „*Wie man einen Übersichtsartikel schreibt*". *Publish or Perish: Wie man einen wissenschaftlichen Beitrag schreibt, ohne die Leser zu langweilen oder die Daten zu verfälschen*. Hrsg. George M. Hall. Bern: Hans Huber, 1998, 91-98.

Thielemann, Ulrich. „*Wonach fragt wissenschaftliche Forschung? Eine Skizze grundlegender Erkenntnisinteressen und Methodologien*". Unveröffentl. Arbeitspapier, Universität St.Gallen, 2002.

Totok, Wilhelm. *Handbuch der Geschichte der Philosophie*. 2. Aufl. Frankfurt a.M.: Klostermann, 1997.

von Glasersfeld, Ernst. „*Die Wurzeln des ‚Radikalen' Konstruktivismus*". *Die Wirklichkeit des Konstruktivismus. Zur Auseinandersetzung um ein neues Paradigma*. Hrsg. Hans Ruedi Fischer. Heidelberg: Carl Auer Verlag, 1995, 35-46.

von Glasersfeld, Ernst. *Radikaler Konstruktivismus. Ideen, Ergebnisse, Probleme*. Frankfurt am Main: Suhrkamp, 1996.

Walter-Busch, Emil. *Organisationtheorien von Weber bis Weick*. Chur: G+B Verlag Fakultas, 1996.

Weber, Max. *Gesammelte Aufsätze zur Wissenschaftslehre*. Hrsg. Johannes Winckelmann. 3. Aufl. Tübingen: Mohr, 1968.

Weingartner, Paul. *Wissenschaftstheorie*. 3. Bd. Stuttgart: Fromann-Holzboog, 1977-.

Wirth, Uwe. „*Abduktion und ihre Anwendungen*". Zeitschrift für Semiotik 17 (1995): 405-424.

Wittgenstein, Ludwig. *Tractatus Logico-Philosophicus; Tagbücher 1914-1916*; Philosophische Untersuchungen. Frankfurt am Main: Suhrkamp, 1984.

# Überzeugend argumentieren

**3**

**3.1 Arbeitshaltung** . . . . . . . . . . . . . . . . . . . . . . . . . . . . . . . . . 130
   3.1.1 Schreiben heißt Gedanken strukturieren . . . . . . . . . . . 130
   3.1.2 Nicht berichten, sondern überzeugen wollen . . . . . . . . 133
   3.1.3 Für die Leser schreiben. . . . . . . . . . . . . . . . . . . . . . . . 134

**3.2 Schreiben als Prozess** . . . . . . . . . . . . . . . . . . . . . . . . . . . 134
   3.2.1 Entwerfen und Verwerfen. . . . . . . . . . . . . . . . . . . . . . 135
   3.2.2 Reflexion des eigenen Schreibprozesses . . . . . . . . . . . 137
   3.2.3 Schreibstil verbessern. . . . . . . . . . . . . . . . . . . . . . . . . 137

**3.3 Aufbau eines Arguments** . . . . . . . . . . . . . . . . . . . . . . . . . 145
   3.3.1 These . . . . . . . . . . . . . . . . . . . . . . . . . . . . . . . . . . . . . 146
   3.3.2 Begründung/Beweis . . . . . . . . . . . . . . . . . . . . . . . . . . 147
   3.3.3 Einschränkungen. . . . . . . . . . . . . . . . . . . . . . . . . . . . . 149
   3.3.4 Weltbild . . . . . . . . . . . . . . . . . . . . . . . . . . . . . . . . . . . 150

**3.4 Aufbau einer wissenschaftlichen Arbeit** . . . . . . . . . . 152
   3.4.1 Titel . . . . . . . . . . . . . . . . . . . . . . . . . . . . . . . . . . . . . . 152
   3.4.2 Abstract . . . . . . . . . . . . . . . . . . . . . . . . . . . . . . . . . . . 152
   3.4.3 Inhaltsverzeichnis. . . . . . . . . . . . . . . . . . . . . . . . . . . . 153
   3.4.4 Einleitung . . . . . . . . . . . . . . . . . . . . . . . . . . . . . . . . . . 154
   3.4.5 Hauptteil . . . . . . . . . . . . . . . . . . . . . . . . . . . . . . . . . . . 156
   3.4.6 Schluss/Zusammenfassung . . . . . . . . . . . . . . . . . . . . . 158
   3.4.7 Quellen-/Literaturverzeichnis . . . . . . . . . . . . . . . . . . . 159
   3.4.8 Anhang . . . . . . . . . . . . . . . . . . . . . . . . . . . . . . . . . . . . 160

**3.5 Bewertungskriterien wissenschaftlicher Arbeiten** 160
   3.5.1 Umgang mit dem Thema (Forschungsfrage) . . . . . . . . . 161
   3.5.2 Inhalt . . . . . . . . . . . . . . . . . . . . . . . . . . . . . . . . . . . . . 161
   3.5.3 Struktur . . . . . . . . . . . . . . . . . . . . . . . . . . . . . . . . . . . 162
   3.5.4 Formale Qualität . . . . . . . . . . . . . . . . . . . . . . . . . . . . . 163

**3.6 Kommentiertes Beispiel einer Seminararbeit** . . . . . 164

**3.7 Literatur** . . . . . . . . . . . . . . . . . . . . . . . . . . . . . . . . . . . . . . 166

**ÜBERBLICK**

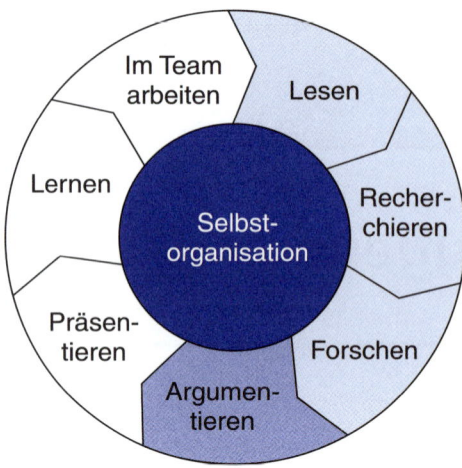

Forschen und Argumentieren gehen ineinander über. Während ersteres vor allem der Verständniserschließung dient und das Material für die Argumente liefert, dienten letztere der Überzeugung der Leser im Einzelnen sowie der Definition und Konzeption des eigenen Beitrags für die Forschung im großen Ganzen. Während sich durch das Forschen das eigene Verständnis vertieft, erweitert und erprobt, dient die Argumentation neben dem Aufbau einer (neuen) Wirklichkeit vor allem der Kommunikation mit dem jeweiligen Zielpublikum, d.h. mit einzelnen Lesern und der Wissenschaftsgemeinschaft als Ganzer. Klarheit, Originalität und Eleganz Ihres Schreibens zeigen Ihre Klugheit und Ihr Können. Entsprechend schreiben Sie im Studium, um Ergebnisse eigener Recherchearbeiten darzustellen und um zu zeigen, wie Sie sich zum Fachexperten entwickeln. Dieses Schreiben kann erlernt werden, indem man an seiner Arbeitshaltung (3.1), dem Schreibprozess (3.2) und den Argumenten (3.3) arbeitet, seine Arbeit gut strukturiert (3.4) und Konsequenzen aus den üblichen Kriterien wissenschaftlichen Arbeitens (3.5) zieht.

## 3.1    Arbeitshaltung

Schreiben in der Welt der Wissenschaft heißt, sich seiner Gedanken bewusst zu werden, diese zu ordnen und andere davon auf verständliche Weise zu überzeugen. Dieses Schreiben nutzt die Sprache nicht nur als Ausdrucksmittel, sondern als Medium, um eine Wirklichkeit zu erzeugen. Entsprechend prägen drei Überlegungen unsere Einstellung beim Schreiben:

### 3.1.1    Schreiben heißt Gedanken strukturieren

Vorderhand erfahren wir das Schreiben als ein Festhalten von Informationen. Geht der Schreibprozess über einige Zeilen hinaus, so werden währenddessen auch die Gedanken strukturiert, einzelne Aspekte herausgestellt und andere nur erwähnt oder weggelassen. Es findet eine Bewertung, gegebenenfalls eine Umwertung[1] statt. Auf diese Weise dient das Schreiben der Erzeugung und Dokumentation von Wissen. Beim Schreiben stimulieren sich Reflexion und Niederschreiben gegenseitig und führen zu

---

1   Vgl. Boris Groys, *Über das Neue* (Frankfurt am Main: Fischer, 1999).

dem Prozess, den Kleist schon 1805 als „die allmähliche Verfertigung der Gedanken" bezeichnete.[2] Schreiben stellen wir uns folglich als einen iterativen, teils unbewussten Prozess der Auswahl, Bewertung, Formulierung und Revision eigener und fremder Gedanken vor. Ergebnisse sind Schriftstücke ganz verschiedener Qualität, die viel über ihre Autoren aussagen. Unter diesen finden sich gute und schlechte Texte, journalistische Artikel, Romane, Werbetexte und wissenschaftliche Abhandlungen, denen wir uns hier widmen.

### Strukturieren als Prozess

Wesensverwandt mit dem Argumentieren ist das Strukturieren Ihres Themas und später Ihres Textes. Sobald Sie Ihre Daten und bzw. oder sonstige Quellen nach Kriterien, Analogien, Kategorien oder anderen logischen Mustern ordnen, beginnen Sie mit dem Strukturieren. Sie müssen die Zusammenhänge Ihres Themas erkennen, gegebenenfalls dekonstruieren, um anschließend Ihr eigenes Gedankengebäude, Ihre Argumentation, aufbauen zu können bzw. zu entwerfen: Was hängt wie und warum zusammen? Erst wenn Sie das Thema voll erfasst haben und „durchgestiegen" sind, sollten Sie Ihre eigene Struktur entwickeln. Bei a priori schwierigen Themen macht man sich die Mühe des Verstehens, man wird nicht umhinkommen. Doch auch auf den ersten Blick leichtere Themen müssen in ihrer Tiefe erschlossen und durchdrungen werden, will man nicht auf dem bisherigen, gelegentlich rudimentären und banalen Stand bleiben.

Als erster Schritt bietet es sich dann meist an, eine grobe Disposition aufzustellen. Die Grobdisposition skizziert den späteren Verlauf der Gedanken und verkörpert in etwa ein ausformuliertes Inhaltsverzeichnis. Und hier unterscheiden sich sodann gute von schlechten Arbeiten. Während gute nach Ihren Aussagen und Beweisen gliedern, bilden schlechte nur den bisherigen Verlauf des Themas oder gar nur den eigenen Lernprozess im Thema ab. Die Ordnung der Argumentationskette kann prinzipiell durch induktives oder deduktives Vorgehen erfolgen. Während das induktive Vorgehen einen Entwicklungsprozess des Arguments vom Besonderen zum Allgemeinen beschreibt, werden beim deduktiven Vorgehen Schlüsse vom Allgemeinen zum Besonderen gezogen. Innerhalb dessen können die Argumente dann im Großen (Kapitel, Unterkapitel etc.) und im Kleinen (innerhalb eines Abschnitts) nach einem der folgenden Gliederungsprinzipien oder in einer Kombination derselben geordnet werden:

- sachlogische Reihenfolge,
- von alt zu neu,
- von einfach zu komplex,
- von unumstritten zu umstritten,
- chronologisch,
- vergleichend,
- einem Prozess folgend, z.B. einer empirischen Untersuchung oder einer Problemlösung,
- dialektisch,
- nach Wichtigkeit bzw. Aussagekraft, d.h. nach der Qualität der Beweise in Form von Theorien, Beispielen, Methoden, Vermutungen, gesundem Menschenverstand etc.

---

2  Kleist hatte diese Wendung zwar auf das Reden angewendet, doch gilt sie für das Schreiben genauso. Sie finden den achtseitigen Text in der Internet-Edition des Kleist-Archivs Sembdner unter: www.kleist.org/texte/UeberdieallmaehlicheVerfertigungderGedankenbeimRedenL.pdf.

Entscheiden Sie sich je nach Thema und Argumentation für eine entsprechende Ordnung. Im Sinne einer redlichen Auseinandersetzung mit dem Thema müssen Sie auf die Vorteile und Schwächen der eigenen wie der zitierten Argumentation hinweisen.

Diese Gliederung ist dann weiter zu differenzieren. Unklare Aspekte müssen durch Konsultation der Literatur oder Daten so lange bearbeitet werden, bis Ihnen Ihre Arbeits- und potentielle Textstruktur schlüssig erscheint bzw. ein Dritter, der Leser, sie nachvollziehen kann und naheliegender Weise auf keine andere schlüssigere käme. Dabei ist darauf zu achten, dass die einzelnen Gliederungspunkte sowohl eigenständig bestehen können als auch den betreffenden Themenaspekt umfassend ausführen (mutually exclusive and comprehensively exhaustive, „mece" heißt die dafür bekannte Anforderung an unser Denken) sowie der jeweils zur entsprechenden Gliederungsebene gehörenden Abstraktionsgrad getroffen wird. Folglich befinden sich auf einer Ebene der Gliederung hinsichtlich Abstraktionsgrad nur vergleichbare Aspekte bzw. Themen bzw. Sachverhalte. Oft hilft eine graphische Darstellung, wie ein Strukturbaum oder vernetzte Schlagwörter, um sich mit einem Thema zurechtzufinden und sich dort zu orientieren. Für die einzelnen Gliederungspunkte müssen Sie ein Nummerierungssystem – am besten das Dezimalsystem (3; 3.1; 3.1.1 etc.), das auch in diesem Text verwendet wird – als formale Gliederungsstruktur anwenden. Graphisch werden als Ergebnis der Strukturierung zwei Darstellungsweisen unterschieden: Wenn Überschriften bzw. Gliederungspunkte gleichen Ranges nicht durch Einrücken abgehoben werden, spricht man nach Lück vom **Linienprinzip**, da alles auf einer gedachten vertikalen Linie liegt:[3]

```
1
1.1
1.2
1.3
1.3.1
1.3.2
etc.
```

Beim **Abstufungsprinzip** werden die unterschiedlichen Gliederungspunkte ungleich behandelt, so werden die tieferrangigen Punkte derart eingerückt, dass sie mit ihresgleichen gleichauf stehen:

```
1
        1.1
        1.2
1.3
                1.3.1
                1.3.2
etc.
```

Gliedern Sie nur so tief, wie unbedingt notwendig. Mehr als fünf Stufen sind selten sinnvoll. Auch andere Gliederungen, z.B. mit römischen Ziffern und Buchstaben sind möglich, aber nicht unbedingt besser.

---

3   Siehe Wolfgang Lück, Technik des wissenschaftlichen Arbeitens. Seminararbeit, Diplomarbeit, Dissertation, 9. Aufl. (München: Oldenburg, 2003) 40-42.

**Textstruktur als Ergebnis**

Ergebnis des vorgängig geschilderten Prozesses ist eine Textstruktur, wobei auf der obersten Abstraktionsebene für Ihre schriftlichen Arbeiten an der Universität im Allgemeinen ein immer gleiches Schema gilt:

- Titel
- Abstract (wenn gefordert)
- Inhaltsverzeichnis
- Einleitung
- Hauptteil
- Schluss
- Verzeichnisse
- Anhang
- Erklärung

Je nach Textart und Disziplin werden noch zusätzliche Verzeichnisse oder andere Passagen notwendig. Auf ein Vorwort kann – außer bei längeren Arbeiten für Buchpublikationen – in der Regel verzichtet werden.

## 3.1.2 Nicht berichten, sondern überzeugen wollen

Nehmen Sie für jede Arbeit, die Sie im Studium schreiben (Referate, Seminar- und Abschlussarbeiten) an, Sie seien Forscherin oder Forscher. In dieser Welt der Wissenschaft ist eine schriftliche Arbeit ein Beitrag, mit dessen Standpunkt und Ergebnissen Sie persönlich verbunden werden. In diesem Diskurs werden Begriffe definiert, die Reichweite einzelner Methoden verglichen, Für und Wider unterschiedlicher Positionen besprochen sowie Stärken und Schwächen einzelner Argumente aufgedeckt. Sie wollen und sollen Ihre Ergebnisse, d.h. Ihren Standpunkt und dessen Begründung, mitteilen. Sie streben an, Ihre Leser von Ihren Annahmen und Interpretationen zu überzeugen und zu zeigen, warum andere im Irrtum sind oder nur teilweise Recht haben. Deshalb liefern Sie keine Zusammenfassung von bisher Geschriebenem, denn Sie wollen nicht unterrichten, sondern mit Ihrer eigenen Argumentation überzeugen und den Leser für Ihre Position einnehmen. Sie beabsichtigen, wirklich etwas mitzuteilen.

Selbst wenn das Schreiben nur eine Aufgabe im Studium ist, aufgrund derer Sie eigentlich „nur" der oder dem Dozenten Ihre Leistungsfähigkeit zeigen wollen, nehmen Sie diese Haltung als Forscher oder Forscherin ein und gehen entsprechend kritisch mit der vorhandenen Literatur um, suchen nach deren Lücken, Inkonsistenzen und Fehlern. Denn dann werden Sie nicht nur ein Stoffgebiet besser verstehen, intensiver lernen und Übung in der Strukturierung eines Themas erlangen, sondern automatisch ins Argumentieren kommen. Das wird Ihnen auch in jeder außeruniversitären Schreibsituation sehr helfen. Das Schreiben eröffnet den Weg in die Wissenschaft selbst und bestimmt darüber hinaus den dort eingenommenen Platz.

Der Austausch über unterschiedliche Standpunkte, Meinungen, Positionen und Ideen, für den Sie schreiben, stimuliert, fordert heraus und motiviert, zwingt aber auch dazu, eigene Ansätze zu verwerfen, die Daten neu zu analysieren, Passagen zu streichen oder dergleichen schmerzhafte Anpassungen der eigenen Ideen vorzunehmen. Die Leser überzeugen heißt, sich mit dem Geschriebenen auseinander zu setzen und die dargelegten Gedanken als eigenständigen Standpunkt auszuarbeiten.

### 3.1.3 Für die Leser schreiben

Folgen Sie Thomas Kuhns Skizzierung der Wissenschaft als Interaktionsprozess in einer Gemeinschaft von Forschenden. Wissenschaftliches Arbeiten besteht aus einem regen Austausch von Ideen und stellt damit eine intensive Kommunikationsform dar.[4] Das Schreiben ist „ein aktiver Vorgang des Sich-an-jemanden-Wendens: den Leser, das Du, den anderen",[5] so der Psychiater Hinderk M. Emrich. Verstehen Sie das wissenschaftliche Schreiben als Kommunikation mit Ihren Lesern und Leserinnen, d.h. schreiben Sie so einfach und verständlich wie möglich. Deshalb sollte man sich vor dem Schreiben die Voraussetzungen und die Leserschaft des eigenen Beitrags bewusst machen. Der Autor sollte sich deshalb folgende Fragen stellen, um sich an der Erwartungshaltung der Leser zu orientieren und einen Beitrag aufzubauen:

- Wer sind meine Leser?[6]
- Was weiß das Zielpublikum bereits? Von welchen intellektuellen Voraussetzungen und welcher Motivation kann man ausgehen?
- Wieso ist dieser Text für das Publikum interessant? Wieso sollte es ihn lesen?
- Wie stehe ich zu den Lesern organisatorisch, inhaltlich sowie hinsichtlich der verwendeten Methoden und wissenschaftstheoretischen Grundpositionen?
- Was will ich mit dem Text erreichen? In der Wissenschaft wollen wir in der Regel das Denken verändern. Es können aber auch informative Dokumente beabsichtigt sein oder es soll unterhalten oder für etwas geworben werden.
- Was müssen die Leser wissen? Was müssen sie nicht wissen? Wie stark muss ins Detail gegangen werden? Welche Information kann weggelassen werden, ohne den Sinn zu verzerren oder den Zusammenhang zu verfälschen?
- Was ist die Standardform für die Art von Text, die geschrieben werden soll? Gibt es Konventionen oder Standards, die eingehalten werden müssen? Gibt es Gründe dafür, von diesen abzuweichen?

## 3.2 Schreiben als Prozess

Die Arbeitshaltung haben wir gerade erfahren, die Struktur im Kleinen (Argument) und die im Großen (Text) folgen. Es lohnt sich, den Arbeitsprozess nochmals aus der Sicht des Schreibens anzusehen, denn Schreiben ist kein angeborenes Talent, sondern kann und muss durch langwierigen Arbeitseinsatz erlernt und verbessert werden. Obwohl es gleich dem Sprechen einen Akt der Kommunikation darstellt, ist es eine viel komplexere Handlung.[7] Das Schreiben ist zeitlich und räumlich von seiner Aufnahme, vom Lesen beziehungsweise vom Hören, entkoppelt. Die dadurch fehlende Interaktivität zwingt den Autor, die Perspektive des Lesers selber einzunehmen und seine Gedanken in allgemein verständlicher und ansprechender Art und Weise zu prä-

---

4  Anne S. Huff, *Writing for Scholary Publication* (Thousand Oaks, CA: Sage, 1999) 3.
5  Hinderk M. Emrich, „Schreib-Partikel und ihre allmähliche Verfertigung", *Lust und Last des wissenschaftlichen Schreibens*, Hrsg. Wolf-Dieter Narr und Joachim Stary (Frankfurt am Main: Suhrkamp, 1999) 54.
6  Marsen differenziert das Publikum nach folgenden Kriterien: technischer Hintergrund, Status, Einstellung, Demographie und Psychographie. Vgl. Sky Marsen, Pro*fessional Writing* (Houndmills etc.: Palgrave Macmillan, 2003) 3 ff.
7  Vgl. zu den folgenden Ausführung auch: Sky Marsen, *Professional Writing – the Complete Guide for Business Industry and IT* (Houndmills/New York: Palgrave Macmillan, 2003) 1 ff.

sentieren. Deshalb sollte sich der Schreibende intensiv mit seinen Gedanken auseinandersetzen, bevor er diese zu Papier bringt. Schreiben, selbst in Form des Dichtens, ist niemals ein vollkommen spontaner Akt, sondern ein iterativer Prozess des Formulierens, Verwerfens und Verbesserns. Den Schreibprozess kann man sich als eine Treppe vorstellen, wobei man Länge durch assoziativ-kreatives Arbeiten (Thema, Fragen, Thesen, Ideen für Beweise, Beispiele, Vergleiche, Bilder, Zitate etc.) und Höhe durch analytisch-kritisches Arbeiten (Strukturieren, Hinterfragen, Überarbeiten etc.) gewinnt.[8] Dazu werden in den drei folgenden Unterkapiteln Hinweise angeboten, was Entwurf, Reflexion und Stilverbesserung bedeuten.

In jedem Fall erfordert der Schreibprozess Ruhe und Konzentration. Deshalb sollten Sie an einem ruhigen Ort und an einem aufgeräumten Schreibtisch arbeiten. Ob Sie nun mit dem Personalcomputer oder auf Papier schreiben, ist eine Frage persönlicher Gewohnheit. Ein zweites Dokument oder das Journal liegt für alle Einfälle zum Thema und zu anderen Fragen bereit, sodass der Arbeitsfluss am eigentlichen Text nicht gestört wird.

## 3.2.1 Entwerfen und Verwerfen

Schon während Sie exzerpieren (siehe Kapitel zur Quellenauswertung), entstehen erste Bausteine eines Textes. Im Laufe der Quellenauswertung entwickeln sich immer mehr Gedanken für eine eigene Struktur und eigenständige Aussagen. Entsprechend erfahren wir Schreibende einen fließenden Übergang von der Quellenauswertung (Forschen) zur eigenen Darstellung (Schreiben). Die Arbeitsphasen gehen ineinander über. Idealerweise entstehen aus der Forschungsphase, d.h. der Auswertung bestehender Quellen und der Analyse eigener Daten, einzelne pointierte Thesen, gut belegte Begründungen, klare Zitate, logische Schlussfolgerungen und illustrative Beispiele, die Ausgangspunkte der eigenen Argumentation werden. Derartige Textstücke regen weitere Aspekte und Formulierungen an. Ihre Lektüre, Ordnung (z.B. in Skizzen) und Nutzung erleichtern den Schreibfluss. Wenn die bereits erarbeiteten Bausteine diesen noch nicht stimulieren können, so überlegen Sie: Aus welcher Perspektive will ich schreiben, als unbeteiligter Zuschauer oder als Teil des Geschehens? Verstehe ich meine Rolle als Fachexperte (meistens) oder als Beobachter oder als Mitarbeiter oder als Führungskraft oder? Wem ordne ich welche Aussagen zu, d.h. welche werden Teil meiner eigenen Argumentation (jeweils mit Quellenverweis, falls von Dritten direkt oder indirekt übernommen), welche kritische Stimmen von Dritten?

Das Wesentliche der Schreibphase ist, die entstehenden Ideen zu Papier zu bringen, ohne groß zu verbessern und an den Formulierungen zu feilen, auch wenn der bisherige Planungsprozess wieder in Frage gestellt bzw. wiederholt wird. Möglicherweise werden geplante Hauptthemen an den Rand gedrängt oder weggelassen oder man erkennt, dass eine zentrale Information für die Argumentation fehlt. Sobald dann der erste eigene Text steht, kann und muss nachgearbeitet werden.

Jetzt kennen einige kaum einen eigenen Schreibfluss aus der bisherigen Erfahrung oder hatten Mühe, in einen solchen zu kommen. Mangelnder Schreibfluss vermag indes behoben zu werden: (1) Schreiben Sie bewusst als Entwurf, als wollten Sie jemandem Ihr Problem schildern. (2) Wenn Sie im Text nicht weiterkommen, lesen Sie nur die allerletzten Sätze Ihres Textes, wenn nötig mehrfach und fragen sich, was folgen muss,

---

8 Daniel Perrin, *Schreiben ohne Reibungsverluste: Schreibcoaching für Profis*, 3. Auflage (Zürich: Werd, 2001) 11 beschreibt den Schreibprozess als Kreis.

worauf der Leser wartet, was zum Verständnis fehlt, welche Einwände es gibt etc. (3) Wenn noch genügend Zeit vorhanden ist, kann es beispielsweise hilfreich sein, mit dem Thema im Hinterkopf einmal Abstand vom Text zu nehmen und anderen Interessen nachzugehen. Über Nacht, nach einer anderen Lektüre, deckt man oftmals neue Perspektiven für die gestellten Fragen und findet Motivation für einen weiteren Entwurf. (4) Weitere Möglichkeiten sind, den eigenen Text oder eine Quelle für den Text einfach abzutippen oder komplexe Zusammenhänge aufzuzeichnen bzw. die bisherigen Textfragmente und Ideen neu zu ordnen oder zu Kategorien (Clustern) zusammenzuführen.[9] So gerät man oftmals in den Schreibfluss und kommt über fehlende Ideen hinweg.

Zum Entwerfen gehört auch das Verwerfen. In dieser Phase ist es wichtig, das bisher Geschriebene kritisch zu überdenken und zu hinterfragen. Bei längeren Arbeiten ist es daher sinnvoll, zwischen der Entwurfsphase und dem Überarbeiten etwas Zeit verstreichen zu lassen, sodass auch mental der nötige Abstand geschaffen wird. Es geht nicht nur darum, den Text sprachlich auszufeilen und von Rechtschreib- und Grammatikfehlern zu befreien; es ist vor allem nötig, die Struktur, die Kernaussagen und die Argumente nochmals zu überprüfen. Es hilft dabei, vom Großen zum Kleinen vorzugehen. Folgende Fragen unterstützen Sie, ein kritisches Licht auf den Text zu werfen:

- Ist das Thema des Textes klar formuliert? Bestehen Zweideutigkeiten oder widersprüchliche Interpretationen?

- Welche Fragen werden beantwortet? Welche nicht? Warum?

- Ist der Aufbau in dieser Art und Weise sinnvoll? Sind die Abschnitte richtig organisiert? Zieht sich ein roter Faden durch die Argumentation oder werden nur zahlreiche Aspekte an vielen unterschiedlichen Stellen kurz aufgegriffen? Stimmen die Bezüge von Wort zu Wort, von Satz zu Satz, von Abschnitt zu Abschnitt?

- Sind die verwendeten die einschlägigen und aktuellen Quellen? Habe ich genügend Quellen, um meine Argumentation abzustützen? Fehlen keine Quellen und Verweise?

- Ist der sprachliche Stil durchgängig und passend gewählt? Ist die Wortwahl mannigfaltig und treffend? Kann dasselbe nicht mit weniger Worten gesagt werden?

- Macht die visuelle Gestaltung einen professionellen Eindruck? Entspricht sie den Erwartungen der Leser? Wie müsste sie sein, damit diese übertroffen würden?

Wenn Sie beim eigenen aufmerksamen Lesen keine Verbesserungen mehr anbringen können, so versuchen Sie Folgendes: Formatieren Sie Ihren Text neu, indem Sie Schriftart, Spaltenbreite und Zeilenabstand verändern, drucken Sie ihn aus und lesen Sie ihn erneut. Durch die veränderte Erscheinung ist Ihr Auge offen für Fehler, die Sie bislang übersehen haben. Es kann hilfreich sein, sich den eigenen Text in dieser Phase von jemandem, der ihn nicht kennt, vorlesen zu lassen. So bekommt man einen Eindruck davon, wie er sich im Kopf eines Lesers anhören könnte. Erkannte Defizite stellen Anhaltspunkte für die Revision. Man kann den Vorleser anschließend auch bitten, das Gelesene kurz zusammenzufassen, um zu überprüfen, wie viel von der Argumentation hängen geblieben ist.

Sie durchlaufen nun so lange mehrfach die verschiedenen Arbeitsphasen vom Recherchieren zum Argumentieren, bis Sie von der Struktur und der Sprache, kurz der präzisen, logischen Aussage Ihres Textes überzeugt sind. Je höhere Ansprüche Sie für

---

9  Otto Kruse, Keine Angst vor dem leeren Blatt: Ohne Schreibblockaden durchs Studium (Frankfurt am Main: Campus, 1993) 23-26.

sich entwickelt haben und je mehr Sie sehen, desto häufiger werden Sie weitgehend unbewusst diesen Prozess durchlaufen, d.h. entwerfen und verwerfen. Entwerfen und Verwerfen ist folglich weniger ein Zeichen mangelnden Könnens als vielmehr Zeichen professionellen Arbeitens.

## 3.2.2 Reflexion des eigenen Schreibprozesses

Dies ist die Phase, die leider meistens vernachlässigt und ausgelassen wird. Das Nachbereiten hingegen muss bewusst geschehen. Es ist oftmals schwer, sich nach „Abschluss" oder Abgabe der Arbeit noch weiter damit zu beschäftigen, jedoch ist es der Mühe auf jeden Fall wert. Der Zeitaufwand für das Nachbereiten ist gering im Vergleich zum Nutzen für spätere Arbeiten. Hier sollte der gesamte Arbeitsprozess, von der Recherche über das Entwerfen bis hin zum Überarbeiten, nochmals überblickt und hinterfragt werden. Man kann sich beispielsweise folgende Fragen stellen:

- Welche Notizen, die während der Recherche gemacht wurden, habe ich letztlich verwendet?
- Hat sich die Ordnungsmethode bewährt?
- Habe ich zum richtigen Zeitpunkt mit den richtigen Personen gesprochen?
- Wie unterscheiden sich die verschiedenen Fassungen des Textes? Wofür habe ich am meisten Zeit aufgewendet? Was hat mir geholfen, einen wesentlichen Schritt weiterzukommen? Welche Arbeitstechniken helfen mir am besten weiter?
- Was werde ich beim nächsten Mal anders anpacken und wie meinen Arbeitsprozess verbessern?

Oftmals ist es auch möglich, sich vom Leser direkt ein Feedback zu holen und zu überprüfen, wie der Text angekommen ist. Schon ein kurzes Gespräch von fünf Minuten oder ein E-Mail von fünf Zeilen können eine nächste Arbeit erheblich verbessern.

## 3.2.3 Schreibstil verbessern

Um Ihren Schreibprozess zu verbessern, sollten Sie nicht nur entwerfen und verwerfen und über die eigene Arbeit nachdenken, sondern auch gezielt an Ihrem Stil arbeiten. Ihr Schreibstil ist der Ausdruck Ihrer intellektuellen Fähigkeit und Ihrer Persönlichkeit. In vielen Stilfragen kann daher auch nicht von richtigem oder falschem Stil gesprochen werden. Normalerweise entwickelt jeder Autor mit den Jahren einen eigenen Stil, bewusst oder unbewusst. Es ist wichtig zu erkennen, dass der Schreibstil keine Konstante darstellt. Jeder kann seinen Schreibstil verändern, anpassen oder ausfeilen. Das gelingt jedoch nicht über Nacht. Auch dies ist ein langwieriger iterativer Prozess, genauso wie die Erstellung eines Dokuments. Das folgende Kapitel gibt einige Tipps, wie man am eigenen Stil arbeiten kann, weil sich mit wenigen und wichtigen Regeln zu Sprache und Stil bereits große Fortschritte erzielen lassen.

### 3.2.3.1 Seinen Stil analysieren

Folgende Fragen können und sollen an den eigenen Text gestellt werden:

- Verwende ich eine bildhafte, griffige, aber stets eindeutige und korrekte Sprache?
- War es angebracht, in dem Text so viele nominale Wendungen (-ung, -heit, -keit) zu gebrauchen? Stimmen die eingesetzten Redewendungen? Treffen die angesproche-

nen Bilder und Vergleiche? Welche gewollten und allenfalls ungewollten (unpassenden) Konnotationen schwingen in meinen Aussagen mit?

- Habe ich die Fachterminologie richtig benutzt? Welche für mich neuen Wörter oder von mir geschaffenen Wörter (Neologismen) habe ich in diesem Text verwendet?
- Beschreiben die Adverbien die Verben und die Adjektive die Substantive?[10]
- Verwende ich transitive und intransitive Verben entsprechend, d.h. mit bzw. ohne Akkusativ sowie reflexive Verben immer und ausschließlich mit passendem Bezugspronomen?
- Wechsle ich den Satzbau und nutze dabei Relativsätze, Partizipien, parataktische und hypotaktische Wendungen? Setze ich an den passenden Stellen Aktiv- respektive Passivkonstruktionen ein?

Zur Inspiration und um seinen eigenen Stil besser analysieren zu können, helfen die Lektüre und Analyse anderer Texte. Gutes Schreiben kommt vom Lesen. Durch bewusste Lektüre entwickeln Sie einen Blick für die verschiedenen Qualitäten der Sprache, derer wir uns bedienen müssen, wenn wir uns verständlich und gut ausdrücken wollen.

### 3.2.3.2 Grammatikalisch korrekt schreiben

Eine korrekte Anwendung der Grammatik ist die notwendige Voraussetzung für eine wissenschaftliche Arbeit. Selbstverständlich können in diesem Rahmen die Regeln der deutschen Grammatik nicht einmal ansatzweise dargestellt werden. Es wird lediglich auf häufige Fehler und Probleme beispielhaft hingewiesen.[11]

#### Unklarer Bezug
Falsche Bezüge sorgen gelegentlich für Lacheffekte:

Das Kind stieß gegen die Flasche vor Frau Meyer, die auf den Boden fiel und gegen ein Stuhlbein rollte.

Wer ist jetzt gegen das Stuhlbein gerollt – die Flasche oder Frau Meyer? Das Relativpronomen „die" ist nicht eindeutig auf einen Gegenstand bzw. eine Person bezogen. Abgesehen davon eignet sich nicht jedes Wort als Relativpronomen: das neuerdings beliebte „wo" eignet sich im Deutschen nicht zur Einleitung eines Nebensatzes (also nicht: „Der Skiunfall, wo ich mir ein Bein brach.."; richtig in diesem Fall: „bei dem").

#### Tempusfehler
Plötzliche Wechsel der Zeitform im Text sind oft unbegründet. Die korrekte Form für einen wissenschaftlichen Text ist in der Regel das Präsens (Gegenwart), wenn nicht explizit auf die Vergangenheit Bezug genommen wird.

---

10 Beliebt, aber falsch ist, z.B. mit den Adverbien schrittweise, stufenweise, teilweise, zeitweise Substantive näher zu bezeichnen, wie schrittweiser Rückzug, stufenweise Ausarbeitung, zeitweiser Rückgang; Bastian Sick, *Der Dativ ist dem Genetiv sein Tod* (Köln: Kiepenheuer & Witsch, 2004) 110-113.

11 Noch mehr Details, Beispiele und Ratschläge finden Sie in Stilistiken und Schreibschulen. Im Rahmen dieses Kapitels wurde vor allem auf Wolf Schneider, *Deutsch für Profis. Wege zu gutem Stil* (München: Goldmann, 2001), Ivo Hajnal und Franco Item, *Schreiben und Redigieren – auf den Punkt gebracht* (Frauenfeld/Stuttgart/Wien: Huber, 2000) und Karl-Dieter Bünting, Axel Bitterlich und Ulrike Pospiech, *Schreiben im Studium: Ein Trainingsprogramm* (Berlin: Cornelsen Verlag Scriptor, 1996) zurückgegriffen.

## Wirrer Satzbau

Es gibt viele Möglichkeiten, einen Satz zu bauen, doch einige sind schlichtweg falsch. Ein Beispiel eines zu komplizierten und falschen Satzes:

Bei der Analyse der Daten ergab sich, wenn man den Einfluss der externen Konjunkturstörung herausrechnet und eine Datenglättung vornimmt, die eine deutlichere Aussage erlaubt, dieser Zusammenhang ist signifikant.

> „Bei der Analyse der Daten ergab sich, [...] dieser Zusammenhang ist signifikant"
>   ist kein korrekter Satz.
> Richtig wäre: ... erlaubt, ein signifikanter Zusammenhang.

Man bemerke hier ebenfalls den gravierenden und gern gemachten stilistischen Fehler, einen zweistelligen Einschub zu verwenden (Konjunkturstörung und Datenglättung) und an dessen zweiten Teil noch einen weiteren, einen Relativsatz, anzuhängen, der sich nur auf diesen zweiten Teil bezieht. Auf diesen Relativsatz folgt dann das Objekt, das sich weder auf den Relativsatz, noch auf den zweiten Teil des Einschubs, noch auf den ersten Teil, sondern auf den Anfang des Satzes, auf den Hauptsatz, bezieht. Dieser Zusammenhang ist zwar zu realisieren, aber unnötig schwer.

## Fehlende Deklination

Ein typischer Fehler aus der Umgangssprache: Substantive oder Adjektive werden nicht korrekt dem Fall angepasst. Beispiel:

> *Falsch:* Der Versuch, in dessen unvorhergesehenen Verlauf ...
> *Korrekt:* Der Versuch, in dessen unvorhergesehenem Verlauf ...

In der deutschen Grammatik stehen die Zusätze zu Substantiven im selben Fall wie diese.

> *Falsch:* An einem Tag wie jeder andere ...
> *Richtig:* An einem Tag wie jedem anderen ...
> *Falsch:* Nach Auskunft von Emil Meyer, des Präsidenten ...
> *Richtig:* Nach Auskunft von Emil Meyer, dem Präsidenten ...[12]

## Falscher Fall

„Der Dativ ist dem Genitiv sein Tod"[13] brachte es vor einigen Jahren innerhalb weniger Wochen zu einem Bestseller, was wir als Indiz für ein verbreitetes Streben nach treffender Sprache ansehen. Die richtige Verwendung von Genitiv und Dativ ist manchmal schwierig; in den meisten Zweifelsfällen hilft folgende Aufstellung[14]:

| Mit Genitiv | Mit Dativ |
|---|---|
| **angesichts** des großen Verkaufserfolgs | |
| **aufgrund** seines Fehlers | **aufgrund von** Zahlungsrückständen |
| **außerhalb** seines Kompetenzbereichs | |
| **dank** seines großen Einsatzes | |

---

12 Schneider 220.
13 Bastian Sick, *Der Dativ ist dem Genitiv sein Tod* (Köln: Kiepenheuer & Witsch, 2004)
14 Sick 15-18, 90-93.

| | |
|---|---|
| **einschließlich des** Rückgangs, seiner Klage (Nomen steht nicht allein, sondern mit Artikel, Pronomen) | **einschließlich** Kosten (Nomen folgt direkt) |
| | **entgegen** dem Protokoll |
| | **entsprechend** dem Protokoll |
| | **gemäß** dem Protokoll |
| **infolge** seines Einsatzes | **infolge von** Käufen |
| **innerhalb** des Büros | |
| **kraft** seines Engagements | |
| **laut dieses** Protokolls | **laut** Protokoll (Nomen folgt direkt) |
| **mittels** systematischen Vorgehens | |
| **namens** des Vorstands | **nahe** dem Untergrund |
| **seitens** der Mitarbeiter | |
| **statt** des Vorgesetzten | |
| **trotz des** Konjunktureinbruchs | |
| **trotz** Geldmangels | |
| **unweit** des Verkaufsstands | |
| **während** des Semesters | |
| **wegen großen** Rohstoffmangels | **wegen** Rohstoffmangel (Nomen folgt direkt) |
| **zufolge** seines Einsatzes (Präposition vorangehend) | seinem Einsatz **zufolge** (Präposition nachfolgend) |

Notwendig ist der Genitiv auch bei „im Juli dieses Jahres lernte ich …, aber im Juli jenes Jahres arbeitete ich …", erlaubt sind nur „im Juli nächsten Jahres …, im Juli letzten Jahres … und im Juli vergangenen Jahres …". Im Deutschen wird übrigens der Buchstabe „s" zur Kennzeichnung des Genitivs ohne Apostroph angeschlossen, auch wenn anderes häufig und teilweise zulässig ist. Ein Apostroph steht nur, wenn Eigennamen auf s, x oder z enden und deren Genitiv nicht durch einen Artikel kenntlich gemacht werden kann: Stoss' Gleichung, Marx' Theorie etc.

### Verwechselte Präpositionen
Nicht nur die Fälle, auch manche Präpositionen werden falsch verwendet. Sick (116-118, 197-200) erkennt, wie stark die Präposition „um" die häufig passenderen Präpositionen „über", „für" und „wegen" verdrängt. Folgende Verwendungen sind korrekt:

Abstimmung, Aufregung, Auseinandersetzung, Beratung, Debatte, Diskussion, Gerede, Gerücht, Gespräch, Lamento, Mutmaßungen, Nachdenken, Rätselraten, Spekulationen, Verhandlungen, Vermutungen, Verwirrung **über**.

Einen **Konflikt**, **Streit** oder **Zwist** kann ich **um** etwas haben, wenn es um den **Besitz** geht, z.B. von Geld, ich habe sie aber **über** etwas, wenn es um **Meinungen** dazu geht.

 Ähnlich wie „um" verdrängt auch „durch" treffendere Präpositionen, am liebsten das Wörtchen „von". „Durch" meint nur „mittels" bzw. „mit Hilfe von"; überprüft man die Verwendung von „durch" auf diese Weise, fallen die meisten unsinnigen und unzulässigen Verwendungen auf. Die Verwendung von „wie" und „als" bei Vergleichen folgt einer klaren Regel: gleiche Dinge werden mit „wie" verbunden, z.B. „gleich groß wie", ungleiche Dinge ausschließlich mit als, z.B. „größer als". „Wie" im Komparativ ist falsch.

## Falscher Konjunktiv

Indirekte Rede wird in den meisten Fällen durch den Konjunktiv I wiedergegeben. Der Konjunktiv I ist eine schwierige Form – die Abgrenzung zum Konjunktiv des Unwirklichen oder des Unmöglichen (Irrealis) fällt selbst vielen professionellen Schreibern schwer.

- *Falsch:* X behauptet, der Text hätte sich mit dem Zusammenhang zwischen Weltzinssatz und Inlandszins befasst.

- Der oben verwandte Konjunktiv II ist nur korrekt, wenn es sich um ein irreales Geschehen, zum Beispiel um eine offensichtliche Falschaussage des X, gehandelt hat. In der indirekten Rede sollte Konjunktiv I verwendet werden:

- *Richtig:* X behauptet, der Text befasse sich mit dem Zusammenhang zwischen Weltzinssatz und Inlandszins.

Die Grundregel nach Duden-Grammatik lautet: „Die indirekte Rede soll im Konjunktiv I stehen, sofern dessen Formen eindeutig sind."[15] Oft sind die Formen aber nicht eindeutig. In diesen Fällen muss auf Konjunktiv II zurückgegriffen werden.

*Falsch:* Ich sagte, ich habe ...
*Richtig:* Ich sagte, ich hätte ...

Eine Reihung vieler Konjunktive ist für den Leser oft ermüdend. Fühlt man sich also im Umgang mit dem Konjunktiv der indirekten Rede unsicher oder möchte unerwünschte Häufungen umgehen, so ist dies möglich,

- indem man den Satz mit *„Wie Meyer sagte"* oder *„Nach Meyers Worten"* beginnt; der Konjunktiv der indirekten Rede darf dann im gesamten Satz nicht verwendet werden![16]

- indem man z.B. einer Interviewaussage den Satz *voranstellt „Nach Darstellung des Befragten ist der Sachverhalt folgendermaßen zu erklären: ...".*

## Unpassende Anglizismen

Die englische Sprache beeinflusst auf vielfältige Weise, teilweise auch unbewusst, unser Denken und führt bei Unachtsamkeit zu schlechtem Stil. Übersetzungen müssen treffend erfolgen, auch wenn anderes nahe liegt, wie diese Beispiele zeigen (alle aus Sick): „Well, I think" ist treffend im Deutschen wiedergegeben mit „Ich glaube ..., ich meine ..., ich erachte ..., ich finde es richtig ...", aber nicht mit „Ich denke ..., ich würde sagen ...". Aus „I will call you back" wurden die zu vielen Rückrufe im Deutschen, denn korrekt muss es heißen, „Ich rufe Sie wieder an ...", denn ein Rückruf ist eine Aufforderung eines Unternehmens an seine Kunden, Ihre Ware, z.B. ein Auto, zur Überprüfung zur Verfügung zu stellen und einen allfälligen Mangel beheben zu lassen.

Im Deutschen kann auch nichts Sinn machen (make sense), sondern nur sinnvoll sein. „Eigentlich mag ich ihn nicht" ist korrekt im Gegensatz zu „ich mag ihn nicht wirklich". Im Deutschen „macht etwas keinen Unterschied", sondern ein Unterschied

---

15 *Duden. Das große Wörterbuch der deutschen Sprache*, 3. Aufl., Bd. 4 (Mannheim: Dudenverlag, 1999) 158.
16 Schneider 222.

besteht oder liegt in etwas oder eben nicht. Kritisch sind auch Verben, die nur in einer Sprache reflexiv oder transitiv sind, in der anderen aber nicht: „I do not remember" darf nicht wörtlich übertragen werden, denn erinnern wird im Deutschen reflexiv verwendet, d.h. „Ich kann mich daran nicht erinnern". Genauso muss „Ich treffe mich mit jemandem" immer reflexiv verwendet werden.

Sofern englische Wörter Eingang in die deutsche Sprache gefunden haben und keine passenden deutschen Begriffe zur Verfügung stehen, folgt ihre Verwendung den Regeln der deutschen Grammatik in Konjugation und Deklination. Ich habe also gemailt, geshoppt, gecancelt, gestylt, gescannt, gechattet, gesimst, etc. Sofern die deutsche Sprache zutreffende Ausdrücke bereithält, wirkt ein einheitliches Sprachbild angenehmer und authentischer.

Während im Englischen Zahlen zur Spezifizierung nachgestellt werden, z.B. World War II, stehen sie im Deutschen vorweg, d.h. im Zweiten Weltkrieg. Im Deutschen werden Daten, z.B. das Jahr 2006, ohne Präposition angeschlossen oder korrekt formuliert, „im Jahr 2006", aber nicht mit der Präposition „in" verwendet.

### 3.2.3.3 Angemessene Sprache einsetzen

Eine wissenschaftliche Arbeit muss in einer sachlichen, fein differenzierenden Sprache geschrieben werden. Zu vermeiden sind:

- Umgangssprache: das ist dumm gelaufen für die Frankfurter Bank …, dieser coole Ansatz …
- saloppe Formulierungen: Greenspan sollte besser locker bleiben …, bis zur Rezession war alles easy going …
- ungenaue Ausdrücke: Die Rezession war ganz schön kräftig …, bei der Umfrage kam kaum was raus …
- unsinnige Wortneuschöpfungen: falsche Übersetzungen aus dem Englischen, doppelte Pluralbildungen bei Wörtern lateinischen Ursprungs („Praktika" ist der Plural von „Praktikum", „alumni" derjenige von „alumnus"), Superlative von nicht steigerbaren Wörtern, z.B. optimal, einzig, unentschieden, deutlich, …
- Dialekt.

Zu verwenden sind vielmehr klar definierte Begriffe der Fachsprache, ohne sich in vermeintlich präzise Fremdwörter oder in englische Ausdrücke zu flüchten. Wie für den Schulaufsatz gilt für wissenschaftliche Arbeiten: Abwechslung im Ausdruck! Suchen Sie jeweils passende Synonyme. Dennoch birgt jedes Synonym das Risiko in sich, dass es nicht vollkommen trifft, sondern entweder eine andere Intensität ausdrückt (Wind – Sturm) oder sich auf einer anderen Stilebene bewegt (Gesicht – Antlitz).[17] In solchen Fällen ist auf ein Synonym besser zu verzichten. In vielen Fällen erweisen sich Synonyme als treffend. Ein Text wird um einiges abwechslungsreicher, wenn z.B. für das Wort „aber" die Synonyme „gleichwohl" oder „indes" verwendet werden.

Nicht Abwechslung, sondern Verwirrung oder der Eindruck unsorgfältigen Arbeitens entsteht jedoch, wenn einzelne Worte im Text verschieden geschrieben werden ohne Begründung, z.B. einmal eingedeutscht, ein anderes Mal in der Originalsprache, einmal mit, ein anderes Mal ohne Bindestrich. Im Übrigen kann man im Deutschen fast immer auf Bindestriche verzichten, man sollte es sogar.

---

17 Schneider 76.

In der Wissenschaft herrscht eine unpersönliche Schreibweise vor. Eher selten meldet sich der Autor direkt mit einem „der Autor", „ich" oder „wir" zu Wort. Üblich sind Formulierungen mit „man", die Verwendung des reflexiven „sich" oder die Verwendung des Passivs.

- Persönlich: Ich fand einen Zusammenhang zwischen X und Y.
- Mit „man": Man fand einen Zusammenhang zwischen X und Y.
- Passiv: Zwischen X und Y wurde ein Zusammenhang gefunden.

Wenn die subjektive Sicht oder eigenes Erleben betont werden soll, z.B. in der Einleitung, in Bewertungen oder im Schluss, so sollte dies einheitlich mit „ich" oder „wir" erfolgen. „Wir" wirkt auf manche Leser aufgeblasen im Sinne eines pluralis majestatis, auf andere bescheidener als „ich".

Wohl überlegt eingesetzt tragen Füllwörter wie „auch", „doch", „freilich", „andauernd", „bekanntlich", „eigentlich" etc. zur Qualität eines Textes bei. Werden Füllwörter aber unkontrolliert und überreichlich verwendet, erhöhen sie das Textverständnis nicht. Deshalb sollten beim Feilen an einem Text möglichst viele Füllwörter gestrichen werden.[18] Darüber hinaus kennzeichnen jeden Autor bestimmte sprachliche Fixierungen. Wenn eher selten gebrauchte Wörter, wie z.B. „generisch", „fokussieren" oder „unspektakulär", auffallend häufig im Text auftauchen, werden sie vom Leser als störend empfunden und verlieren ihre Aussagekraft.

Vergleiche und sprachliche Bilder können komplexe Sachverhalte verständlicher und die Sprache aussagekräftiger werden lassen. Allerdings sollte man sich in einer wissenschaftlichen Arbeit vor einer zu bildhaften, blumigen Sprache hüten:

*„Man sollte aufpassen, dass nicht der Zahn der Zeit, der schon so manche Träne getrocknet hat, während er im Trüben fischte, auch über diese Wunde Gras wachsen lassen wird."*[19]

*„,PC-Kurse liegen voll im Trend, das Angebot ist aber fast unüberschaubar. Lernwilligen fällt es oft schwer, die Bits von den Bytes zu trennen und das für sie optimale Schulungsprogramm zu finden.' – Die Spreu kann man vom Weizen trennen, die Hülse vom Kern, aber nicht die Bits von den Bytes! Ein Byte hat acht Bit, das eine ist Ganzes, das andere Teil, da gibt es nichts aufzudröseln."*[20]

Hier ein Beispiel für gelungene bildhafte Sprache in einem Text von Norbert Elias über den Soziologen Talcott Parsons:

*„Man kommt seiner Vorstellung am nächsten, wenn man sagt, dass er sich eine Gesellschaft wie ein Blatt Karten in der Hand eines bestimmten Spielers vorstellt: Jeder Gesellschaftstyp, so scheint es Parsons zu sehen, stellt eine verschiedene Mischung der Karten dar. Aber die Karten selbst sind immer die gleichen; und die Anzahl der Karten selbst ist klein, wie mannigfaltig auch die Kartenblätter sein mögen."*[21]

---

18 Schneider 131.
19 Bünting, Bitterlich und Pospiech 240.
20 Daniel Perrin, Schreiben ohne Reibungsverluste: Schreibcoaching für Profis (Zürich: Wird, 1999) 37.
21 Norbert Elias, Über den Prozess der Zivilisation. Soziogenetische und psychogenetische Untersuchungen – Erster Band: Wandlungen des Verhaltens in den westlichen Oberschichten des Abendlandes (Frankfurt/Main, 1981) XVI-XV, zitiert nach: Bünting, Bitterlich und Pospiech 242.

In der Wissenschaft, aber auch in der Politik oder im Journalismus, wird häufig mit vielen Nomen oder Gruppen von Substantiven formuliert. Wie die Dudenredaktion bemerkt, ist dabei „der Gebrauch schwerfälliger Bildungen wie Inanspruchnahme, Nichtbefolgung, Außerachtlassung, Zurverfügungstellung etc." besonders unschön.[22] Demnach sollte man, da der Nominalstil umständlich und kompliziert wirkt, auf eine Häufung von Substantivbildungen verzichten. Eine Satzkonstruktion, welche das Verb verwendet, wirkt dagegen lebendiger und ist besser zu verstehen.

Typische Beispiele für den Nominalstil:

Die Prüfungsanmeldung hat innerhalb von zwei Wochen unter Einhaltung und Berücksichtigung der Semestereinschreibung zu erfolgen.

> *Bekanntmachung des Ministeriums für Umwelt, Landwirtschaft und Forsten über die Erteilung der Genehmigung nach § 7 des Atomgesetzes zur Ertüchtigung von Behältern für den Lastfall Bemessungserdbeben des Kernkraftwerkes Biblis, Block A. Vom 26.02.2002 / Bundesrepublik Deutschland / Land Hessen*

### 3.2.3.4 Verständlich strukturieren

Wie für den Aufbau der Argumentation festgehalten, zeichnet sich guter Stil durch eine logische und angemessene Struktur aus. Die einzelnen Textteile stehen zueinander in Beziehung und folgen so aufeinander, dass man als Leser leicht folgen kann. Deshalb helfen weder zu kurze Abschnitte (ein Abschnitt besteht immer aus mehr als einem Satz, weil sonst gar kein Abschnitt nötig wäre) noch zu lange Textabschnitte, die verschiedene Themen oder Aspekte behandeln und deshalb nicht leicht erfasst werden können. Irrelevante Aspekte, Floskeln und Banalitäten entfallen immer.

Einerseits gilt: Kurze einfache Sätze sind besser zu verstehen als lange Sätze. Andererseits verlangt der Ausdruck von komplexen Gedanken auch einen aufwändigeren Satzbau. Eintönige Reihen von immer gleichen Satzstrukturen sind für die Leser anstrengend und ermüdend. Besonders häufig verwenden ungeübte Autoren Reihungen von einfachen Hauptsätzen (Parataxe). Zwei Hauptsätze hintereinander ohne Nebensätze klingen oft hart und ungelenk. Deshalb sollte der zweite Hauptsatz mit einem angehängten Nebensatz (Hypotaxe) für Abwechslung, Sprachfluss und Bewegung sorgen.[23] Allerdings werden unnötig lange Schachtelsätze (Hypotaxe) die Leserschaft kaum zufriedenstellen. Grundsätzlich gilt: So einfach wie möglich, aber nicht einfacher!

Hier die Auflösung eines umständlichen Schachtelsatzes:[24]

| **Original:** | **Verbesserung:** |
|---|---|
| *Wie der Fernsehsender NBC gestern unter Berufung auf eine am Samstag nach der Empfehlung zur Einleitung eines Amtsenthebungsverfahrens vorgenommene Untersuchung berichtete, waren 72% der Befragten mit der Amtsführung Clintons zufrieden.* | *Wie der Fernsehsender NBC gestern unter Berufung auf eine Umfrage berichtete, waren 72% der Befragten mit der Amtsführung Clintons zufrieden. Die Umfrage war am Samstag vorgenommen worden, nachdem der Senat die Empfehlung zur Einleitung eines Amtsenthebungsverfahrens ausgesprochen hatte.* |

---

22 http://www.duden.de/index2.html?service/newsletterarchiv/archiv/2003/030505.html
23 Schneider 123.
24 Hajnal und Item 68. Das Beispiel stammt aus der Berner Zeitung vom 21.12.1998

## 3.3    Aufbau eines Arguments

Das Mittel zur Überzeugung ist das Argument, mit dessen Hilfe der Zugang zum Leser gewonnen wird. Das lateinische *argumentum* meint Erhellung und Veranschaulichung.[25] Genau diese Funktion kommt dem wissenschaftlichen Argument zu. Die gesammelte Information wird nach einem sinnvollen Muster geordnet, das sich aus der Forschungsfrage und der Bemühung, diese zu beantworten, ableitet. Wie schon oben angedeutet, muss man die Leser „abholen", ihnen also immer zeigen, dass es sich für sie lohnt weiterzulesen, da man Ihnen Antworten gibt auf Probleme, die für sie von Interesse sind und potentielle Fragen antizipiert. Wie ein systematisch aufgebautes Argument schematisch aussieht, zeigt das nachfolgende Schaubild:[26]

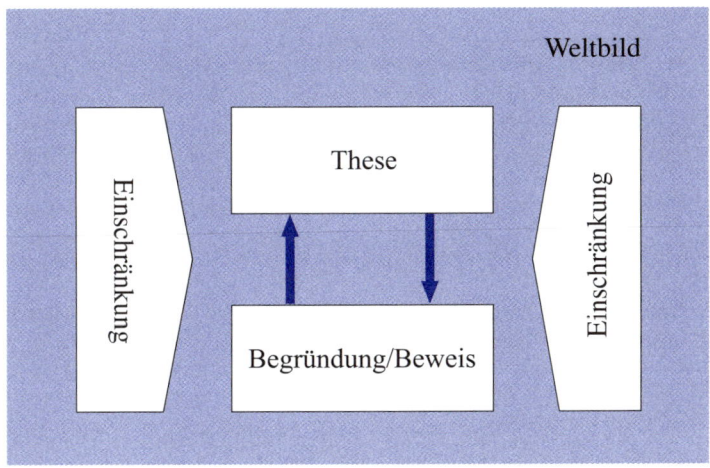

**Abbildung 3.1:** Struktur eines systematischen Arguments

Die schematische Struktur eines systematischen Arguments besteht aus der eigentlichen Aussage, hier These genannt. Diese wird durch Beweise (Daten, Referenzen etc.) oder Logik begründet, d.h. untermauert. Meistens sind Einschränkungen notwendig, wenn Aussagen nur unter bestimmten Voraussetzungen gelten oder Gegenargumente entkräftet werden müssen. Jede Argumentation gilt nur innerhalb eines gewissen Weltbilds, d.h. den Annahmen über das Wissenschaftsverständnis und über die Anwendbarkeit der angeführten Beweise für die Begründung der jeweiligen These. Das Weltbild belegt, warum die angeführten Beweise einschlägig sind. Im Prinzip besteht jedes Argument aus diesen vier Teilen, nur werden nicht immer alle gleich ausführlich dargestellt. Vieles, gerade aus dem Weltbild, kann als selbstverständlich vorausgesetzt werden.

---

25 *Duden. Das große Wörterbuch der deutschen Sprache,* 3. Aufl., Bd. 1 (Mannheim: Dudenverlag, 1999) 288, oder auch in Gerhard Köbler, *Etymologisches Rechtswörterbuch* (Tübingen: Mohr, 1995), elektronisch verfügbar über: http://www.koeblergerhard.de/der/DERA.pdf.

26 Das erste Argumentationsmodell dieser Art findet sich bei Stephen Toulmin, *The Uses of Argument* (Cambridge: Cambridge University Press, 1958).

### 3.3.1 These

Die These ist das Gegenstück zur Forschungsfrage; sie stellt eine Behauptung auf. Während die Forschungsfrage neutral auf eine Lücke im bestehenden Wissen oder ein spezielles Erkenntnisinteresse hindeutet, gibt die These eine Richtung vor, sie polarisiert. Die Behauptung kann sich grundsätzlich als richtig oder falsch erweisen. Vor allem bei induktiven Arbeiten ist es im Vorhinein oft schwierig, die These genau zu benennen, was dazu führt, dass Antwort und Frage parallel entwickelt werden. Dennoch sollten Sie Ihre These so präzise wie möglich niederschreiben und immer wieder der Weiterentwicklung Ihrer Gedanken anpassen. Versuchen Sie Ihre These immer wieder neu zu begründen und ihren Gültigkeitsbereich zu beschreiben. Fügen Sie dazu nach der Aussage immer einen Kausalsatz an, der ihr Legitimität gibt und die Begründung liefert.

Eine These muss substanziell sein, d.h. eine Frage oder einen Zusammenhang betreffen, der ausreichend komplex, problematisch, ungeklärt, offen, interessant ist, damit Ihre Aussage nicht als banal, selbstverständlich oder „trivial" aufgefasst wird. Eine These muss folglich herausfordern, angreifen, Zweifel hervorrufen, Unentdecktes aufdecken, Lösungen wagen, Zusammenhänge postulieren, also strittig sein. Dies sind sehr hohe Anforderungen für Studienanfänger. Machen Sie sich keine Sorgen, wenn Sie diese nicht von Beginn an erfüllen können. Ihren Dozierenden ist dies bewusst. Versuchen Sie dennoch immer, über die reine Zusammenfassung von vorhandenem Material hinauszukommen, eigene Fragen zu stellen, eine eigene Position zu entwickeln und Ihre These zu formulieren.

Die nähere Betrachtung fünf verschiedener Typen von Thesen nach Ramage und Bean kann Ihnen bei der eigenen Formulierung helfen:[27]

- definitorische Thesen,
- kausale Thesen,
- vergleichende Thesen,
- bewertende Thesen,
- vorschlagende oder auffordernde Thesen.

**Definitorische Thesen** werden verwendet, wenn unterschiedliche Positionen zu einem Thema vorliegen, die in der Definition eines Begriffes beziehungsweise in der Subsumtion eines Sachverhalts unter diesen Begriff begründet sind. Demgemäß beinhaltet eine definitorische These immer eine Definition sowie eine Zuordnung. Formal lässt sich dieser Zusammenhang durch folgenden Ausdruck erklären: X ist ein Y. Ausformuliert bedeutet dies: Der Begriff X fällt in die Kategorie Y. Als Beispiel kann man folgende Aussage anführen: Die Vergabe der Punkte (X) liegt im Ermessen des Dozierenden und ist Teil der Bewertungsleistung (Y). Hier gilt es zunächst zu klären, was dieses Ermessen ist. Es geht also um die Frage, wie man Ermessen umschreiben, mit Synonymen oder Beispielen näher bezeichnen kann, um sich dann auf eine für den Kontext gültige Definition festzulegen. Zum anderen muss geklärt werden, ob das Vergeben der Punkte bei einer Arbeit in den Ermessensspielraum fällt oder nicht. Ist dies der Fall, dann fällt die Punktevergabe (X) in die Bewertungsleistung (Kategorie Y).

Die **kausale These** setzt ein Ereignis oder einen Vorgang in unmittelbaren Bezug zu einer Konsequenz. Sie kommt überall dort vor, wo (ein) X (ein) Y (nicht) verursacht. Eine kausale These wird sehr häufig in Arbeiten verwendet, die Hypothesen testen.

---

27 John D. Ramage and John C. Bean, *Writing Arguments: A Rhetoric with Readings*, 4th ed. (Boston: Allyn and Bacon, 1998) 189-338.

Als beliebiges Beispiel betrachten wir die Darstellung der Strategieentwicklung als rationalen Entscheidungsprozess:[28]

Ziele → Mittel → Strategieinhalt → Performance

Die einzelnen Variablen sollen hier sequenziell-kausal voneinander abhängen. Verbal ausgeführt bedeutet das: Die Performance hängt von den Inhalten der Strategie ab, die sich ihrerseits aus den ausgewählten Mitteln ergeben, die Ausfluss der Ziele sind. Es wird unterstellt, die Ziele begründeten – synonym: sie seien ursächlich für – die Mittel, die Strategieinhalte und die sich daraus ergebende Performance. Problematisch ist diese Art von Thesen deswegen, weil sich Kausalität nicht beobachten lässt. Kausalität wird immer nur durch einen logischen Denkprozess erschlossen. Diese Logik gilt es dann zu hinterfragen, um sie gut begründen zu können.

**Vergleichende Thesen** funktionieren gewissermaßen wie die definitorischen. Sie erlauben die Bildung von Analogien, wobei Ereignis X und Ereignis Y nicht beide zur selben Kategorie Z gehören müssen. Der Vergleich ermöglicht es, verschiedene Perspektiven aufzuzeigen und verschiedene Kriterien zu beleuchten, ohne dass man beide Beobachtungsgegenstände gleich behandeln müsste. Man könnte etwa die Börsenbaisse von 2001 oder 2011 mit dem schwarzen Freitag von 1929 vergleichen, ohne jedoch beide Ereignisse hinsichtlich ihrer Intensität, Auswirkung auf Politik, Geschichte, Sozialgefüge etc. gleichzusetzen.

Eine **bewertende These** misst die Ausprägung eines Sachverhalts anhand eines Kriteriums. Die Aussage „Management by objectives ist ein effektiver Führungsstil" bewertet einen bestimmten Führungsstil mit einem Effektivitätsmaßstab. Eine derartige These ist nur von Interesse, wenn sie ein Erkenntnisinteresse befriedigt, d.h. Antworten auf offene Fragen gibt.

Die **präskriptive These** schlägt eine bestimmte Handlung, eine Veränderung, eine neue Problemlösung oder ähnliches vor. Das können eine Petition für eine autofreie Innenstadt, ein Vorschlag zur Verbesserung der Lernbedingungen in der Bibliothek oder Aussagen über ein bestimmtes Managementverhalten in Phasen des Wandels sein. Präskriptive Thesen treffen charakteristischerweise wertende oder normative Aussagen, die sich zahlreich in der Betriebswirtschaftslehre finden, jedoch jeweils besonders sorgfältig begründet werden müssen bzw. nicht mehr Gegenstand der Wissenschaft sind oder sein sollten.

## 3.3.2 Begründung/Beweis

Alle Thesen müssen nun durch Beweise begründet werden, um Glaubwürdigkeit zu gewinnen. Dem Beweis kommt innerhalb eines Arguments zentrale Bedeutung zu. Der Beweis ist die Grundlage für die Begründung Ihrer Aussage und damit die Überzeugung der Leser. Gute Begründung entspringt geradezu dem logisch strukturierten Beweis. Die Begründung veranlasst den Leser, der These Glauben zu schenken, während der Beweis als „objektives Faktum" anerkannt werden soll. So gesehen ist das Faktum eine **Wahrheitsbehauptung**, die durch Gründe, welche ihrerseits **Richtigkeitsbehauptun-**

---

28 Entnommen aus L.J. Bourgeois, III, „Performance and Consensus", *Strategic Management Journal* 1 (1980): 229.

**gen** sind, eingelöst bzw. in ihrem Geltungsanspruch aufrechterhalten wird.[29] Damit diese Verknüpfung gelingt, müssen die Beweise selbst von guter Qualität und einschlägig sein. Ferner dürfen sie natürlich nur nach Maßgabe der Weltsicht verwendet werden. Als Beweis können selbst oder von anderen gesammelte Primärquellen genutzt werden, jedoch auch geschriebene oder verbale Äußerungen, die von Dritten nachgeprüft werden können, wie Fallstudien, Interviewzitate, Versuchsbeschreibungen, Abbildungen oder Datentabellen. Auf jeden Fall sollte jedoch vermieden werden, dass durch die selektive Wahl von Beweismaterial gewisse (unangenehme) Aussagen unter den Tisch fallen oder subjektive Komponenten eine systematische Verzerrung (Forscherbias) zulassen. Deswegen muss der Beweis den wissenschaftlichen Kriterien der jeweiligen Disziplin entsprechen. Allgemeine Anforderungen an Beweise sind:[30]

- **Akkuratheit**: Der Beweis muss treffend sein und exakt nachvollzogen werden können. Deshalb zitieren Sie genau. Mit kleinen dummen Fehlern können Sie viel Respekt verlieren, auch wenn Ihre Arbeit inhaltlich erstklassig ist.

- **Präzision**: Der Beweis muss möglichst genau (quantifizierbar) die zu begründende Aussage belegen können. Vermeiden Sie ungenaue Formulierungen. Beispiel: „Aserbaidschan hat bereits eine ganze Menge Erdöl gefördert ...“

- **Ausreichende Beweiskraft**: Der Beweis muss eine so breite und tiefe Begründung liefern, dass Ihre These gestützt ist. Beweise nur für Nebenaspekte oder Einschränkungen taugen wenig. Die Quelle muss Ihre These sinnvoll unterstützen und genug Aussagekraft haben.

- **Repräsentativität**: Beweise müssen typisch sein, d.h. für die zu begründenden Fälle stehen. Deshalb fordern manche Forschungsdesigns eine sogenannte Zufallsauswahl, damit nicht gerade nur passende Fälle herangezogen werden.

- **Verlässlichkeit**: Ihre Beweise müssen sorgfältig und nachvollziehbar erarbeitet worden sein (so genannten wissenschaftlichen Standards genügen). Benutzen Sie keine Tertiärquellen oder Populärliteratur als Belege, achten Sie auf Aktualität und vermeiden Sie die ausschließliche Wiedergabe von nebensächlichen Stellungnahmen, die Sie nur zusätzlich zur herrschenden Meinung darstellen sollten. Begnügen Sie sich nicht mit nur einer Quelle, besonders dann nicht, wenn sie nicht zuverlässig wirkt. Besondere Vorsicht ist bei Internetquellen geboten.

- **Problembezogenheit**: Zeigen Sie den Bezug zwischen Ihren Beweisen oder Begründungen und Ihren Thesen auf. Daten müssen immer interpretiert werden, reine Datendarstellungen nutzen wenig, da dann die Leserin selbst suchen muss, welche Aussagen und welche Daten belegt werden sollen.

---

29 Wahr in dem hier verwendeten Sinne ist eine Aussage, wenn jeder normale Mensch die von ihr induzierten Erwartungen bestätigt findet oder dies zumindest könnte. Vgl. dazu ausführlicher Franz Austeda, *Lexikon der Philosophie*, 6. Aufl. (Wien: Hollinek, 1989) 387. Richtig ist im Gegensatz dazu eine Aussage, die *geltende Wirklichkeit* bezeichnet und somit immer eine subjektive Komponente beinhaltet, die sich allerdings an der vermeintlichen Wahrheit ausrichtet. Das Verhältnis von Wahrheit, Richtigkeit und auch Gerechtigkeit ist Inhalt einer äußerst reichhaltigen, jedoch auch komplexen Debatte innerhalb der Philosophie. Wer die Entwicklung und die semantischen Wendungen der Deutungsgeschichte nachvollziehen will, wird einige einschlägige Originalwerke studieren müssen, z.B.: Bruno Bauch, *Wahrheit, Wert und Wirklichkeit* (Leipzig: Meiner, 1923); Martin Heidegger, *Sein und Wahrheit* (Frankfurt am Main: Klostermann, 2001); Bernard Williams, *Wahrheit und Wahrhaftigkeit* (Frankfurt am Main: Suhrkamp, 2003).

30 Siehe Joseph A. Maxwell, *Qualitative Research Design. An Interactive Approach* (Thousand Oaks, CA: Sage, 1996) 86-98, oder Winfried Stier, *Empirische Forschungsmethoden*, 2. Aufl. (Berlin: Springer, 1999) 51-62.

Die hier angeführten Anforderungen sind summarisch, nur selten zu erreichen und gelten somit als Maßstab, an dem man die Qualität eines Beweises messen sollte. Insbesondere die Repräsentativität und die Verlässlichkeit sind begrifflich stark an das naturwissenschaftliche Forschungsverständnis gekoppelt. In den Sozialwissenschaften gilt es durch gründliches Belegen, genaue Beschreibung und Transparenz dem Leser eine überzeugende Entscheidungsgrundlage zu bieten, damit er oder sie der Schlussfolgerung folgen kann.

### 3.3.3 Einschränkungen

Jede Forschungsfrage und damit auch jede These beschäftigt sich mit einem sehr begrenzten Ausschnitt der Realität. Dadurch werden zwangsläufig viele Aspekte ausgeblendet oder nicht behandelt. Die Redlichkeit des Wissenschaftlers fordert, die mit dem Thema verwandten, nicht beantworteten Fragestellungen kenntlich zu machen und die Logik hinter der Auswahl offen zu legen. Wissenschaftliche Aussagen können keine universelle Gültigkeit beanspruchen, auch wenn dies angestrebt wird (Ziel der nomologischen Gesetze im Rahmen positivistischer Forschung, d.h. von Raum und Zeit unabhängige Aussagen). Deshalb müssen Einschränkungen der Gültigkeit der Aussagen angegeben werden.

Über die notwendige Einschränkung des Themas und der Gültigkeit der Aussagen hinaus gilt es auch, Auslassungen und potenzielle Schwächen der Argumentation transparent zu kommunizieren. Dies erhöht die Glaubwürdigkeit der zentral behandelten These. Die Leser werden diese Sorgfalt mit Vertrauen quittieren. Damit gewinnt man auch den Respekt der kritischen Leserschaft, denn sie erkennt die Fähigkeit der Autorin zur Differenzierung und zum kritischen Umgang mit ihren eigenen Thesen. Bewährte Vorgehensweisen, um diesen Kredit zu erhalten, sind die folgenden:[31]

- Behandeln Sie alternative Ansätze für die Forschungsfrage und begründen Sie den von Ihnen eingeschlagenen Weg. Das systematische Hinterfragen eröffnet die Kommunikation mit dem Leser, indem man dessen Fragen vorwegzunehmen versucht. Dabei sollte man sowohl die Güte der These, des Weltbilds und der Beweismaterialien zur Sprache bringen als auch auf eventuell noch vorhandene, nicht ausgewertete relevante Quellen hindeuten.

- Wehren Sie falsche Einwände aus bekannter Literatur oder antizipierte Einwände der Leser argumentativ ab.

- Konzedieren Sie richtige Einwände, ordnen Sie diese ein und schwächen Sie die Einwände gegebenenfalls ab.

- Nennen Sie die Bedingungen, unter denen Ihre Thesen gelten. Definieren Sie Anwendungsbereich und Grenzen Ihrer Forschung.

- Geben Sie an, mit welcher Sicherheit Sie Ihre Aussagen treffen können. Seien Sie ehrlich, wenn Unsicherheiten bestehen, und adressieren Sie diese. Vielleicht können andere Forscher die Lücke schließen.

Abgerundet wird eine derartige Passage der kritischen Distanz zur eigenen Arbeit durch das Anführen von Gegenbeispielen oder das Prüfen anderer Definitionen, zusammenfassend gesagt: Zeigen Sie in Ihrer Arbeit Ihre Kompetenz zu einer (selbst-)kritischen

---

31 Vgl. Matthew B. Miles and A. Michael Huberman, *Qualitative Data Analysis: An Expanded Sourcebook*, 2nd ed. (Thousand Oaks, CA: Sage, 1994) 25, sowie Wayne C. Booth, Gregory G. Colomb and Joseph M. Williams, *The Craft of Research*, 2nd ed. (Chicago: Chicago University Press, 2003) 151-159.

Diskussion. Beachten Sie bei Ihrer ganzen Gedankenführung, dass Sie differenziert argumentieren. Stellen Sie sich vor, mit der Leserschaft sozusagen einen Dialog zu führen, in welchem Sie Ihre Position schrittweise formulieren und begründen, während die Leser Ihnen fortlaufend kritische Fragen stellen.

### 3.3.4   Weltbild

#### Verständnis des Weltbilds

Fundament und gleichsam Sinn gebender Rahmen eines wissenschaftlichen Arguments ist, wie auch in der Graphik ersichtlich wird, das Weltbild. Synonym kann man von der Weltsicht oder von zugrundeliegenden Annahmen sprechen. Unter dem Weltbild verstehen wir – ganz einfach ausgedrückt – die jeweils bewussten und unbewussten Hinterkopftheorien des Autors. Jeder Mensch besitzt eine Vorstellung, warum die Dinge so sind und ablaufen, wie sie von ihm wahrgenommen werden. Jeder Mensch richtet sich ein, erklärt und deutet für sich zum besseren eigenen Verständnis die ihn umgebende Umwelt. Aufgrund dieser Vorstellungswelt, dem eigenen Weltbild, erscheinen einige Zusammenhänge logisch und naheliegend, andere unpassend und unlogisch. Das eigene Weltbild kann man als eine in sich geschlossene, umfassende Vorstellung vom Aufbau der erfahr- und beobachtbaren Wirklichkeit verstehen, die nur im Kopf besteht und beim Argumentieren mitgeteilt werden muss, sofern die Leser nicht sowieso ein ähnliches Weltbild besitzen. Das Weltbild ist kein eindeutiger Begriff und daher auch ein nicht gerade leicht zu erklärender Bestandteil des wissenschaftlichen Argumentationsaufbaus. Wir versuchen an dieser Stelle darzulegen, welche Funktion und Bedeutung diese Weltsicht für den Wissenschaftler hat. Der Rückgriff auf das griechische „idea" verdeutlicht den gesamten Bedeutungsumfang, in dem wir das Weltbild erfassen. So vielschichtige Begriffe wie Ansehen, Aussehen, Äußeres, Gestalt, Beschaffenheit, Art und Weise, Meinung, Vorstellung, Urbild, Idee fallen in das Bedeutungsspektrum. Unter der Weltsicht eines Menschen versteht man auch im populären Sinne seine allgemeine, grundsätzliche geistige Einstellung, eine Sicht der Dinge sozusagen. Für das wissenschaftliche Arbeiten will „Weltsicht" im Wesentlichen eine die Arbeit umgebende Geistes- bzw. Gedankenwelt bezeichnen. Genauer wird diese in der Wissenschaftstheorie untersucht.

#### Brücke vom Autor zum Leser

Wenn man nun andere Leser und Zuhörer von seiner eigenen Sicht eines Sachverhalts überzeugen will, muss man erklären, warum die eigene Sichtweise erlaubt und zutreffend ist. Man muss den Rezipienten die Chance geben, nachzuvollziehen, warum die angeführten Beweise zur These passen und verwendet werden dürfen. Es ist unerlässlich, sein Argument möglichst so zu präsentieren, dass alle Aussagen, Annahmen und Voraussetzungen klar sind, damit substantielle Kritik möglich wird. Würden Sie nämlich die Verbindung von These und Beweis im Dunkeln lassen, d.h. Ihr Weltbild nicht darstellen, wäre Ihr Argument nur überzeugend, wenn Ihr Leser dasselbe Weltbild besitzt – wovon nicht ausgegangen werden kann – oder Ihren Belegen einfach Glauben schenken würde. Das ist aber nicht in Ihrem Sinn, denn Sie wollen nach- und stichhaltig überzeugen und nicht nur den Leser zum Glauben anregen. Als Autor muss man aus diesem Grunde über das Verständnis grundsätzlicher Axiome informieren und sich innerhalb der bestehenden Forschungslandschaft verorten. Aber da der Umfang einer Arbeit begrenzt ist, kann nicht jeder Aufsatz die dazugehörige Wissenschaftstheorie mit sich führen. Im Übrigen ist es für das Denken kennzeichnend, dass sich außerhalb der Philosophie niemals alle Voraussetzungen thematisieren lassen. So ist es etwa vonnöten, die Weltsicht der Leserschaft einschätzen zu können, um lediglich das Abweichende des eigenen Weltbildes schildern zu müssen. Eine wissenschaftliche Diskussion wird gerade dann mit großer Effizienz geführt, wenn man zu weiten Teilen von gleichen zugrunde liegenden Annahmen ausgehen kann und sich wirklich auf das jeweils gewählte Thema konzentriert. Muss man dem Leser erst eine andere Weltsicht näher bringen, verliert man sich unter Umständen in Grundsatzdiskussionen. Schreibt man für Leser, deren Weltsicht mit der eigenen weitgehend übereinstimmt, braucht man gewisse Dinge nicht mehr auszuformulieren, da von einem (scheinbaren) Konsens ausgegangen werden kann und weitere Ausführungen überflüssig wären.

In der Graphik erkennt man, dass die These selbst und der sie stützende Beweis in die Weltsicht eingebettet sind. Die Einschränkungen finden auch nicht außerhalb der Weltsicht statt, sondern „darin liegend", wie es durch die Richtung der Pfeile angezeigt wird, die den Vorgang des Einwirkens darstellen. Nehmen Sie beispielsweise an, Sie hätten einen Beitrag zum Organisationsverhalten (Organizational Behavior) zu schreiben. Hier können Sie auf eine vertiefte Behandlung des Konstruktivismus und der subjektiven Konstruktion der Wirklichkeit verzichten, da Sie davon ausgehen dürften, dass die Leser, die nach einem solchen Beitrag greifen, die grundsätzlichen Annahmen des Konstruktivismus, der Organisationspsychologie und der Soziologie kennen.

### Brücke vom Beweis zur These

Die Weltsicht ist aber nicht nur zwischen Lesendem und Schreibendem, sondern auch zwischen den einzelnen Bestandteilen des Arguments selbst das verknüpfende Element. Die Beziehung zwischen These und Beweis wird durch die Weltsicht bestimmt und muss belastbar sein, sodass die Leser der Argumentation folgen. Sie fungiert als generell-abstrakte Maxime, die aufzeigt, warum ein Beweis als Begründung einer These verwendet werden darf (einschlägig ist) und wie dieser zur Begründung der These beiträgt. Innerhalb des Weltbilds lässt sich für bestimmte Zusammenhänge bei Vorliegen eines Vorgangs oder eine Beobachtung mit relativer Sicherheit eine Konsequenz oder ein Verhalten voraussagen. Dies kann die Form annehmen: „Immer wenn eine Evidenz wie B vorhanden ist, gilt die Aussage T." Als Beispiel fungiert der Befund, die Daten der schweizerischen Arbeitskräfteerhebung (SAKE) des Bundesamts für Statistik zeigten einen Anstieg der Jugendarbeitslosigkeit über die letzten zehn Jahre an. Mit dieser Beobachtung kann ich, sofern ich den Prämissen der Erhebung und der Konstanz der übrigen Faktoren (ceteris paribus) zustimme, meine These unterstützen, dass die beständige Abnahme der Lehrstellenangebote eine Ursache dafür ist.[32]

Als derartige Brücke zwischen eigener These und herangezogenen Beweisen können etwa anerkannte Forscher bzw. deren Arbeiten herangezogen werden. Typische Formulierungen lauten z.B. „Auch A erklärt, warum die Entwicklung der Verkaufszahlen als Indikator für C verwendet werden könnte ..." oder „Wenn man die bekannte Logik D überträgt, wird klar, warum diese M Zahlen belegen können, dass ...". Voraussetzung ist natürlich, dass der Autor A oder die Logik D überhaupt zutreffend, glaub-

---

32 Der hier beabsichtigte Bezug auf das Weltbild verbindet die Ebene der Phänomene mit der Letztbegründung. Er überspringt den breiten Teil dazwischen, in dem nicht die letzten, aber die unmittelbar wirksamen Rahmenbedingungen des Argumentierens und Denkens liegen. Doch nach unserem Verständnis sind die beiden Ebenen nicht zu trennen und bedingen sich immer gegenseitig. Die wissenschaftsinterne Anlage der Untersuchung, also beispielsweise Fragen des Samples und der Datenerhebung, ist mit eingeschränkter sozialwissenschaftlicher Rationalität verbunden und somit in diesem Falle dem Alltagsverstand sehr naheliegend. Die besagte Anlage ist immer in das Weltbild eingebettet und kann ohne dieses nicht existieren.

würdig, übertragbar und für den eigenen Fall angemessen sind. Andere Brücken können durch geteilte Werte wie Freiheit, Sicherheit, Wohlstand, Gleichverteilung oder Gerechtigkeit gebaut werden, wobei diese mindestens so umstritten sein können wie einzelne Forscher. Notfalls wird das Argument dann aus dem Gegenteil konstruiert: „Wenn man nicht T annehmen würde (T = Annahme des Autors), würde auch K nicht funktionieren und L infrage gestellt sein, also müssen wir von T ausgehen dürfen ...“. Idealerweise sind die eigenen Annahmen, die Brücke, für Dritte leicht einsichtig, naheliegend, nachvollziehbar und allgemein genug, um die eigene Argumentation zu überwölben, aber noch so konkret, dass sie die eigene Gedankenführung zwingend logisch und einsichtig machen.

Zu Beginn der Entwicklung zur Forscherin oder zum Forscher ist es die Aufgabe jedes Studierenden, Weltsichten erkennen und unterscheiden zu können. Je tiefer man ein Argument analysiert, desto komplexer wird die Beziehung zwischen den Teilen untereinander, da die Einschränkungen und hervorgebrachten Beweise wiederum der Rechtfertigung und Begründung bedürfen und ihrerseits schon eine Behauptung aufstellen. Schon in der Graphik erkennt man: Ohne die Weltsicht ist ein Argument, sei es noch so gut begründet und begrenzt, haltlos – es fehlt bildlich gesprochen der Rahmen, in dem das Argument präsentiert wird.

## 3.4   Aufbau einer wissenschaftlichen Arbeit

Kommen wir nun vom einzelnen Baustein des Textes, dem Argument, zur gesamten Struktur und wie man diese erarbeitet. Ein großer Teil der analytischen Leistung des Schreibenden besteht in der Erfassung, Gewichtung, Ordnung und Aufbereitung des Stoffs. Entsprechend spiegelt die Struktur des Textes bereits seine gedankliche Durchdringung und Verarbeitung.

### 3.4.1   Titel

Wählen Sie für die Arbeit als Ganzes wie für einzelne Abschnitte und Schaubilder sprechende Titel, d.h. solche, die eine Frage oder Antwort beinhalten, welche anzuregen oder zu provozieren vermag. Bei Präsentationen spricht man von „action title“ für jede Folie. Jeder Titel sollte aber nicht mehr versprechen, als im Anschluss behandelt werden kann.

Sofern nur das Thema, nicht aber der Titel für eine Arbeit bereits vorgegeben ist, können und müssen Sie selbst einen Titel durch Eingrenzung des Themas finden. Beispiel:

Thema: Konflikt in Organisationen

Titel (mit erster Eingrenzung): Machen Konflikte kleine, dynamische Organisationen effektiver in der Entscheidungsfindung?

### 3.4.2   Abstract

Der Abstract hat sich im deutschsprachigen Raum noch nicht überall durchgesetzt, er ist gleichwohl eine wichtige und sinnvolle Komponente einer wissenschaftlichen Arbeit. Der Abstract informiert den Leser gleich zu Beginn über den wichtigsten Inhalt des Textes. Darin erkennt man, was der Autor als den wesentlichen Beitrag des Textes erachtet, und ob es sich bei einem bestimmten Leseinteresse lohnt, die gesamte Arbeit zu lesen. Typische Inhalte des Abstracts sind:[33]

- die Schlüsselthemen,
- das Forschungsproblem oder die Forschungsfrage,
- die Forschungssituation bzw. der Kontext mit Bezug auf die Anschlussfähigkeit,
- die Kernthese oder zumindest die Ausgangsfrage,
- das verwendete Forschungsdesign sowie die daraus hervorgehende Forschungsmethode,
- das Ergebnis der Arbeit sowie
- Konsequenzen daraus.

Für die Länge eines Abstracts gilt als Richtwert der Umfang von drei Sätzen oder fünf bis maximal sieben Zeilen. Abweichungen sind in begründeten Einzelfällen möglich. Der Abstract steht vor dem eigentlichen Text und ist nicht Teil dessen.

---

## Beispiel für einen Abstract (entnommen aus einer studentischen Seminararbeit):

*Das Selbststudium ist eine Besonderheit der Universität St.Gallen (HSG) seit der Neukonzeption der Lehre im Jahre 2001, wobei die konkreten Ziele und die Definition eines „erfolgreichen" Selbststudiums das Thema dieser Arbeit darstellen. Besonders berücksichtigt wird hierbei die Motivation als ausschlaggebender Faktor im Sinne der Vorbereitung auf lebenslanges Lernen. Sowohl theoretisch als auch empirisch werden die verschiedenen Motivationsaspekte untersucht und bilden die Grundlage für die Feststellung, dass das Selbststudium der HSG eine sehr gute Einführung in das lebenslange Lernen darstellt.*

---

### 3.4.3 Inhaltsverzeichnis

Das Inhaltsverzeichnis stellt die Strukturen des Textes übersichtlich dar und ermöglicht damit einen schnellen Zugang zu den einzelnen Teilen des Textes. Es enthält immer die jeweiligen Seitenzahlen. Häufig sieht man eine Grobgliederung (erste und zweite Ebene) zur Orientierung einer Feingliederung (sämtliche Gliederungsstufen) vorangestellt. (Hinweis: Viele Textverarbeitungsprogramme können Inhaltsverzeichnisse automatisch erstellen, wenn man den Text beim Schreiben mit Formatvorlagen gliedert.)

---

33 Viele wissenschaftliche Zeitschriften stellen Abstracts an den Anfang ihrer Artikel oder geben diese für (Online) Bibliografien frei, da sie durch ihre kompakte und fokussierte Schreibweise das Navigieren innerhalb des weiten Spektrums der Fachgebiete ungemein erleichtern. So befindet sich beispielsweise auf der ersten Seite jeden Artikels des Journals der American Medical Association (http://jama.ama-assn.org) ein gut strukturierter Kasten, der in etwa zwei Sätzen Auskunft gibt zu zentralen Stichworten wie „Context", „Objective", „Design", „Setting and Participants", „Interventions", „Main Outcome Measures" oder „Results and Conclusions".

### 3.4.4 Einleitung

Die Einleitung soll das Interesse des Zuhörers bzw. des Lesers für das Kommende wecken und ihm eine Orientierung über Ziele und Inhalte geben. Dazu muss sie das Publikum abholen, das heißt es auf einer begreiflichen und interessanten Ebene ansprechen. Sie sollte zum eigentlichen Thema hinführen, ohne die wesentlichen Erkenntnisse vorwegzunehmen, die zentrale Fragestellung aufzeigen und die Gliederung sowie den Verlauf der Argumentation skizzieren. Sie muss die Relevanz des Themas herausstellen, um Legitimation und Akzeptanz für die kommenden Ausführungen zu erreichen. Eine Einleitung erfüllt folglich mehrere Funktionen: Interesse wecken, Ziele klären, Relevanz begründen, in Zusammenhänge einordnen, Vorgehen vorstellen. Die Klärung zentraler Begriffe kann noch Teil der Einleitung sein, ist häufig aber im Hauptteil ebenso gut untergebracht.

Für den Einstieg sind je nach Situation (schriftliche oder mündliche Arbeit, wissenschaftliche oder journalistische Arbeit, Fach, Publikum oder Leserschaft, Anlass etc.) angemessen:

- persönliche Aufhänger (z.B.: „Gestern sprach ich mit meinem Kollegen ...", „Als ich letzten Dienstag ...", „Diese Frage hat mich schon vor 10 Jahren beschäftigt ..."),
- aktueller Bezug (z.B.: „Diese Frage spielt überall eine Rolle", „Haben Sie gestern in der NZZ gelesen?"),
- historischer Bezug (Chronik, z.B.: „Die Frage ist seit 1973 ein Thema, aber zu lange vernachlässigt ..."),
- Zitate klassischer Werke
- Provokation (Widersprüchliche Aussage, Traum, irrsinnige Meinung, Protest, ungeheuerliche These, Rätsel, ironische Geschichte, Allegorie),
- Ankündigung (z.B. von etwas Neuem, Interessantem, Wichtigem),
- Betonung des Nutzens (z.B.: „Durch diesen Beitrag werden Sie nicht nur mehr über X wissen, sondern dies auch anwenden können."),
- Erzählen einer Geschichte (z.B. Ausgangssituation, Transfer auf konkrete Situation, Lösungsalternativen),
- Herausstellen einer konkreten Empfehlung am Anfang,
- Teilhabe am eigenen Erkenntnisprozess.

Bedenken Sie die Wirkung des ersten Satzes, von dem – wie in einer literarischen – auch in einer wissenschaftlichen Arbeit große Wirkung ausgeht.[34] Ein solcher Beginn fängt die Aufmerksamkeit der Leser oder Zuhörer ein und macht sie neugierig, er kann sie aber auch verwirren, wenn er unangemessen gewählt ist.

---

34 Beispiele sind das „Gespenst" in Marx und Engels Manifest der Kommunistischen Partei oder der folgende Anfang aus der Göttlichen Komödie:
*„Dem Höhepunkt des Lebens war ich nah,*
*da mich ein dunkler Wald umfing und ich, verirrt,*
*den rechten Weg nicht wieder fand."*
Erster Satz des ersten Gesangs der Göttlichen Komödie nach: Dante Alighieri, *Die Göttliche Komödie*, Übers. Karl Vossler, 3. Aufl. (München: Piper, 2002), im Original:
*"In mezzo del camin di nostra vita,*
*mi ritrovai per una selva oscura,*
*che la diritta via era smarrita."*

Den Erwartungen können Sie vielfach gerecht werden, wenn Sie dann die Ziele nennen, eine pointierte Übersicht verschiedener Standpunkte geben und Ihre These vorstellen. Im Fokus der Arbeit steht Ihre Forschungsfrage; sie muss klar und verständlich formuliert und inhaltlich begründet sein. Das kann unter Hinweis auf eine bestehende Lücke, eine neu gewählte Perspektive oder Kategorisierung respektive eine praktische Fragestellung geschehen. Abgerundet wird eine Einleitung durch einen kurzen Überblick über den grundsätzlichen Aufbau der Arbeit bzw. die Agenda der Präsentation. Gegebenenfalls wird noch die Stellung der eigenen Arbeit im größeren (Forschungs-) Zusammenhang erläutert. Bei Präsentationen umfasst die Einleitung außerdem eine Begrüßung, Vorstellung, Dank an die Organisatoren bzw. an die Technik sowie die Regeln für die Interaktion mit dem Auditorium.

Die Einleitung sollte zwischen fünf und zehn Prozent des zur Verfügung stehenden Platzes einnehmen. Eine gute Einleitung kann meistens erst dann ausformuliert werden, wenn der Hauptteil bereits in den Grundzügen steht. Nur so ist gewährleistet, dass man genau weiß, was man eigentlich einleiten möchte. Es macht also Sinn, die Einleitung zunächst nur zu konzipieren und erst nach dem Hauptteil zu schreiben.

## Beispiel einer Einleitung aus einer studentischen Seminararbeit

*Eine essentielle Grundlage der Sozialwissenschaften ist das Menschenbild. Die Volkswirtschaftslehre ihrerseits ging lange Zeit von dem Paradigma des klassischen homo oeconomicus aus.(1) Jener Verhaltenstyp ist durch ein rein rationales und eigennütziges Handeln definiert und verfolgt primär das Ziel, seinen Eigennutzen ständig zu steigern.(2) Diese Idee der Eigennutzenmaximierung bringt dem vorliegenden Menschenbild häufig den Vorwurf des grenzenlosen Egoismus ein. Nicht nur aufgrund dessen ist das Prinzip ab ovo „Gegenstand intensiver Auseinandersetzungen um den Gehalt der getroffenen Annahmen, um deren methodologischen Status und um die Wirkungen der Verwendung dieses Menschenbildes."(3)*

*Während De Alessi das geschilderte Verhaltensmodell als „dismal thought about an already dismal discipline"(4) kritisiert, moniert Dirk Baecker die Eindimensionalität der allein durch Rationalität determinierten Anthropologie der Ökonomie. In Anlehnung an Lenins (5) Religionskritik, erachtet er „Rationalität [als] Opium fürs Volk"(6). Da diese strikte Fokussierung auf die absolute Ratio wie Rauschmittel wirke, lenke sie den Einzelnen von Problemen und Veränderungen seiner Umwelt ab und führe somit zu einer Entfremdung von Individuum und Realität. Baeckers Alternativansatz besteht darin, den von ihm normativ verstandenen Topos der Rationalität durch den Topos der Intelligenz zu ersetzen.(7)*

*In dieser Arbeit wird nun die These vertreten, dass auch der Intelligenztopos von Baecker noch unzureichend ist und durch einen weitergefassten ersetzt werden muss. Dazu werden, nach einer Einführung in das klassische Modell,(8) die Vor- und Nachteile dieses Prinzips erörtert. Hierbei soll jeweils zunächst auf methodologische Aspekte und im Anschluss daran auf die Folgen des Handelns eingegangen werden. Schließlich werden in der Synopsis Vor- und Nachteile der Modelle gegeneinander abgewogen.*

*[1 Siebenhüner, B. (2000). Homo sustinens als Menschenbild für eine nachhaltige Ökonomie. Gefunden am 30.10.2003 unter www.sowi-onlinejournal.de/nachhaltigkeit/siebenhuner.htm ; 2 Neuloh, O. (1980). Soziologie für Wirtschaftswissenschaftler, Homo socio-oeconomicus: Kurzlehrbuch für Studium und Praxis der Volks- und Betriebswirte. Stuttgart: Fischer. S. 236. 3 Siebenhüner, 2000. 4 Tietzel, M. (1981). Die Rationalitätsannahme in den Wirtschaftswissenschaften. In Jürgensen, H., Littmann, K. & Rose, K. (Hrsg.), Jahrbücher Sozialwissenschaft (Band 32, S. 115-138). Göttingen: Vandenhoeck & Ruprechts. 115. 5 Marx sprach von „Religion als Opium des Volks". Er unterstrich damit, dass sich die Menschen die Religion selber geben, um von ihren Problemen abzulenken. Lenin hingegen sah die Religion als Instrument von Institutionen (Regierungen), um das Volk zu beruhigen und von anderen Problemen abzulenken. Er sprach daher von „Opium für das Volk". 6 Baecker, D. (1999). Organisation als System: Aufsätze. Frankfurt/M.: Suhrkamp. S. 318. 7 Baecker, 1999, S. 338. 8 Auf neuere Formen des homo oeconomicus Modells kann in Hinsicht auf den Umfang der Arbeit nur peripher eingegangen werden.]*

## 3.4.5   Hauptteil

Der Hauptteil einer Arbeit bzw. Präsentation dient im Wesentlichen der Beantwortung der Forschungsfrage und damit der Darstellung Ihrer Argumentation. Die Argumentation ist stets auf die Erarbeitung von eigenständigen und gut begründeten Wertungen, Stellungnahmen und Schlussfolgerungen ausgerichtet. Es wird folglich nicht bereits vorhandenes Wissen aus der Literatur vorgetragen, sondern die eigenen Gedanken werden sinnvoll mit der vorhandenen Literatur verbunden. Der Hauptteil kann und soll in verschiedene Unterteile gegliedert werden, die selbst (kleine) Einleitungen und Schlussfolgerungen aufweisen und durch Überleitungen miteinander verbunden sind. Letzteres gelingt durch das Wiederaufnehmen von Gedanken, die schon an einem anderen Ort geäußert wurden, durch das wiederholte Verwenden einer Metapher oder durch Zusammenfassungen. Der Hauptteil enthält die essentiellen Inhalte und – soweit nötig – nach jedem Abschnitt Hinweise, an welcher Stelle man sich gerade befindet. Als Regel empfiehlt sich, die Struktur klar und einfach anzulegen, dabei systematisch vorzugehen und die Reihenfolge der einzelnen Bausteine beizubehalten. Im Kern geht es darum, nur die für die betreffende (Forschungs-)Frage wichtigen Bausteine darzustellen. Ausgewählt werden die zu präsentierenden Inhalte nach einer Prioritätenliste. Sie unterscheidet essentielle Inhalte (Muss-Informationen) von wesentlich das Verständnis fördernden Inhalten (Soll-Informationen) und Hintergrundinhalten (Kann-Informationen).[35] Nach dieser Einteilung können Sie im weiteren Text- und Präsentationsverlauf den Muss- und Soll-Informationen Vorrang geben, wenn dies aus Verständnis- oder Zeitgründen notwendig werden sollte. Die Gedankengänge müssen auch für Außenstehende logisch nachvollziehbar sein, d.h. es muss systematisch und folgerichtig argumentiert werden.

---

[35] Christine Stickel-Wolf und Joachim Wolf, *Wissenschaftliches Arbeiten und Lerntechniken*, 2. Aufl. (Wiesbaden: Gabler, 2002) 241.

Inhaltlich besteht der Hauptteil immer aus

- erstens einer Diskussion der vorhandenen Literatur, um den Anschluss an den gegenwärtigen Forschungsdiskurs herzustellen. Durch eine knappe und übersichtliche Erörterung der Fachliteratur, ihrer wesentlichen Annahmen, Konzepte, Theorien und Ergebnisse können die Hypothesen und Vorteile des eigenen Ansatzes herausgearbeitet und in die vorhandene Literatur eingeordnet werden,

- zweitens einer Vorstellung und Begründung der eigenen Arbeitsmethoden, deren Vorteile und Grenzen sowie dem Verweis auf nicht gewählte Alternativen, um das Vorgehen nachvollziehbar und kritisierbar werden zu lassen und

- drittens einer Präsentation der eigenen Ergebnisse, die im Lichte verschiedener Theorien interpretiert und gedeutet und damit in einen größeren Zusammenhang eingeordnet werden. Entsprechend werden Ursachen dargelegt, mit anderen Befunden verglichen, werden Gemeinsamkeiten und Unterschiede festgehalten, und es sollten neue Schlussfolgerungen gezogen werden.[36]

Überprüfen Sie Ihre erste Gliederung nach einer der vorgängig vorgestellten Ordnungen noch nach übergeordneten Gesichtspunkten. Die Abfolge der Präsentation bzw. der Textbausteine soll eine Spannungskurve ergeben, die eine optimale Diskussion Ihrer Ergebnisse ermöglicht. Es geht um die Choreographie dessen, was vermittelt werden soll. Man nennt dies auch einen Ablaufplan[37] entwerfen, wobei jedes der drei vorgestellten Vorgehen Vor- und Nachteile bietet.

Im **informationsorientierten Ablaufplan** folgt der Zieldarstellung die Diskussion der einzelnen Themenaspekte, und erst anschließend werden Ergebnisse und Empfehlungen abgegeben:

Ziel/Themenaspekt A/Themenaspekt B/Themenaspekt C/Ergebnisse/Empfehlung

Der informationsorientierte Ablaufplan entspricht einem linearen Verlauf. Er eignet sich am besten für die reine Wissensvermittlung. Die Spannungskurve erreicht ihren Höhepunkt am Ende bei der Zusammenfassung der Ergebnisse und der daraus abgeleiteten Handlungsempfehlung. Das kann auch nachteilig wirken: Da das Publikum erst am Ende die Ergebnisse und die sich daraus ergebenden Konsequenzen absehen kann, besteht die Gefahr, dass die Zuhörer/Leser vorher „abschalten" und den roten Faden verlieren.

Der **empfehlungsorientierte Ablaufplan** beginnt mit der Empfehlung und einer Ergebnisvorschau, gibt anschließend Beweise der einzelnen Ergebnisse und eine Wiederholung der daraus abgeleiteten Empfehlung am Schluss:

Empfehlung/Vorschau auf die Ergebnisse/Ergebnis A/Ergebnis B/Ergebnis C/Empfehlung

Die Gefahr, dass Leser oder Zuhörer abschalten, ist beim empfehlungsorientierten Ablaufplan weitaus geringer. Durch das Voranstellen der Ergebnisse und der daraus abgeleiteten Empfehlung wird dem Leser bzw. Zuhörer sofort klar, worauf die Arbeit abzielt. Dieser Ablaufplan empfiehlt sich deshalb insbesondere für Überzeugungspräsentationen. Es besteht jedoch die Gefahr, dass insbesondere Empfehlungen, die den

---

36 Vgl. dazu auch G. Hall, „Aufbau einer wissenschaftlichen Veröffentlichung", Publish or Perish: Wie man einen wissenschaftlichen Beitrag schreibt, ohne die Leser zu langweilen oder die Daten zu verfälschen, Hrsg. George M. Hall (Bern: Hans Huber, 1998) 9-14.

37 Vgl. Gene Zelazny, Say It with Presentations: How to Design and Deliver Successful Business Presentations (New York: McGraw-Hill, 2000).

Einstellungen der Zuhörer zuwiderlaufen, von Anfang an nicht akzeptiert werden, sodass das Ziel verfehlt wird. Deshalb muss der Ablaufplan für die Leser bzw. Zuhörer, ihre Voraussetzungen und Erwartungen angemessen sein.

Der **ergebnisorientierte Ablaufplan** wählt einen dazwischenliegenden Weg: Nach den Zielen werden jeweils die wichtigsten Ergebnisse/Schlussfolgerungen/Konsequenzen jedes Themenaspekts dargestellt und am Ende nochmals zusammengefasst:

> Ziel/Themenaspekt A und Ergebnis A/Themenaspekt B und Ergebnis B/Themenaspekt C und Ergebnis C/Zusammenfassung der Ergebnisse/Empfehlung

Der ergebnisorientierte Ablaufplan empfiehlt sich häufig, wenn mit einer Überzeugungspräsentation (die das Denken verändern soll) Ziele verfolgt werden, die – wie im vorigen Absatz dargestellt – den Interessen und Einstellungen der Zuhörer entgegenlaufen. Die Ergebnisse werden nacheinander dargestellt. Erst abschließend wird daraus die Empfehlung abgeleitet. Damit wird versucht, schrittweise größtmögliche Akzeptanz für die auf den ersten Blick für die Leser bzw. das Publikum nicht einsichtige Empfehlung zu schaffen.

Innerhalb der einzelnen Themenaspekte empfiehlt es sich, bei jedem Ablaufplan nach einem einheitlichen Muster vorzugehen. Sie können entweder (1) Einzelaspekte dialektisch ordnen, d.h. Vor- und Nachteile bzw. unterstützende und abschwächende Aspekte unmittelbar gegenüberstellen und Teilschlussfolgerungen ziehen oder (2) Spannungsfelder aufbauen, z.B. zwischen Theorie A und Theorie B oder zwischen Wunsch und Wirklichkeit und begründen, warum man wo steht oder stehen sollte. Sie können auch (3) den Lösungsraum aufzeigen und dann bewerten oder Beispiele diskutieren, erlaubte Generalisierungen vornehmen und Schlussfolgerungen ziehen oder (4) Teilthesen vorstellen, begründen, erläutern, allenfalls ein Beispiel geben, Einschränkungen abwehren und so die Schlussfolgerung entwickeln. Bei einem derart gleichmäßig und logisch strukturierten Vorgehen können Leser und Zuhörer Ihren Gedanken leicht folgen.

### 3.4.6 Schluss/Zusammenfassung

Der Schluss bzw. die Zusammenfassung hat die Aufgabe,

1. Leitfragen aufzugreifen und zu beantworten,
2. über den Kern des Themas hinauszugehen und den Gesamtzusammenhang darzulegen oder, soweit angemessen, andere Ebenen, z.B. die Gefühle, anzusprechen,
3. zum weiteren Nachdenken anzuregen, zu provozieren,
4. weitere Forschungsfragen aufzuwerfen, Implikationen zu diskutieren oder Einschätzungen abzugeben und
5. bei Präsentationen zur Diskussion überzuleiten, z.B. indem Fragen an das Publikum gerichtet werden.

Entsprechend werden die wesentlichen Erkenntnisse und Ergebnisse („messages") aus dem Hauptteil aufgegriffen und in konzentrierter Form dargestellt. Bei manchen Arbeiten bietet es sich an, Handlungsempfehlungen oder Aktionen anzugeben, die sich allerdings klar aus den vorherigen Ausführungen ergeben müssen und von diesen begründet werden. Dabei ist darauf zu achten, dass nicht krampfhaft Zusammenfassungen oder gar Ausblicke angeboten werden, die nichts zum Verständnis der Arbeit und der Bedeutung ihrer Ergebnisse beitragen. Der Verständlichkeit wegen sollte man die Forschungsfrage/-these und die Struktur der Argumente nochmals aufgreifen, sodass der schlüssige Gesamtzusammenhang den Lesern bzw. den Zuhörern vor Augen geführt wird. Umfangreiche Ausführungen und neue Informationen sind hier fehl am Platz. Sie gehören in den Hauptteil. Gegebenenfalls sind offene Fragen klar aufzuzeigen und weiterführende Thesen zu formulieren. Der Schluss nimmt etwa die letzten fünf Prozent des Textumfanges ein.

## Ausschnitt aus einer Synthese einer studentischen Seminararbeit

Die Frage, was konkret „erfolgreiches" Selbststudium für einen HSG-Studenten heißt, kann klar beantwortet werden: die Vorbereitung auf lebenslanges Lernen. Inwieweit das Selbststudium aber wirklich in der Lage ist, die Motivation zu einer solchen Aufgabe herzustellen, ist schwerer festzustellen.

Nach dem theoretischen Konzept zu urteilen, ist das Selbststudium ideal darauf ausgelegt, als Motivationslieferant den Anstoß zum lebenslangen Lernen zu geben. Es betont ganz klar die Autonomie der Studierenden, ohne dabei die soziale Einbindung zu vernachlässigen. Es fördert die Eigenverantwortlichkeit, ohne sich völlig von der Unterstützung durch die Lehrkräfte zu distanzieren. Bei der Auswertung des Fragebogens wurde zudem deutlich, dass die Relevanz des Lernstoffes in Bezug auf das spätere Leben, das persönliche Interesse am Lernstoff und die Beurteilung des Selbststudiums allgemein sehr hoch bzw. sehr positiv ausfallen. Der durchschnittliche Zeitaufwand liegt unter dem offiziell geforderten Maß. Alle Faktoren scheinen sich positiv auf die Motivation auszuwirken. Des Weiteren steht noch die Lernplattform zur Verfügung, die im Idealfall die Ideen von sozialer Einbindung, Autonomie, Unterstützung und Eigenverantwortlichkeit in sich vereint. Man muss zu der Einschätzung kommen, dass das Selbststudium die Studenten klar zum Ziel führt.

## 3.4.7 Quellen-/Literaturverzeichnis

Die Verzeichnisse zeigen systematisch und vollständig herangezogene (aber keine anderen) Quellen bzw. die Nutzung von Symbolen, Darstellungen, Schaubildern etc. im Text.

- **Abkürzungsverzeichnis:** Alle verwendeten Abkürzungen sind aufzuführen; auf die Erklärung allgemein gebräuchlicher Abkürzungen (usw., u.a., ...) kann man verzichten.

- **Tabellen- und Abbildungsverzeichnis:** Nummer und Titel der im Text eingesetzten Tabellen und Abbildungen und die jeweiligen Seitenzahlen sind Gegenstand.

- **Literaturverzeichnis:** Das Literaturverzeichnis nimmt jede, aber auch nur die im Text zitierten Quellen einheitlich und mit vollständigen Angaben in alphabetischer Reihenfolge auf.

- **Materialverzeichnis:** Wenn Materialien (Botschaften und Berichte des Bundesrates bzw. der Parlamente, Amtliches Bulletin der Bundesversammlung, Berichte von

Expertenkommissionen, Gesetzesentwürfe etc.) verwendet werden, müssen diese in einem Materialverzeichnis aufgeführt werden.

- **Interviewverzeichnis:** Wurden Interviews geführt und für den Text eingesetzt, so sind diese zu verzeichnen mit Angaben zu Person und Funktion des Interviewten, zu Dauer und Ort des Interviews sowie zu Fragen und Antworten, die entweder zusammengefasst werden können oder vollständig transkribiert werden müssen.

### 3.4.8 Anhang

Der Anhang kann, sofern notwendig oder zur Entlastung des Textes gewünscht, Quellen, Auswertungen, Beispiele, Graphiken etc. aufnehmen. Diese Materialien dienen der Erläuterung und erhöhen die Nachvollziehbarkeit der eigenen Aussagen.

Manche Universitäten fordern eine ehrenwörtliche, manche eine eidesstattliche Erklärung am Ende der Arbeit, um die jeweilige Urheberschaft und den Einsatz nur der erlaubten Hilfsmittel zu bestätigen.

## 3.5 Bewertungskriterien wissenschaftlicher Arbeiten

Wenn hier nun Bewertungskriterien für wissenschaftliche Arbeiten angesehen werden, so einerseits weil aus deren Analyse Erkenntnisse für den Arbeitsprozess gewonnen werden können, und andererseits, weil manche Studierende durch die Anforderungen für Prüfungsleistungen motiviert werden – ob dies nun wünschenswert ist oder nicht. Ein Kriterium (von griech. „kritérion") ist dem Wortsinn nach ein „entscheidendes Kennzeichen" – ein „Unterscheidungszeichen". Die Kriterien wissenschaftlichen Arbeitens stehen somit als Kennzeichen und Merkmale für die Wissenschaft. Für Schulabgänger sind diese Regeln eher neu, da in der Schulzeit höchstens die Grundzüge wissenschaftlichen Arbeitens vermittelt wurden. Die Regeln wissenschaftlichen Arbeitens aber gelten nicht nur für die Tätigkeiten in Forschung und Lehre an einer Universität, sondern auch für das sich dem Studium anschließende Berufsleben von Akademikern. Bestimmte Regeln und Kriterien zeichnen typische Arbeiten gerade in Berufen aus, auf die sich einige Studierende vorbereiten wollen (so das Verfassen von Plädoyers, „Executive Summaries" oder Konzepten für Geschäftsmodelle). Im Kern geht es immer darum, das eigene Tun (Inhalte, Vorgehen, Quellen, Darstellung) reflektieren und begründen zu können, Bezüge zu Vorhandenem (Aussagen, Autoren, Geschichte, Diskurse, Fächer, Beispiele) herzustellen und zur Erklärung bzw. Lösung von Problemen beizutragen.

Zwar legen erfahrungsgemäß viele Dozierende bei der Korrektur von Seminararbeiten ihr eigenes Bewertungsschema zugrunde, jedoch unterscheiden sich die Kriterien für wissenschaftliches Arbeiten nicht prinzipiell. Trotz der scheinbaren Objektivierung gilt es natürlich zu beachten, dass jede Korrektorin und jeder Korrektor einen höchstpersönlichen Ermessensspielraum in der Anwendung und Auslegung der Kriterien hat und auch haben darf. Die Kriterien geben lediglich eine Bandbreite vor, eine Orientierung für deren Anwendung und Interpretation. Dabei werden an eine Seminararbeit im fortgeschrittenen Studium höhere Anforderungen gestellt als an eine im Anfangsstadium, wobei insbesondere die Zusammenhänge zwischen verschiedenen einschlägigen Diskussionen und die Eigenständigkeit (Komplexitätsgrad, Innovation) in der Behandlung des Themas höhere Beachtung erfahren. Die folgenden Ausführungen stellen auf vier Anforderungsbereiche ab, wobei sich gewisse Ansprüche überschneiden.

### 3.5.1 Umgang mit dem Thema (Forschungsfrage)

Bei dieser Kriteriengruppe geht es um die „Übersetzung" der Aufgabe in die eigene Arbeit.

#### Ist die Forschungsfrage klar?

Bei jeder Seminararbeit sollte eine Forschungsfrage bzw. ein Forschungsziel klar definiert sein. Auch wenn das Thema der Seminararbeit vom Dozierenden vorgegeben wird, bedeutet das in den seltensten Fällen, dass dieses bereits mit der passenden Forschungsfrage identisch ist. Meist muss der Student die Forschungsfrage durch intensive Auseinandersetzung mit dem Thema selbst entwickeln. Es muss deutlich erkennbar sein, welche Problemstellung in der Seminararbeit behandelt wird, da das Ziel der Arbeit in der Beantwortung der Forschungsfrage liegt. Meistens ist es notwendig, das zu behandelnde Thema sinnvoll (und stark) einzugrenzen, um eine zu allgemeine und daher oberflächliche Gedankenführung zu vermeiden oder sich eine zu ambitionierte oder zu umfassende Arbeit vorzunehmen, die nicht innerhalb der Zeit oder des Raums für den Text befriedigend bearbeitet werden kann. Die Eingrenzung darf nicht beliebig vorgenommen werden, sondern muss thematisch zweckmäßig und zulässig sein, d.h. sie darf keinen zur Beantwortung der Forschungsfrage relevanten Sachverhalt ausblenden. Achten Sie dabei auf eine stichhaltige Begründung Ihrer Auswahlentscheidung.

#### Themenstellung sachlich richtig erfasst und in Forschungsfrage umgesetzt?

Während es bei der ersten Frage darum geht, ob eine prinzipiell geeignete Forschungsfrage klar herausgearbeitet wurde, muss nun noch überprüft werden, ob diese auch zum vorgegebenen (gestellten) Thema passt und dessen wesentlichen Kern erfasst. Alle Gedankengänge und Überlegungen müssen sich auf die Forschungsfrage und die Problemstellung beziehen.

#### Schwierigkeitsgrad der Fragestellung?

Viele Studierende sind in Sorge, wenn sie ein schwieriges Thema bzw. eine schwierige Forschungsfrage zu bearbeiten haben. Sie fürchten unter anderem, dass ihr größerer Aufwand für ein vergleichsweise bescheideneres Ergebnis zu wenig honoriert wird. Deshalb sollten Bewertungskriterien die Schwierigkeit der Fragestellung berücksichtigen.

### 3.5.2 Inhalt

Mithilfe dieser Kriteriengruppe werden die Aussagen des Textes beurteilt.

#### Inhaltlich richtig?

Der Inhalt des gewählten Themas muss sachlich zutreffend bearbeitet werden. Dies zeigt sich daran, dass der Autor die Kernelemente des Themas verstanden und logisch verknüpft hat, die Fachterminologie benutzt sowie fähig war, verschiedene Zusammenhänge und Perspektiven zu berücksichtigen. Pauschalisierende, unbegründete und nicht vertretbare Aussagen und Schlussfolgerungen entwerten auch die übrigen, inhaltlich richtigen Stellen.

#### Tiefe angemessen?

Die gewählte Themenstellung muss in angemessener inhaltlicher Tiefe bearbeitet werden. Der Text muss insgesamt auf einem vergleichbaren Generalisierungsgrad und an den zentralen Punkten genügend detailliert ausgeführt sein. Oberflächliche Abhandlungen sind zu vermeiden, d.h. entweder entfallen sie, weil sie keinen Nutzen bieten oder sie werden auf die Forschungsfrage hin vertieft.

### Eigenständige Aussagen?

Damit ein eigener Beitrag geleistet werden kann, müssen selbstständig wohlbegründete Gedanken formuliert, sinnvolle Schlussfolgerungen gezogen und, wenn möglich, weiterführende Aspekte und Fragen aufgeworfen werden. Der inhaltliche Nutzen einer Arbeit zeigt sich vor allem in dieser eigenständigen, d.h. originellen, intelligent durchdachten und fachkompetenten Auseinandersetzung mit dem durch das Erkenntnisinteresse vorgegebenen Gegenstand. Grundlage dessen ist eine systematische Untersuchung auf Basis einer kritischen Auseinandersetzung mit existierenden Forschungsergebnissen zum jeweiligen Thema. Es geht um den Neuigkeitsgrad der Aussagen und deren Begründung.

### Bezug zum wissenschaftlichen Diskurs?

Hier stellt sich die Frage, wie gut Ihre Arbeit zur laufenden Debatte des jeweiligen Feldes passt. Sind Ihre Ausführungen auf offene Punkte gerichtet? Bezieht Ihre Argumentation Ideen, Einschränkungen und Erkenntnisse anderer Arbeiten und Forscher mit ein? Ordnen Sie Ihre Arbeit methodisch und inhaltlich richtig ein? Gibt Ihre Arbeit Impulse für folgende Arbeiten? Dazu muss die relevante Literatur fundiert analysiert und interpretiert werden. Eine kritische Auseinandersetzung mit der einschlägigen Forschungsliteratur bedeutet gerade nicht, jedes Forschungsergebnis vorbehaltlos zu akzeptieren. Oft wird man in der Literatur unterschiedlichen Meinungen zum gleichen Thema begegnen, welche eigenständig überprüft, bewertet und mit eigenen Ideen verknüpft werden müssen. Man darf sich nicht davor scheuen, bestehende Forschungsergebnisse begründet zu kritisieren. Eine gute Begründung ist die notwendige Grundlage jeder sinnvollen Kritik.

## 3.5.3 Struktur

Diese Kriteriengruppe ist der Ordnung des Texts gewidmet.

### Sind Einleitung, Hauptteil und Schluss zweckmäßig gestaltet?

Hier geht es um die Fragen der Proportion, der inneren Logik der einzelnen Teile und des Bezugs zueinander angesichts der Erfordernisse, die sich aus Forschungsfrage, gewähltem Vorgehen und vorhandener Arbeit ergeben.

### Wird die Fragestellung bearbeitet?

Korrektoren überprüfen, ob Gliederung und Text die Frage beantworten helfen, die im Titel aufgeworfen wurde. Es muss geklärt werden, ob und inwieweit die sinnvoller Weise zu erwartenden Fragen und Unterpunkte angesprochen bzw. bearbeitet worden sind.

### Sind Gliederung und Textaufbau durchgängig auf die Erarbeitung von eigenständigen Wertungen, Stellungnahmen und Schlussfolgerungen ausgerichtet?

Bei dieser Frage geht es um die Unterscheidung von wenig ertragreichen lehrbuchartigen Darstellungen gegenüber Beiträgen zur Lösung, also den Stil der Abhandlung. Alle Elemente müssen auf die Fragestellung ausgerichtet sein und zu deren Beantwortung einen Beitrag leisten. Überflüssige, d.h. allgemeine, Darstellungen stören dabei. Ferner muss der Text dem abstrakten Ziel der Arbeit und dem Stil des wissenschaftlichen Arbeitens entsprechen.

**Lässt die Struktur einen roten Faden, eine „storyline", erkennen?**
Während die erste Frage auf die Logik innerhalb der Gliederung und des Textes abzielt, die zweite auf Abstimmung von Struktur und Thema, die dritte auf die Passung zwischen Struktur und den Anforderungen wissenschaftlichen Arbeitens, zielt diese vierte Frage auf das Zusammenspiel von Gliederung und Leser ab. Es geht darum, wie intuitiv eingängig und „spannend" Gliederung und Text sind. Man könnte auch von der Qualität des Erzählflusses sprechen.

## 3.5.4   Formale Qualität

Manche Studierende glauben eine formal gut aussehende Arbeit sei bereits eine gute wissenschaftliche Arbeit. Das trifft nicht zu. Die formale Qualität einer Arbeit stellt vielmehr eine Mindestanforderung dar, damit eine Arbeit überhaupt akzeptiert wird. Der Umkehrschluss, dass eine formal zureichende Arbeit schon eine ausreichende Bewertung garantiert, gilt indes nicht. Die Dozierenden stellen bei der Bewertung auf die inhaltlichen Kriterien ab. Deshalb sind auch in vielen Bewertungsrastern die inhaltlichen Kriterien häufig höher gewichtet. Die formale Perfektion einer Arbeit wird vorausgesetzt – die inhaltliche Qualität ist entscheidend für eine gute Bewertung.

Folgende Punkte machen die formale Qualität einer wissenschaftlichen Arbeit aus:

- ein übersichtliches, gut strukturiertes Layout,
- eine korrekte Rechtschreibung, Interpunktion und Grammatik,
- eine einheitliche Zitierweise gemäß einem der einschlägigen Standards
- und vollständige Verzeichnisse

Um diesen Kriterien gerecht zu werden, sollten Sie stets sorgfältig arbeiten und Ihr Werk mehreren Korrekturschleifen unterziehen.[38] Achten Sie besonders auf diese Aspekte:

**Ist das Layout überzeugend?**
1. Auf dem Deckblatt müssen folgende Angaben stehen:
   - Titel der Arbeit
   - Name der verantwortlichen Dozentin bzw. des Dozenten
   - Name, Adresse, Telefonnummer und E-Mail-Adresse der Verfasserin bzw. des Verfassers
   - Semesterzahl
   - Abgabedatum
   - Muttersprache (sofern nicht Deutsch)
2. Die Zeilenschaltung ist in normalem Text 1,2 bis 1,5-zeilig, in Fußnoten einzeilig.
3. Die Schriftart des Textes soll eine Größe von 10-12 Punkten haben und gut lesbar sein.

---

38 Zahlreiche Ratgeber äussern sich umfassend und mit erstaunlicher Akribie zu den Formalia einer Seminararbeit. Konsultieren Sie z.B. Walter Krämer, *Wie schreibe ich eine Seminar- oder Examensarbeit?* (Frankfurt a.M.: Campus, 1999) insbes. 97-116, 217-233; Christoph Metzger, *Lern- und Arbeitsstrategien. Ein Fachbuch für Studierende an Universitäten und Fachhochschulen*, 5. Aufl. (Aarau: Sauerländer, 2002) ab 117, und Umberto Eco, *Wie man eine wissenschaftliche Abschlussarbeit schreibt*, 6. Aufl. (Heidelberg: C.F. Müller, 1993) insbes. 231-264 oder auch Manuel R. Theisen, *Wissenschaftliches Arbeiten*, 10. Aufl. (München: Vahlen, 2000).

4. Überschriften werden durch entsprechende Abstände, Größe, Fettdruck und/ oder Kursivierung einheitlich für die jeweilige Überschriftenebene hervorgehoben.

5. Die Seiten müssen vollständig und durchgängig (gegebenenfalls ohne Titel und Inhaltverzeichnis) nummeriert werden (Paginierung genannt) und sind nur einseitig zu beschriften.

6. Links muss genug Platz zum Heften, Klammern oder Binden gelassen werden. Rechts muss ein Korrekturrand vorhanden sein. Für manche Arbeiten ist sogar ein Korrekturrand von mindestens 5 cm vorgeschrieben.

7. Generell empfiehlt sich ein übersichtliches und zurückhaltendes Layout, d.h. einheitliche Schrift, konsequente Systematik, Hervorhebungen nur durch eine Auszeichnung (Größe, Fettdruck, Kursivschrift etc.) und keine Elemente, die nicht zwingend für das Textverständnis sind.

### Sind Rechtschreibung, Interpunktion und Grammatik korrekt?

Zutreffende Orthographie, Interpunktion und Grammatik sind absolut notwendig und Grundlage jeder glaubwürdigen Argumentation. Genaues Durchlesen, die automatisierte Korrekturfunktion in Textverarbeitungsprogrammen, z.B. F7 in Word, die Hinweise in diesem Buch und weitere Literatur helfen dabei.

### Richtig zitiert?

Alle direkt (wörtliches Zitat) oder indirekt (Paraphrasierung) übernommenen Textstellen müssen einheitlich und mit vollständigen Angaben zitiert sein.

### Sind die Verzeichnisse vollständig vorhanden und sachlich richtig?

1. Inhaltsverzeichnis

2. Abkürzungsverzeichnis

3. Tabellen- oder Abbildungsverzeichnis[39]

4. Literaturverzeichnis

5. Anhang

6. Eidesstattliche Erklärung

Diese Kriterien mögen eine Hilfe sein, die eigene Arbeit zu überprüfen und zu verbessern. In manchen Bewertungsbögen werden noch explizit „Stärken und Schwächen" der Arbeit angesprochen. Es hilft, sich genau darüber selbstkritische und realistische Gedanken zu machen und die eigene Arbeit entsprechend zu verbessern.

## 3.6   Kommentiertes Beispiel einer Seminararbeit

### Beispiel Seminararbeit

Auf der Companion Website findet sich eine beispielhafte Seminararbeit zum Thema „Kann Sozialkompetenz als zentrale Führungsqualität innerhalb eines Wirtschaftsstudiums erlernt werden? "Die Arbeit beschäftigt sich mit der Frage, ob in den Handlungskompetenzkursen der HSG die als berufliche Schlüsselqualifikation geltende

---

39 Für Anfänger empfiehlt sich die Nutzung vorformatierter Dateien (Templates) oder die eigenhändige Erstellung entsprechend den Vorgaben der Universität. Hilfreich zur Seite stehen einem dabei Werke wie etwa Tobias Ravens, *Wissenschaftlich mit Word arbeiten* (München: Pearson Studium, 2003).

Sozialkompetenz der Studierenden gefördert wird. Dazu wird durch Kombination verschiedener existierender Ansätze ein eigenes Modell zur Untersuchung universitärer Förderungsmöglichkeiten entwickelt, anhand dessen drei ausgewählte Kurse auf spezifische Zielvorgaben untersucht werden. Es stellt sich heraus, dass in besagten Veranstaltungen die fördernden Unterrichtsmethoden gut umgesetzt werden und die sozialen Fähigkeiten der Studierenden durch das Zusammenspiel reflexiver und aktiver Elemente geschult werden.

Das Abstract bringt sofort die Kernfrage auf den Punkt, stellt im nächsten Satz die Methode vor und anschließend die Ergebnisse, welche weder zu allgemein noch zu spezifisch formuliert sind: Der Leser kann sich darunter etwas vorstellen.

## Kriterien Bewertung Seminararbeit

Name/Vorname Kandidat/in:                Lara Frei

| Kriterien | Bemerkungen |
| --- | --- |
| **Formale Qualität** | |
| Formalia entsprechend Merkblatt? | - Formalia erfüllt |
| Layout klar und übersichtlich? | - Zitierweise entsprechend APA-Standard |
| Korrekte Zitierweise nach APA oder MLA? | - Rechtschreibung und Zeichensetzung sehr gut |
| Rechtschreibung und Zeichensetzung korrekt? | - Sprache und Stil angemessen: sachlich, präzise, leserfreundlich |
| Sprache und Stil angemessen und leserfreundlich? | - Arbeit insgesamt eher zu lang, aber noch im Rahmen |
| **Struktur und Aufbau** | |
| Gliederung logisch und durch Forschungsfrage strukturiert? | - deduktiver Aufbau, bei dem ein „Modell" entwickelt wird, dessen Hauptkomponenten als Kriterien für die Analyse dreier Einzelfälle (Kursbeschriebe) fungieren |
| Einleitung und Zusammenfassung vollständig und aufeinander bezogen? | - Gliederungsschwerpunkt liegt auf Kap. 3, das sehr aus differenziert ist; eine Verteilung auf mehrere, übergeordnete Kapitel hätte hier vielleicht proportionierter gewirkt |
| Abstract kurz und informativ? | |
| Gedankengang nachvollziehbar („roter Faden")? | - Abstract sehr gut, Einleitung und Zusammenfassung sind aussagekräftig, bündig und betten die Arbeit in einen größeren Forschungskontext ein |
| | - roter Faden ist stets erkennbar, vorbildliche Leserführung |
| **Inhaltliche Themenbearbeitung** | |
| Praktikable Eingrenzung erfolgt? | - sinnvoller und ergiebiger Zugang über die Begriffsklärung von „Sozialkompetenz" |
| Problemorientierter Umgang mit dem Thema? | - eigenständige Entwicklung der bei der Analyse der Kursbeschriebe einzusetzenden Modellkomponenten, die teils aus der Forschung, teils aus eigener Überlegung stammen |
| Angemessen breite und tiefe Bearbeitung der Hauptaspekte? | |
| Sachliche, kritische Behandlung des Themas? | - systematische Analyse und kritische Diskussion der Ergebnisse |
| Vermeidung von einseitigen/absoluten Aussagen? | - relativierende Aussagen und Reflexion zu eigenen Ergebnissen |

| Wissenschaftlichkeit der Arbeit | |
|---|---|
| Einbezug von Quellen/ Forschung und Auseinandersetzung damit? | - sehr gute Arbeit mit Quellen/Literatur: Beleg der wesentlichen Aussagen und Diskussion des aktuellen Forschungsstandes |
| Argumentation im Sinne der Forschungsfrage auf eine These hin? | - eigene Aussagen stets sachlich begründet |
| Abwägen verschiedener Meinungen/ Forschungspositionen? | - stringente Argumentation auf eine These hin: die Forschungsfrage lenkt Quellenauswahl, Argumentation und Struktur der Arbeit |
| Begründung bzw. Beleg von Aussagen? | - eigenständige, abwägende Urteilsbildung auf der Basis eigener Überlegungen und der durchgeführten Analyse |
| Eigenständige, begründete Urteilsbildung? | |
| Gesamteindruck der Arbeit: | Sehr erfreulich und höchst professionell nicht nur für eine Erstsemesterarbeit |

| Stärken: | Schwächen: |
|---|---|
| eigenständige wissenschaftliche Arbeit mit klar strukturierter, stringenter Analyse und einem differenzierten Ergebnis, das durch sachliche, forschungsbasierte Argumente gestützt ist | keine nennenswerten |

**Note: 6,00**

6 = herausragend; 5.5 = sehr gut; 5 = gut; 4.5 = befriedigend; 4 = genügend;
3.5 = mangelhaft; 3.0 = schlecht; 2.5 = schlecht bis sehr schlecht; 2 = sehr schlecht;
1.5 = sehr schlecht bis unbrauchbar; 1.0 = unbrauchbar/nicht eingereicht.
Eine Abstufung in Viertelnotenschritte ist zulässig.

Quelle: für den Beurteilungsbogen Universität St. Gallen, Erstsemester Lehrveranstaltung des Autors und weiterer Kollegen

## 3.7 Literatur

Alighieri, Dante. *Die Göttliche Komödie.* Übers. Karl Vossler. 3. Aufl. München: Piper, 2002.

Austeda, Franz. *Lexikon der Philosophie.* 6. Aufl. Wien: Hollinek, 1989.

Bauch, Bruno. *Wahrheit, Wert und Wirklichkeit.* Leipzig: Meiner, 1923.

Booth, Wayne C., Gregory G. Colomb and Joseph M. Williams. *The Craft of Research.* 2nd ed. Chicago: Chicago University Press, 2003.

Bourgeois, L.J., III. „Performance and Consensus". *Strategic Management Journal* 1 (1980): 227-248.

Bünting, Karl-Dieter, Axel Bitterlich und Ulrike Pospiech. *Schreiben im Studium: Ein Trainingsprogramm.* Berlin: Cornelsen Scriptor, 1996.

*Duden. Das große Wörterbuch der deutschen Sprache.* 3. Aufl. 10 Bd. Mannheim: Dudenverlag, 1999.

Duden-Sprachberatung. Newsletter vom 5. Mai 2003. 07.08.03 < http://www.duden.de/index2.html?service/newsletterarchiv/archiv/2003/030505.html>.

Eco, Umberto. *Wie man eine wissenschaftliche Abschlussarbeit schreibt.* 6. Aufl. Heidelberg: C.F. Müller, 1993.

Emrich, Hinderk M. „Schreib-Partikel und ihre allmähliche Verfertigung". *Lust und Last des wissenschaftlichen Schreibens.* Hrsg. Wolf-Dieter Narr und Joachim Stary. Frankfurt am Main: Suhrkamp, 1999, 54-57.

Groys, Boris. *Über das Neue.* Frankfurt am Main: Fischer, 1999.

Hajnal, Ivo und Franco Item. *Schreiben und Redigieren – auf den Punkt gebracht.* Frauenfeld: Huber, 2000.

Hall, G. „Aufbau einer wissenschaftlichen Veröffentlichung". *Publish or Perish: Wie man einen wissenschaftlichen Beitrag schreibt, ohne die Leser zu langweilen oder die Daten zu verfälschen.* Hrsg. George M. Hall. Bern: Hans Huber, 1998, 9-14.

Heidegger, Martin. *Sein und Wahrheit.* Frankfurt am Main: Klostermann, 2001.

Huff, Anne S. *Writing for Scholary Publication.* Thousand Oaks, CA: Sage, 1999.

Köbler, Gerhard. *Etymologisches Rechtswörterbuch.* Tübingen: Mohr, 1995.

Krämer, Walter. *Wie schreibe ich eine Seminar- oder Examensarbeit?* Frankfurt a.M.: Campus, 1999.

Kruse, Otto. *Keine Angst vor dem leeren Blatt: Ohne Schreibblockaden durchs Studium.* Frankfurt am Main: Campus, 1993.

Little, Daniel. *Varieties of Social Explanation: An Introduction to the Philosophy of Social Science.* Boulder, Co: Westview Press, 1991.

Lück, Wolfgang. *Technik des wissenschaftlichen Arbeitens. Seminararbeit, Diplomarbeit, Dissertation.* 9. Aufl. München: Oldenbourg, 2003.

Marsen, Sky. *Professional Writing.* Houndmills etc.: Palgrave Macmillan, 2003.

Maxwell, Joseph A. *Qualitative Research Design. An Interactive Approach.* Thousand Oaks, CA: Sage, 1996.

Metzger, Christoph. *Lern- und Arbeitsstrategien. Ein Fachbuch für Studierende an Universitäten und Fachhochschulen.* 5. Aufl. Aarau: Sauerländer, 2002.

Miles, Matthew B. and A. Michael Huberman. *Qualitative Data Analysis: An Expanded Sourcebook.* 2nd ed. Thousand Oaks, CA: Sage, 1994.

Mittelstraß, Jürgen. „Was heißt: sich im Denken orientieren?" *Vernunft, Handlung und Erfahrung. Über die Grundlagen und Ziele der Wissenschaften.* Hrsg. Oswald Schwemmer. München: C.H. Beck, 1981.

Perrin, Daniel. *Schreiben ohne Reibungsverlust: Schreibcoaching für Profis.* Zürich: Werd, 1999.

Punch, Keith F. *Introduction to Social Research: Quantitative and Qualitative Approaches.* London: Sage, 1998.

Ramage, John D. and John C. Bean. *Writing Arguments: A Rhetoric with Readings.* 4th ed. Boston: Allyn and Bacon, 1998.

Ravens, Tobias. *Wissenschaftlich mit Word arbeiten.* München: Pearson Studium, 2003.

Schneider, Wolf. *Deutsch für Profis. Wege zu gutem Stil.* München: Goldmann, 2001.

Stickel-Wolf, Christine und Joachim Wolf. *Wissenschaftliches Arbeiten und Lerntechniken.* 2. Aufl. Wiesbaden: Gabler, 2002.

Stier, Winfried. *Empirische Forschungsmethoden.* 2. Aufl. Berlin: Springer, 1999.

Stinchcombe, Arthur L. „A structural analysis of sociology". *The American Sociologist* 10 (1975): 57-64.

Strunin, Leo. „Wie man einen Übersichtsartikel schreibt". *Publish or Perish: Wie man einen wissenschaftlichen Beitrag schreibt, ohne die Leser zu langweilen oder die Daten zu verfälschen.* Hrsg. George M. Hall. Bern: Hans Huber, 1998, 91-98.

Theisen, Manuel R. *Wissenschaftliches Arbeiten.* 10. Aufl. München: Vahlen, 2000.

Thielemann, Ulrich. *„Wonach fragt wissenschaftliche Forschung? Eine Skizze grundlegender Erkenntnisinteressen und Methodologien".* Unveröffentl. Arbeitspapier. Universität St.Gallen, 2002.

Toulmin, Stephen. *The Uses of Argument.* Cambridge: Cambridge University Press, 1958.

Walter-Busch, Emil. *Organisationtheorien von Weber bis Weick.* Chur: G+B Verlag Fakultas, 1996.

Williams, Bernard. *Wahrheit und Wahrhaftigkeit.* Frankfurt am Main: Suhrkamp, 2003.

Wittgenstein, Ludwig. *Tractatus Logico-Philosophicus; Tagbücher 1914-1916; Philosophische Untersuchungen.* Frankfurt am Main: Suhrkamp, 1984.

Zelazny, Gene. *Say It with Presentations: How to Design and Deliver Successful Business Presentations.* New York: McGraw-Hill, 2000.

# Wirkungsvoll präsentieren

**4**

**4.1 Grundlagen kennen** . . . . . . . . . . . . . . . . . . . . . . . . . . . . . 170
    4.1.1  Klassische Rede. . . . . . . . . . . . . . . . . . . . . . . . . . . 171
    4.1.2  Vier Ebenen einer Präsentation . . . . . . . . . . . . . . . . 172

**4.2 Präsentationen konzipieren** . . . . . . . . . . . . . . . . . . . . . 173
    4.2.1  Adressaten analysieren. . . . . . . . . . . . . . . . . . . . . . . 173
    4.2.2  Ziele festlegen . . . . . . . . . . . . . . . . . . . . . . . . . . . . . 174
    4.2.3  Rahmenbedingungen aufnehmen. . . . . . . . . . . . . . . . 175
    4.2.4  Systematisch gliedern. . . . . . . . . . . . . . . . . . . . . . . . 177
    4.2.5  Verständlich visualisieren . . . . . . . . . . . . . . . . . . . . . 177

**4.3 Präsentationen durchführen**. . . . . . . . . . . . . . . . . . . . . 191
    4.3.1  Haltung . . . . . . . . . . . . . . . . . . . . . . . . . . . . . . . . . . 191
    4.3.2  Verhalten . . . . . . . . . . . . . . . . . . . . . . . . . . . . . . . . . 192
    4.3.3  Umgang mit der Technik . . . . . . . . . . . . . . . . . . . . . . 193

**4.4 In Diskussionen bestehen** . . . . . . . . . . . . . . . . . . . . . . . 194

**4.5 Checkliste** . . . . . . . . . . . . . . . . . . . . . . . . . . . . . . . . . . . . 199

**4.6 Literatur**. . . . . . . . . . . . . . . . . . . . . . . . . . . . . . . . . . . . . 201

ÜBERBLICK

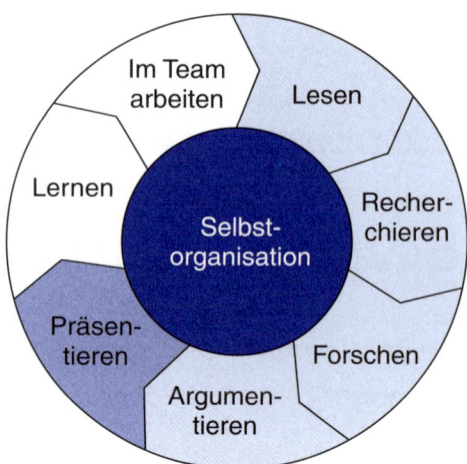

Warum sind wirkungsvolles Präsentieren und verständliches Visualisieren Fähigkeiten, die Studierende möglichst früh erlernen und deshalb oft üben sollten? Die aktive Gestaltung der Übungen und Seminare durch Studierende mit Hilfe von Vorträgen, Diskussionsbeiträgen und Präsentationen ist traditionell Gewohnheit und Methode in jedem Universitätsstudium. Sie als Studierende werden folglich Schaubilder mit dem Computer gestalten und Präsentationen vor kleinerem, manchmal auch größerem Publikum halten. Sowohl Sie selbst wie auch Ihre Kommilitonen und Lehrenden profitieren davon, wenn Sie gut präsentieren. Im Berufsleben gehören Präsentationen zum Standard.

Auch wenn in manchen Ratgebern behauptet wird, es gäbe die ideale Präsentation – wir kennen sie nicht. Aber wir kennen bessere und schlechtere. Die Güte einer Präsentation misst sich letztendlich an gewecktem Interesse, an verbessertem Verständnis, an verändertem Denken und an gewonnener Unterstützung des Auditoriums für die Ziele des Vortrags. Sie lebt neben inhaltlicher Qualität (Systematik, gestellte Fragen, Neuigkeitsgehalt, Beispiele) von Ihrem persönlichen Stil, Ihren Stärken und Schwächen. Gutes Präsentieren lässt sich erlernen. Denn viele erfahrene Vortragende konnten beispielsweise Ihre anfängliche Nervosität beim Vortragen durch Wahl realistischer Ziele, gründliche Vorbereitung, Entspannung und „sichere Sprungbretter" reduzieren.

Dieses Kapitel zeigt Ihnen Grundlagen (4.1) aus klassischer Rede und einer Kommunikationstheorie, um ein Konzept der Präsentation (4.2) mit Regeln zur Visualisierung anzuschließen; die Kapitel zum Vortrag (4.3) und zur Gestaltung von Diskussionen (4.4) sollen praktische Hinweise für die Durchführung geben.

## 4.1 Grundlagen kennen

Wir alle denken nicht erstmalig über Fragen der Präsentation nach. Vielmehr können wir auf umfangreiche Arbeiten zurückgreifen, aus denen einige Erkenntnisse vorgestellt werden, um so ein besseres Verständnis des Präsentierens zu erreichen.

## 4.1.1 Klassische Rede

Die heutigen Erkenntnisse guter Präsentationen beruhen auf einer über zwei Jahrtausende alten Auseinandersetzung mit der Redekultur, der Rhetorik.[1] Die Rhetorik ist keine einzuhaltende Vorschrift, sondern der Versuch, die immer wieder auftretenden Elemente von Redesituationen zu beschreiben und zu systematisieren. Dass sie nichts an Aktualität eingebüßt hat, zeigt dieser kleine Einblick: Auch wenn Platon einer anderen philosophischen Richtung, den Sophisten, vorwarf, die Rhetorik um ihrer selbst willen zu betreiben und mehr dem Schein als dem Sein zu frönen, sah er gleichwohl den Wert einer präzisen Sprache, verbunden mit einer bestimmten Eloquenz. Aristoteles, Schüler Platons, systematisierte die Rhetorik, indem er die Unterscheidung zwischen formaler und informaler Argumentationsführung einführte sowie die Trennung von logischen (logos), emotional ansprechenden (pathos) und auf der Redlichkeit des Redners (ethos) gründenden Beweisen. Die römische Schule, allen voran Cicero, entwickelte auf den griechischen Vorbildern aufbauend die Rhetorik weiter. Demnach ist das Ziel der Rede, das Denken durch Belehren oder Beweisen zu verändern und die Hörer durch Gewinnen, Erfreuen oder Aufstacheln emotional zu bewegen. Im rhetorischen Unterricht nahm neben der theoretischen Aneignung und der Nachahmung guter Reden das praktische Üben (declamatio) eine herausragende Rolle ein. Das Declamatio definiert für den Redner einen Kanon von fünf Schritten:

1. **Inventio**: Inhalt der Rede, sich bewusst machen, was man sagen will.

2. **Dispositio**: Anordnung der Argumente

3. **Elocutio**: Angemessene, verständliche/klare, korrekte und stilistisch-ästhetische sprachliche Gestaltung (vier Tugenden)

4. **Memoria**: Lernen

5. **Pronuntiatio**: Vortrag

Der Vortrag, also die tatsächliche Umsetzung der ersten vier Schritte in einer Rede, enthält vier konstituierende Teile:

1. **Exordium**: Einleitung für Aufmerksamkeit und Wohlwollen

2. **Narratio**: Schilderung des Sachverhalts

3. **Argumentatio**: Beweisführung durch Darlegung des eigenen Standpunkts (probatio) und Widerlegung des Gegenstandpunkts (reputatio) gemäß den Regeln der Logik; die Argumente können dabei nach Wichtigkeit zu- oder abnehmen, sie können teleologisch, dialektisch, analytisch oder narrativ geordnet werden.

4. **Peroratio**: Schluss für Wiederholung der Kernaussagen und Ansprache von Emotionen

Diese Traditionen der Rhetorik sind bis heute erhalten. Sie prägen (gute) Reden in der Politik wie in der Öffentlichkeit und damit die Wirkung des gesprochenen Worts.

---

1  Für eine ausführlichere Beschäftigung mit diesem Thema sind zu empfehlen (Auswahl): Gert Ueding, Hrsg. *Historisches Wörterbuch der Rhetorik*. Tübingen: Niemeyer, 1992-; Gert Ueding und Bernd Steinbrink. *Grundriß der Rhetorik. Geschichte – Technik – Methode*. 3. Aufl. Stuttgart: Metzler, 1994; William A. Covino and David A. Joliffe, Eds. *Rhetoric: Concepts, Definitions, Boundaries*. Boston: Allyn and Bacon, 1995; Brian Vickers. *In Defence of Rhetoric*. Oxford: Oxford University Press, 1989.

## 4.1.2 Vier Ebenen einer Präsentation

Aus der modernen Kommunikationsforschung stammt die Erkenntnis, dass eine Präsentation auf vier Ebenen abläuft, die nachfolgend stichwortartig vorgestellt werden:[2]

### Inhaltsebene (1)

Damit wird Folgendes angesprochen:

- Wissenschaftstheoretische und methodische Aspekte: wissenschaftstheoretische Begründung, Bedeutung des Erkenntniszuwachses, Beitrag zur Grundlagenforschung bzw. Relevanz für die Praxis, Einordnung in einen größeren Zusammenhang, wissenschaftstheoretisch begründetes Vorgehen, fundierte und interessante Hypothesengenerierung, Validität und Verlässlichkeit der Untersuchungsmethoden
- Aspekte aus vorhandenen Theorien: Forschungsstand, (Inter)disziplinarität, theoretische Tiefe der bisherigen Bearbeitung
- Begrifflichkeit, Argumentation

### Diskursebene (2)

Damit wird Folgendes angesprochen:

- Themenabgrenzung
- Aufgabenbegründung
- Logik
- Argumentationsqualität
- Stilsicherheit
- Eigenständigkeit

### Sprachebene (3)

Damit wird Folgendes angesprochen:

- Sprachniveau, insbesondere Niveau der Fachsprache
- Verständlichkeit
- Sprachliche Logik der Textteile (Bezüge, Rhythmus etc.)

### Formebene (4)

Damit wird Folgendes angesprochen:

- Formaler Aufbau
- Wissenschaftliche Verankerung (Zitate, Referenzen, Anmerkungen, Verzeichnisse)
- Visuelle Gestaltung
- Vortrag (Ausdruck, Gestik, Mimik, Auftritt)

Nutzen Sie diesen Kriterienkatalog für Ihre Präsentation.

---

2 Friedemann Schulz von Thun, *Miteinander Reden*, Bd. 1 (Reinbek bei Hamburg: Rowohlt, 1981/1990) 14.

## 4.2  Präsentationen konzipieren

Die Konzeption einer Präsentation ihrerseits lässt vier Schritte erkennen: die Analyse der Adressaten, die Festlegung der Ziele, die Analyse der Situation und die Gliederung.

### 4.2.1  Adressaten analysieren

Einige würden als Einstieg in die Konzeption einer Präsentation eine Zieldefinition erwarten. Unser Vorgehen verfolgt einen anderen Ansatz. Die Adressaten (Zielgruppe, Zuhörer) sind entscheidend für die Festlegung der Absichten und Anliegen der Präsentation. Ist der Adressatenkreis bekannt, können die Ziele viel angemessener und genauer formuliert werden. Bestimmte Auditorien schließen gewisse Ideen von vornherein aus, andere verlangen die Berücksichtigung bestimmter Aspekte. Dennoch sollten Sie versuchen, das Publikum für ihre Aussage zu gewinnen und nicht einfach die Aussage nach ihm richten, also nicht das sagen, was Sie vermeintlich als dessen Erwartung zu antizipieren meinen, sondern Ihre eigene Argumentation zielgruppengerecht darstellen.

Um seine Adressaten zu erreichen, muss als Erstes, d.h. vor der weiteren Konzeption, klar werden, auf welche Interessen, Einstellungen und Reaktionen des Publikums man treffen wird. Andernfalls läuft man Gefahr, dass die Zuhörer die eigene Argumentation nicht aufnehmen können, beispielsweise weil sie von der Fülle der Informationen erschlagen werden oder diametral gegenläufige Einstellungen (anderes Weltbild) zur Kernaussage haben oder ganz einfach die fachlichen Voraussetzungen fehlen. Insbesondere die Beantwortung folgender Fragen hilft bei der Identifikation der Bedürfnisse der Adressaten:[3]

- Wie vertraut sind die Zuhörer mit dem präsentierten Sachverhalt?
- Welches Vorwissen haben sie?
- Welche Relevanz hat das Thema für sie?
- Wie sind sie zu Ihrer Kernaussage eingestellt?
- Was implizieren die Kernaussagen für die folgende Diskussion? Welche Reaktionen provozieren Sie bei den Zuhörern? Werden die Zuhörer in Zukunft anders handeln wollen?
- Wird ein erkenntnisorientierter Sachdiskurs oder interessensgeleiteter Politikdiskurs erwartet?
- Auf welcher Ebene kann das Publikum angesprochen werden?
- Wie nehmen die Adressatinnen die Präsentation als Gesamtbild wahr?
- Entsprechen die verwendeten Medien den Bedürfnissen der Zuhörer?

Um diese Fragen besser beantworten zu können, mag man sich an den folgenden vier Bezügen orientieren und vorhandene Gemeinsamkeiten nutzen:

- Soziokulturelle Bezüge: Alter, Kultur, Lebenssituation
- Intellektuelle Bezüge: Bildungshintergrund, Sprachkompetenz, Intelligenz, Vorinformation

---

3  In Anlehnung an Gene Zelazny, *Say It with Presentations: How to Design and Deliver Successful Business Presentations* (New York: McGraw-Hill, 2000) 13-19, Martin Hartmann, Rüdiger Funk und Horst Nietmann, *Präsentieren: Zielgerichtet und Adressatenorientiert*, 3. Aufl. (Weinheim und Basel: Beltz, 1995) 30-33, und Christine Stickel-Wolf und Joachim Wolf, *Wissenschaftliches Arbeiten und Lerntechniken*, 2. Aufl. (Wiesbaden: Gabler, 2002) 235.

- Psychologische Bezüge: Interesse, Motivation, Wahrnehmungssensibilität
- Zielbezug: informieren, motivieren, Entscheidungen vorantreiben, beruhigen, Position beziehen, Gefühle aussprechen, Denken verändern

Sobald man sich in Klaren ist, welche Adressaten zu welchem Zweck unter welchen Voraussetzungen angesprochen werden sollen, widmet man sich der Zielfestlegung.

### 4.2.2 Ziele festlegen

Nur sorgfältig gewählte und begründete Ziele erlauben, auf die Bedürfnisse der Zuhörer einzugehen und überhaupt die Aufmerksamkeit der Zuhörer zu erhalten. Um das Anliegen der Präsentation herauszuarbeiten, stellt man sich immer wieder die Frage: Was möchte ich mit dieser Präsentation aussagen, beziehungsweise erreichen? Mögliche Botschaften und Inhalte sind:

**Information**
- Verschaffen eines Überblicks
- Vermittlung von Wissen und bestimmten Problemlösungen

**Argumentation und Überzeugung (Denken konkret verändern)**
- Akademischer Diskurs: Erkenntnis
- Beratung
- Treffen von Entscheidungen
- Handlungsaufforderung

**Problembewusstsein verstärken**
- Sensibilisierung
- Motivation
- Vertiefung
- Anregung

**Unterhaltung**

### Festlegung von Zielen der Präsentation

Sie haben die Aufgabe, eine Präsentation im Rahmen einer Übung zu halten. Das Thema ist schon vorgegeben: Die Vorstellung der „Five Forces"-Analyse von Porter.[4] Es geht darum, den anderen Studierenden Information zu vermitteln oder eben, ihr Denken bezüglich dieses Ansatzes zu verändern. Ein Ziel könnte sein, insbesondere die blinden Flecke dieses Analyserasters oder dessen Risiken zu verdeutlichen. Sie müssen festlegen, was Sie von den Zuhörern nach Ihrem Vortrag erwarten.

---

4 Michael Porters „Five Forces"-Ansatz ist ein klassischer Ansatz zur Wettbewerbsanalyse und Positionierung des eigenen Unternehmens. Die Ausführungen finden sich im Original bei Michael Porter, *Competitive Strategy. Techniques for analyzing industries and competitors* (New York: Free Press, 1980/1998) Kapitel 1.

In einem kurzen Satz sollte aufgeschrieben werden, was die Zuhörer nach Ihrer Präsentation konkret tun oder denken sollen. Formulieren Sie Ihre Ziele möglichst exakt. Das Ziel der Präsentation muss realistisch gewählt werden. Bei einer **Informationspräsentation** kann die Beschränkung auf wenige Informationen notwendig werden, wenn nur wenig Zeit zum Präsentieren zur Verfügung steht. Bei einer **Überzeugungspräsentation** müssen die Einstellungen des Publikums ganz genau analysiert werden, um die Ziele möglichst realistisch formulieren zu können. Darüber hinaus muss die Präsentation eine Reaktion der Zuhörer provozieren. Die Teilnehmer der Präsentation sollen zu einem neuen Denken oder bestimmten Handeln aufgefordert werden. Kann bei den Adressaten mit den Kernaussagen keine Einstellungsänderung erreicht werden, obwohl man sich genau dieses Ziel für die Präsentation (eine Überzeugungspräsentation) gesetzt hat, muss das Publikum eventuell zusätzlich auf der emotionalen Ebene angesprochen werden.

Nach der Erstellung der Präsentation ist dann nochmals auf die Ziele und deren Behandlung zurückzukommen. Werden die anfangs gestellten Fragen genau beantwortet? Adressatenanalyse und Zieldefinition interagieren; sie bilden das Fundament des Präsentationskonzepts.

## 4.2.3 Rahmenbedingungen aufnehmen

Nachdem das Präsentationsziel genau festgelegt wurde, müssen die äußeren Rahmenbedingungen und gegebenenfalls Restriktionen bei der Konzeption des Ablaufs und der Visualisierung berücksichtigt werden. Jede an und für sich verständliche und überzeugende Präsentation scheitert, wenn z.B. die zur Verfügung stehende Zeit falsch eingeschätzt wurde, das verwendete Präsentationsmedium (z.B. Beamer) nicht einwandfrei funktioniert oder der Raum Ihre Aussagenmöglichkeiten einschränkt.

### Zeitplanung

In aller Regel ist die zur Verfügung stehende Zeit vorgegeben. Falls man als Präsentierender selbst Einfluss auf die Länge der Präsentation hat, so sollte man sie spätestens nach 45 Minuten beenden, da dann die Aufmerksamkeit der Zuhörer stark nachlässt.[5] Als Faustregel gilt dabei, zwei Drittel der verfügbaren Zeit auf die Präsentation zu verwenden und ein Drittel auf die Diskussion. Das Wichtigste bei der Zeitplanung ist die strikte Einhaltung der Zeitvorgabe. Damit zeigt der Präsentierende, dass er seine Ziele innerhalb eines vorher definierten Rahmens erreichen kann. Außerdem gebietet der Respekt gegenüber dem Publikum die Einhaltung der Zeitvorgabe: Der Präsentierende verfügt schließlich über die Zeit der Zuhörerschaft. Um die Zeitvorgabe einzuhalten, eignen sich folgende Maßnahmen:[6]

- Wahl eines weniger umfassenden Präsentationsziels.

- Beschränken der zu vermittelnden Daten auf das absolut Notwendige.

---

5  Hartmann, Funk und Nietmann 67.
6  Zelazny, *Say It with Presentations*, 20-23 und Hartmann, Funk und Nietmann 67ff.

- Zusammenfassen, Verdichten und Selektieren der Information: Hintergrundinformationen als weniger wichtig einstufen, Kernaussagen besonders herausstellen.

- Reduktion der Texte und Schaubilder auf wenige Aussagen, um so auch in kurzer Zeit die Präsentation abschließen zu können und flexibler – je nach Hörerfeedback und Zeitspielraum während der Präsentation – Hintergrundinformationen geben zu können oder diese wegzulassen.

- Verschieben von nicht essentiellen Informationen in die Backup-Folien, die am Ende der Präsentation zur Klärung von Fragen des Publikums bereitgehalten werden.

- Testen der Präsentation im Sinne einer Generalprobe.

- Versand eines Handouts einige Tage vor der Präsentation, kurzes Zusammenfassen zu Beginn der Präsentation, anschließendes Aufbauen auf dieser Zusammenfassung während der Präsentation.

- Pünktlich anfangen.

## Medienwahl

Als Präsentierender sollte man sich genau überlegen, welche Medien für die eigene Präsentation infrage kommen. Die Medienwahl kann durch viele Faktoren beeinträchtigt sein und ergibt sich aus technischen und räumlichen Gegebenheiten, dem Ziel der Präsentation, der Größe des Publikums, der Art der Veranstaltung oder der zur Vorbereitung zur Verfügung stehenden Zeit. Das wichtigste Auswahlkriterium resultiert aus der Feststellung, dass alle Medien nur Hilfsmittel sind, professionell eingesetzt werden müssen und nicht die Aufgaben eines guten Präsentierenden ersetzen können. Je nach Präsentationszweck stehen der Vortragende oder der zu transportierende Inhalt im Mittelpunkt der Präsentation. Folgende Präsentationsmedien werden in der Praxis am häufigsten eingesetzt:[7] Overheadprojektor, Beamer, Schreibtafeln/Whiteboard, Flipchart, Pinnwand, Tonband/Video.

Handelt es sich um die Präsentation von Informationen, so z.B. einer Gruppenarbeit im Rahmen einer Abschlusspräsentation, bietet eine Präsentation mit Beamer (soweit vorhanden) die Möglichkeit, die breite Palette der Visualisierungsmöglichkeiten (Animationen, Audio-/Videoausschnitte) zu nutzen, kleine Änderungen und Anpassungen noch direkt vor der Präsentation vorzunehmen und bei Rückfragen schnell und unkompliziert zu der entsprechenden Darstellung mittels Suchbefehlen zurückzukehren, ohne dabei lange in den Folien stöbern zu müssen. Ist die Präsentation dagegen fester Bestandteil des Seminarbetriebs und die gestellte Aufgabe ist die Erarbeitung eines Konzepts in Zusammenarbeit mit dem Publikum, so können Overheadfolien das geeignetere Mittel sein, da Ergebnisse der Diskussion in vorbereitete Vorlagen von mehreren Personen gleichzeitig mit Folienstiften eingefügt werden können. Manchmal kann auch der Einsatz von mehreren Präsentationsmedien sinnvoll sein, z.B. Schlussfolgerungen via Beamer, Beispieltexte via Overheadprojektor und neue Ideen aus dem Publikum via Flipchart darzustellen. Grundsätzlich gilt die Regel, dass alle Medien (z.B. Overheadprojektoren), die nicht gebraucht werden, aus dem Sichtfeld der Betrachter zu entfernen sind.

---

7  Für eine ausführliche Darstellung der einzelnen Präsentationsmedien vgl. Zelazny, *Say It with Presentations,* 24-27.

**Präsentationsort**

Neben Zeit und Medien müssen die räumlichen Gegebenheiten bei der Konzeption der Präsentation bedacht werden. Sie setzen der Präsentation meist technische Grenzen. Im Einzelnen muss man Folgendes beachten:

- **Lichtverhältnisse:** Lässt sich der Tagungsraum – zumindest in der vorderen Hälfte – abdunkeln?

- **Raumgröße:** Die Raumgröße gibt einen Anhaltspunkt für die einsetzbaren Medien und die Visualisierung der Informationen. Flipcharts und Tafeln eignen sich nur in kleineren Räumen. Beamer und Overheadprojektor müssen in großen Räumen lichtstark sein und weit genug von der Projektionsfläche entfernt stehen, damit ein entsprechend großes und scharfes Bild entsteht. Die Bildgestaltung muss entsprechend angepasst werden, damit alles auch von der letzten Zuhörerreihe aus gelesen werden kann. Mehr dazu findet sich in Abschnitt „Verständlich Visualisieren". Zweckmäßigerweise werden ab circa 100 Personen Mikrofon und Lautsprecheranlage eingesetzt, weil dann die Stimme nur noch selten raumfüllend ist.

- **Sitzordnung:** In den meisten Fällen ist sie vorgegeben. Wenn sie verändert werden kann, ist die Form eines zum Präsentierenden offenen „V" einzurichten, alternativ die eines „U". Beide Formen ermöglichen es, die Präsentation interaktiv mit dem Publikum zu gestalten und sie bieten Bewegungsfreiheit.

- **Rednerpult:** Wo steht das Rednerpult? Kann der Präsentierende von überall gesehen werden? Ein Rednerpult kann für die Handhabung von Manuskripten durchaus sinnvoll sein. Es ist aber auch immer eine Barriere zwischen dem Präsentierenden und dem Publikum. Kann der Präsentierende darauf verzichten, ist das der Interaktion mit den Zuhörern nur förderlich.

## 4.2.4 Systematisch gliedern

Jede Präsentation sollte „klassisch" in drei Teile gegliedert werden: Einleitung, Hauptteil, Schluss. Die Gewichtung und Gestaltung dieser drei Teile hängt von der jeweiligen Situation ab, wobei man sich an den entsprechenden Angaben für schriftliche Arbeiten in *Kapitel 3.4* orientieren sollte.

## 4.2.5 Verständlich visualisieren

Die Verständlichkeit so mancher Präsentation hängt maßgeblich von der Visualisierung der Daten bzw. Informationen in Bildern ab. Weil eine entsprechende Visualisierung in der heutigen Welt vielfältiger Medienerfahrungen aus Fernsehen, Zeitungen, Zeitschriften und dem Internet besonders anspruchsvoll und gleichzeitig in den wirtschafts- und sozialwissenschaftlichen Arbeitsgebieten in Wissenschaft und Praxis sehr üblich ist, wird dies nachfolgend vertieft. Dabei lassen sich drei Typen von Visualisierungen unterscheiden: Text (4.2.5.1), Konzept (4.2.5.2) und quantitative Zusammenhänge (4.2.5.3). Anmerkungen zur Präsentation als Ganzer (4.2.5.4) zielen auf die Gesamterscheinung Ihres Präsentationsmaterials.

### 4.2.5.1 Gestalten von Textfolien

Textschaubilder helfen dem Zuhörer, den Gedankengang zu gliedern. Die Strukturierung der Gedanken fördert bei komplexen, qualitativen Zusammenhängen die Verständlichkeit. Textfolien bieten sich bei einer logischen Reihe von Gedanken an. Sie können Zusammenhänge herausstellen und einzelne Kernaussagen bekräftigen. Textfolien eignen sich am besten für:

- Agenden
- Zusammenfassungen
- Aufzählungen
- Gegenüberstellungen von Vor- und Nachteilen
- Hervorhebungen von Kernaussagen
- Empfehlungen

Folgende Faustregeln für die Gestaltung von Textfolien haben sich als sinnvoll erwiesen:[8]

- **Übersichtlichkeit:** *so wenig wie möglich, keine „Spielchen", so klar strukturiert wie möglich.*
- **Lesbarkeit:** Schriftgröße mindestens 12 Punkt, der Kontrast muss möglichst groß sein, beste Lesbarkeit ist bei schwarzer Schrift auf weißem Hintergrund oder heller Schrift auf dunklem Hintergrund gegeben.[9]
- **Schrifttype:** Einsatz nur einer Schriftart, Variation mittels verschiedener Schriftschnitte (fett, kursiv, unterstrichen), einfache Schriftarten, wie sie im Fließtext gebräuchlich sind, keine Auszeichnungsschriften verwenden.
- **Farbgestaltung:** eher spärlicher Umgang mit Farbe, Wahl eines kontrastreichen Farbkonzepts.
- **Überschriften:** Sie bilden einen Sinnzusammenhang, der auf der Folie dargestellt wird. Dabei sind aktiv formulierte Aussagetitel, sogenannte action titles, besonders hilfreich, z.B. „den Innovationsprozess mittels Kreativitätstechniken gestalten" oder „organisatorische Schwächen beseitigen"; allenfalls eignen sich auch Stichwörter als Titel, wie „Innovationsprozess", „organisationale Schwächen".
- **Einheitliches Layout:** Um der Präsentation einen Rahmen zu geben und die Übersichtlichkeit zu verbessern, sollten die wiederkehrenden Elemente in der gesamten Präsentation gleich aussehen. Hierzu kann ein sogenannter Folienmaster angelegt werden, der das Format von Überschriften, Logo, Platz für Textkörper, Seitenzahl und Veranstaltungsdatum vordefiniert. Der Folienmaster sollte möglichst platzsparend angelegt werden, um genügend Raum für die Gestaltung der einzelnen Folien zu haben. Ziel ist eine ästhetisch ansprechende Unterstützung Ihrer Aussage.
- **Sprache:** den fachlichen Anforderungen und dem Adressatenkreis angemessen.

Zunächst visualisiert man als Gestalter die Informationen in einer ausführlichen Variante. Um in einem zweiten Schritt größtmögliche Verständlichkeit zu erzielen, wird aus der Langvariante, die dem Präsentierenden als Manuskript dienen und an das Publikum als Handout abgegeben werden kann, eine Kurzversion „herausdestilliert":[10]Informationen, die vorgetragen werden, werden in der Kurzversion von solchen getrennt, die gezeigt werden. Die Aussagen werden auf Stichworte oder kurze Sätze (sechs und weniger Wörter) reduziert.

Durch die Reduktion der Folieninhalte sind dem Präsentierenden größere Freiheiten gegeben: Er kann Zusammenhänge besser elaborieren, d.h. ausführlich erläutern, legi-

---

8  Vgl. Hartmann, Funk und Nietmann 116 und Stickel-Wolf und Wolf 248f.
9  Für eine Abstandtabelle siehe Zelazny, *Say It with Presentations*, 82.
10 Vgl. Zelazny, *Say It with Presentations*, 77.

timieren, die Voraussetzungen benennen, aus verschiedenen Perspektiven betrachten, Einwendungen vorwegnehmen, mit Beispielen illustrieren, Einschränkungen vornehmen, und Informationen – je nach Bedarf – während des Vortrags stärker oder schwächer gewichten. Generell sollten Textfolien daher eher plakativ gestaltet und verständlich aufgebaut sein. Es gilt: Weniger ist häufig mehr. Die Folien sollten nicht überfüllt werden und es sollten nicht zu viele Folien sein.

## 4.2.5.2 Darstellen konzeptioneller Zusammenhänge

Um komplexe Zusammenhänge verständlich darzustellen, reicht manchmal die Informationsreduktion allein nicht aus. Dann kann es sinnvoll sein, Textfolien in Konzeptschaubildern darzustellen, z.B. für Wechselwirkungen, Interaktion, Hindernisse oder Hebelwirkung. Während bei Textschaubildern und bei quantitativen Zusammenhängen die Gestaltungsmöglichkeiten begrenzt sind und mehr Vorgaben gelten, bietet die Visualisierung konzeptioneller Zusammenhänge Freiraum. Die hier vorgestellten Schaubilder dienen als Ideensammlung. Es werden lediglich einige wenige „Basisversionen" vorgestellt, die vom Gestalter nach Belieben variiert werden können. Eine ausführliche Sammlung findet sich bei Zelazny.[11]

Ein Konzeptschaubild sollte immer beschriftet werden. Auch für diese Kategorie von Visualisierungen gilt: Einfacher ist besser, weniger ist mehr! Visualisierungen sollen lediglich dem Verständnis des Betrachters – also des Publikums – dienen. Der Gestalter sollte bei der Visualisierung verschiedene Schaubildvarianten testen und dann die verständlichste Variante umsetzen.

Es folgen zwölf Typen für die graphische Aufbereitung konzeptioneller Zusammenhänge:

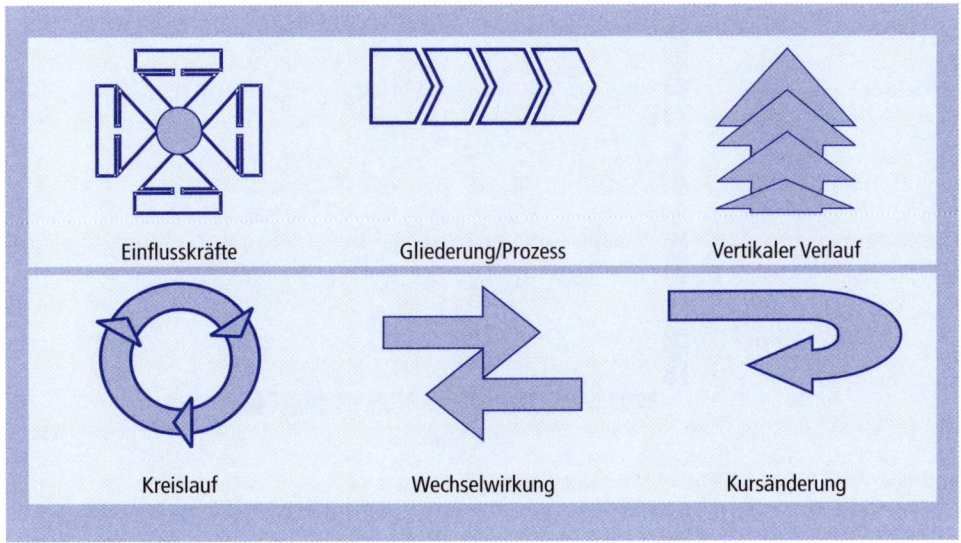

Einflusskräfte     Gliederung/Prozess     Vertikaler Verlauf

Kreislauf     Wechselwirkung     Kursänderung

**Abbildung 4.1:** Konzeptionelle Zusammenhänge als Bilder

---

11 Vgl. Gene Zelazny, *Wie Aus Zahlen Bilder werden: Der Weg zur visuellen Kommunikation* (Wiesbaden: Gabler, 1999) 163ff.

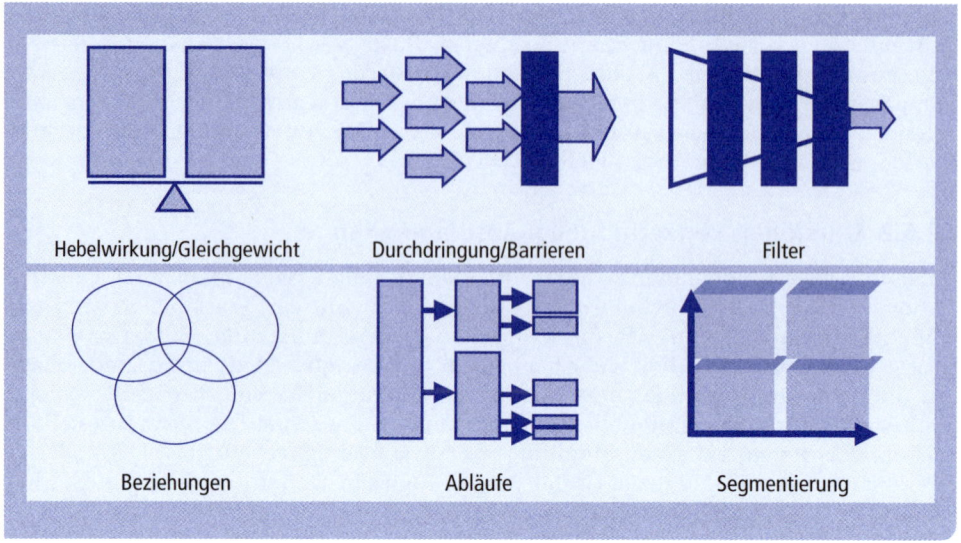

**Abbildung 4.1:** Konzeptionelle Zusammenhänge als Bilder (Fortsetzung)

In der Betriebswirtschaftslehre sind Segmentierungen in Form sogenannter Portfolios eine beliebte Form der Darstellung. Im Grunde sind Portfolios nichts anderes als eine einfache Form der Tabelle bzw. einer Matrix. Die einfachste Form sind 2x2-Portfolios, hier dargestellt am Beispiel der sogenannten BCG-Matrix:

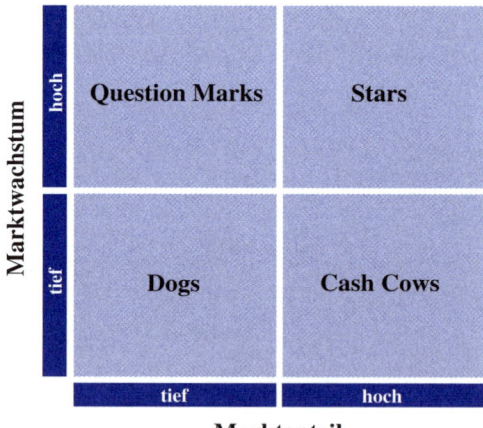

**Abbildung 4.2:** Portfolio

Dieses Portfolio dient der Klassifizierung von Produkten beziehungsweise Geschäftseinheiten nach Marktwachstum und Marktanteil, wobei vier Typen mit griffigen Titeln, „Dogs", „Stars", „Question Marks" und „Cash Cows" geschaffen wurden.[12]

---

12 Bruce Hedley, „Strategy and the business portfolio", *Long Range Planning* 10 (1977): 9-15.

### 4.2.5.3 Umsetzen von quantitativen Daten in Graphiken

Bevor Sie an die graphische Umsetzung Ihres Datenmaterials gehen, sollten Sie sich bewusst machen, wie Ihre Daten beschaffen sind. Unterscheiden Sie zwischen abhängigen und unabhängigen Elementen:

Von **unabhängigen Elementen** spricht man, wenn sie in Bezug auf die restlichen Daten fixiert sind oder einen wohl definierten Maßstab bilden. Gemeint sind stabile Größen wie Länder, Orte, Konzepte etc. oder veränderliche Größen wie Zeit, Temperatur oder Entfernung, von denen die Wirkung ausgeht. Diese unabhängigen Elemente bilden den **Beobachtungsrahmen**.

**Abhängige Elemente** ändern sich durch die unabhängigen Elemente. Sie reagieren auf externe Einwirkungen. Abhängige Elemente sind die **zur Beobachtung stehenden Variablen**.

Beispiele:

1. Verglichen werden die Arbeitslosigkeitsraten in der Schweiz, Italien, Deutschland und den Niederlanden. Die vier Länder sind die unabhängigen Elemente, die Arbeitslosenzahlen sind abhängig: Die Zahlen beziehen sich auf die unabhängigen Fälle der Länder.
2. Beobachtet werden die Wachstumsraten des Bruttoinlandsprodukts in der Schweiz von 2000 bis 2010. Die Jahre von 2000 bis 2010 dienen als Zeitmaßstab und sind unabhängig. Die Wachstumsraten sind von den Jahren abhängig.

Wenn Sie wissen, welche Daten Sie vermitteln wollen, stellt sich die Frage, auf welche Aussage Sie Wert legen. Hier ein einfaches Beispiel von Zelazny,[13] wie man aus einer einfachen Tabelle völlig unterschiedliche Informationen gewinnen kann:

| Umsatzstruktur für Januar nach Regionen | | |
|---|---|---|
| | **Unternehmen A** | **Unternehmen B** |
| Nord | 13% | 39% |
| Süd | 35% | 6% |
| Ost | 27% | 27% |
| West | 25% | 28% |

1. Unternehmen A und B haben eine unterschiedliche Umsatzstruktur.
2. Die regionalen Umsatzschwerpunkte liegen bei Unternehmen A anders als bei Unternehmen B.
3. Unternehmen A hat den höchsten Anteil im Süden, Unternehmen B im Norden; oder: Unternehmen A ist am schwächsten im Norden, Unternehmen B im Süden.
4. Den höchsten Umsatzanteil hat Unternehmen A im Süden, wo Unternehmen B am schwächsten ist.
5. Im Süden hat Unternehmen A einen deutlichen Vorsprung vor B; im Osten und Westen sind die beiden gleichauf; im Norden ist A gegenüber B im Rückstand.

---

13 Vgl. Zelazny, *Wie Aus Zahlen Bilder werden*, 22ff.

Je nach Aussage werden Sie eine andere Darstellung wählen müssen. Wenn Sie Ihre Aussage gefunden haben, teilen Sie dem Publikum die Aussage mit, indem Sie einen sprechenden Titel finden. Anstelle eines Stichworttitels verwenden Sie einen Aussagetitel:

| | |
|---|---|
| Stichworttitel: | Verlauf des indischen Bevölkerungswachstums |
| **Aussagetitel:** | Die indische Bevölkerung hat sich in den letzten 40 Jahren verdreifacht. |
| Stichworttitel: | Bakterienwuchs je Petrischale |
| **Aussagetitel:** | In Schale E liegt das Wachstum weit zurück. |
| Stichworttitel: | Anteile der Divisionen an Entwicklungsausgaben |
| **Aussagetitel:** | Auf die Spezialchemie entfallen 45% der Entwicklungsausgaben. |

Ihre Aussage können und sollten Sie, wenn möglich, durch Vergleiche qualifizieren. Es gibt fünf verschiedene Vergleichstypen.

| | Strukturen<br>Anteile an einem Ganzen | Rangfolgen<br>Reihung und Positionierung von Objekten | Zeitreihen<br>Veränderungen über die Zeit | Häufigkeiten<br>Häufigkeiten in Grössenklassen | Korrelationen<br>Beziehungen zwischen Variablen |
|---|---|---|---|---|---|
| **Beschreibung** | Anteil einzelner Komponenten am Ganzen<br>• Gewinnanteil<br>• Marktanteil<br>• Umsatzanteil<br>• Prozentsatz | Wertende Gegenüberstellung einzelner Objekte<br>• Position<br>• Größe<br>• Dauer<br>• Volumen … | Veränderungen im periodischen Zeitverlauf (Wochen, Monate, Jahre)<br>• Steigerung<br>• Stagnation<br>• Rückgang | Häufigkeit in verschiedenen, aufeinander folgenden Größenklassen<br>• Verteilung<br>• Häufigkeit<br>• Bereich | Bestehen Beziehungen/ Zusammenhänge zwischen Variablen?<br>• Veränderung<br>• Variation<br>• Zusammenhang |
| **Indikatoren** | Wachsen, Steigen, Fallen, Sinken, Schwanken, Zunehmen, Verändern | Erster …, Liegt vor/nach …, x-ter von …, Gleichauf mit …, Größer als …, Kleiner als …, Mehr/weniger …, Liegt zwischen/ über/unter | x% von …, Anteil …, Ein Zehntel der/von, Der überwiegende Teil …, Der kleinste/größte Teil … | Verteilt sich in …, … im Bereich x-y, in Konzentration von …, am höchsten/niedrigsten von …, Die meisten/wenigsten in … | Variiert (nicht) mit, Steigt (nicht) mit …, entwickelt sich parallel zu …, Relativ zu …, Abhängig/ unabhängig von … |

Diese Qualifikationen Ihrer Aussagen durch Vergleiche lassen sich visualisieren, wobei es wiederum fünf verschiedene Typen von Schaubildern gibt:[14]

Kreisdiagramm

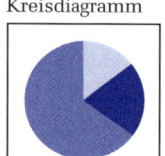

Balkendiagramm

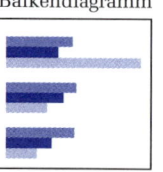

Säulendiagramm

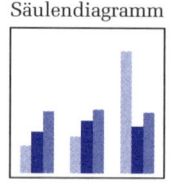

Kurvendiagramm

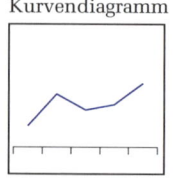

Punktediagramm

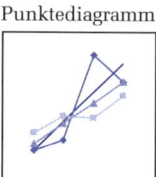

**Abbildung 4.3:** Typen von Schaubildern

---

14 Vgl. Zelazny, *Wie aus Zahlen Bilder werden*, 33.

Nicht zu jedem Vergleich passt jedes Schaubild. Die folgende Tabelle nimmt eine Zuordnung vor:[15]

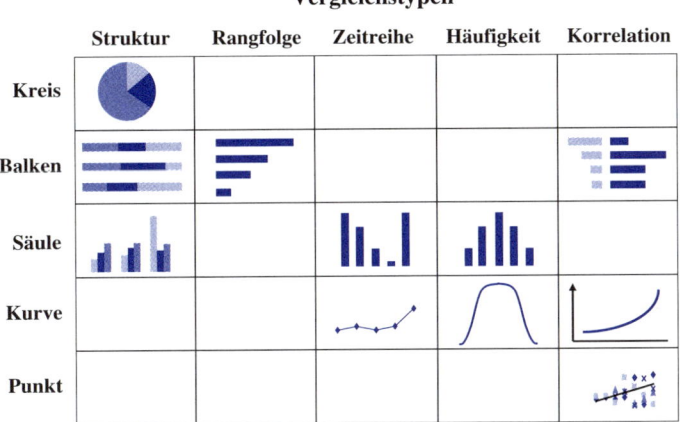

**Abbildung 4.4:** Zuordnung Schaubild – Vergleich

Anhand der Zuordnung durch die Tabelle stellen wir beispielhaft für die verschiedenen Vergleichstypen einige Umsetzungen in Schaubilder dar:

## Strukturvergleich

Der Strukturvergleich befasst sich mit der Aufteilung einer Gesamtheit. Es geht immer um Anteile bzw. Prozent der Gesamtmenge.

Beispiele:

- 6% der Studierenden stammen aus Österreich.
- 10% der Neugründungen sind Spin-offs von Universitäten.
- 2 von 3 Kunden bestellen per Telefon oder Fax.

Das ideale Einsatzgebiet für das Kreisdiagramm ist der Strukturvergleich. Der Kreis stellt die Gesamtheit dar und ist in unterschiedlich große Segmente geteilt.

**Fast jede zweite Baumnuss aus Dulumbaya**

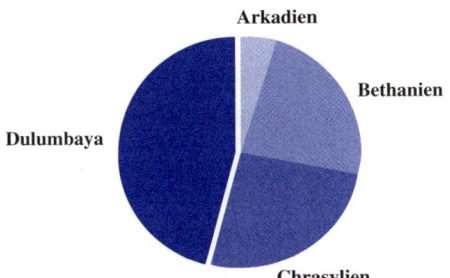

**Abbildung 4.5:** Strukturvergleich als Kreisdiagramm

---

15 Adaptiert von Zelazny, *Wie aus Zahlen Bilder werden: Der Weg zur visuellen Kommunikation* 37.

Heben Sie den wichtigsten Sektor heraus (z.B. durch eine dunklere Farbe oder durch „Herausbrechen" aus dem Kreis) und stellen Sie nicht mehr als sechs Kreisstücke dar. Falls Ihre Daten differenzierter sind, fassen Sie kleinere Anteile als „Sonstiges" zusammen.

Zwei Regeln sollte man bei der Anwendung von Kreisdiagrammen beachten:

- Sie sind nur dann anwendbar, wenn wenige Teile in ihrer Summe die Gesamtheit (100%) ergeben.

- Spielereien wie geschichtete Pyramiden, dreidimensionale Torten, Würfel und Ähnliches irritieren bei der Abschätzung der Größen. Bleiben Sie beim einfachen Kreis!

Zwei Gesamtheiten lassen sich besser mit Säulen darstellen:

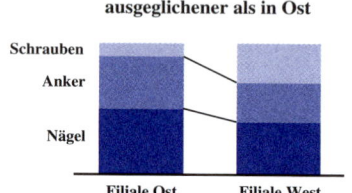

**Abbildung 4.6:** Strukturvergleich eines Paares in Säulenform

## Rangfolgevergleich

Einzelne Werte werden gegenüber gestellt und verglichen. Sie können kleiner, größer, besser, schlechter oder etwa gleich sein. In jedem Fall wird eine Rangordnung aufgestellt.

Beispiele:

- Bei Produkt A gab es die meisten Garantiefälle, während Produkte B und C weniger Rücklauf hatten.

- Im Vergleich mit den direkten Konkurrenten liegen wir mit unserer Dividendenrendite an dritter Stelle.

- Das Betreuungsverhältnis Professoren/Studierende ist an allen Universitäten des Landes etwa gleich groß.

Rangfolgen lassen sich am besten durch Balkendiagramme darstellen. Die Varianten sind vielfältiger, als man im ersten Augenblick denkt:[16]

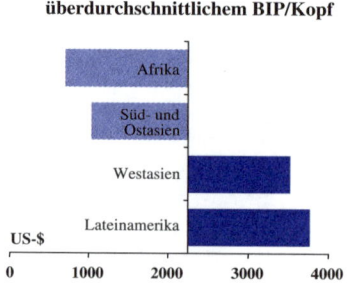

**Abbildung 4.7:** Rangfolgevergleich um einen Durchschnitt

16 Weitere Varianten finden Sie bei Zelazny, *Wie Aus Zahlen Bilder werden*, 44.

## Zeitreihenvergleich

Der Zeitreihenvergleich ist die meistverwandte Beziehung. Es wird die Entwicklung von Werten über einen bestimmten Zeitraum betrachtet. Sie können steigen, fallen oder stagnieren.

Beispiele:

- Die Anzahl der Sinologie Studierenden sank von 1980 bis 2000 kontinuierlich.
- Trotz der Bemühungen zur Gewichtsreduktion steigt das Durchschnittsgewicht der produzierten Autos seit zehn Jahren an.
- Die Population des Rotmilans ist seit 1990 starken Schwankungen unterworfen. Ein Trend ist nicht zu erkennen.

Zeitreihen lassen sich durch Säulen oder Kurvendiagramme darstellen. Für wenige Punkte, z.B. sechs Jahreszahlen, ist das Säulendiagramm gut geeignet, viele Punkte, z.B. viele Tage, Monate etc., werden am besten in einem Kurvendiagramm gezeigt.

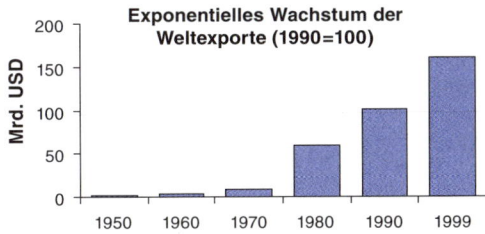

**Abbildung 4.8:** Zeitreihen im Säulendiagramm

Gut geeignet sind Kurvendiagramme, wenn man die Entwicklung mehrerer Werte vergleichen will.

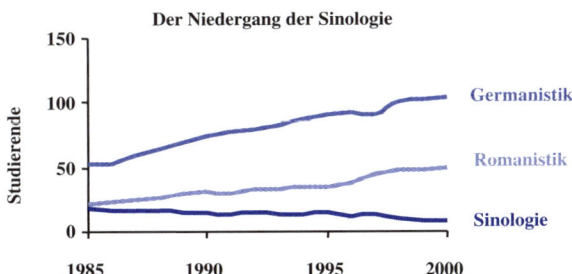

**Abbildung 4.9:** Zeitreihen im Kurvendiagramm

## Häufigkeitsvergleich

Im Häufigkeitsvergleich wird eine Menge von Ereignissen in verschiedene Klassen unterteilt und ihre Anzahl angegeben.

Beispiele:

- Innerhalb der ersten zwei Wochen erfolgen die meisten Stornierungen.
- Jeder zehnte Studierende ist jünger als 22 Jahre, immerhin 20% sind älter als 30 Jahre.
- In der Altersstruktur der Zuschauer sind zwischen den beiden TV-Sendern deutliche Unterschiede erkennbar.

Hier kommen typischerweise Häufigkeitssäulen („Histogramme") zur Anwendung:

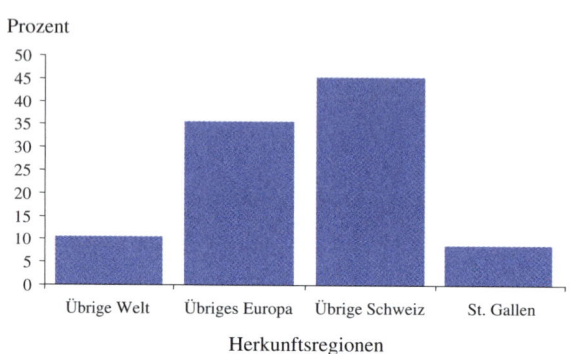

**Abbildung 4.10:** Häufigkeitsvergleich

## Korrelationsvergleich

Der Korrelationsvergleich zeigt, ob zwischen zwei Variablen Abhängigkeiten bestehen. In seiner einfachen Form wird von einem linearen Zusammenhang ausgegangen – wenn Wert A steigt, steigt auch Wert B in einem gewissen, konstanten Verhältnis.

Beispiele:

- Mit zunehmendem Alter steigt das Herzinfarktrisiko.
- Je höher das Einkommen unserer Kundinnen und Kunden, desto teurere Produkte wählen sie.
- Zwischen dem Alter unserer Außendienstmitarbeiter und dem erzielten Umsatz besteht kein Zusammenhang.

Korrelationen kann man durch ein Punktediagramm darstellen: Auf den Achsen sind die Variablen aufgetragen, deren Zusammenhang untersucht werden soll. Wenn ein perfekter positiv-linearer Zusammenhang gegeben wäre, lägen alle Punkte auf einer gedachten Linie, die vom Kreuz der Achsen (Schnittpunkt der X und Y Achsen, häufig Nullpunkt) nach rechts oben zeigt. Eine „Wolkenbildung" um diese Ideallinie deutet auf einen Zusammenhang hin, eine chaotische Verteilung lässt – so wie hier – keinen Zusammenhang erkennen:

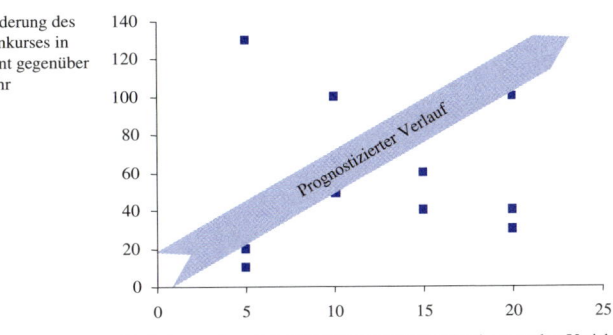

**Zwischen der Veränderung des Aktienkurses und der Entwicklung des Bonuses besteht kein Zusammenhang**

**Abbildung 4.11:** Korrelationsvergleich

## Texttabellen

Texttabellen können in konziser Form systematische Sachverhalte aufzeigen.[17]

| | Vergleich von Tabellen, Balkendiagrammen und Graphen | | |
|---|---|---|---|
| | Präzision | Rhetorische Wirkung | Ausdruck |
| Tabellen | Hoch | Objektiv | deskriptiv |
| Balkendiagramme | Tief | objektiv/subjektiv | deskriptiv/narrativ |
| Graphen | Tief | Subjektiv | Narrativ |

Die Gefahr bei Texttabellen ist die Neigung zum Vereinfachen. Sachverhalte, die weniger eindeutig als in diesem Beispiel sind, erläutert man besser im Text.

## Formale Regeln für Schaubilder

1. Beschriften Sie Achsen und Daten genau und geben Sie immer die Einheiten an.
2. Nummerieren Sie graphische Darstellungen und Tabellen separat.
3. Werten Sie jede Graphik oder Tabelle im Text bzw. in Ihrem Vortrag explizit aus. Graphiken oder Tabellen sollen das, was Sie in Ihrem Text oder Vortrag ausführlich sagen, begleiten und visualisieren, aber niemals ersetzen.
4. Wenn Sie die Graphik in einen Text einbinden: Positionieren Sie Graphiken und Darstellungen möglichst nahe an der Textstelle, auf die sie sich bezieht.

---

17 Vgl. Booth, Colomb and Williams 241ff.

### 4.2.5.4 Präsentationen als Ganze gestalten

Die in diesem Kapitel gewonnenen Erkenntnisse werden nun nachfolgend exemplarisch an einer aus dem studentischen Kontext stammenden Präsentation verdeutlicht.

Ausgangspunkt ist die Definition eines Masters in Ihrem Präsentationsprogramm. Im Master werden die wichtigsten Formatierungen für die gesamte Präsentation festgelegt. Dies sind:

- Titelbereich
- Objektbereich
- Schriftart
- Schriftgröße
- Überschriften (Ebenen, Einzüge, Hervorhebungen)
- Kopf- und Fußzeilen
- Bildmarken
- Hintergrundbilder

Wenn Sie über die nötigen Fähigkeiten verfügen, können Sie den Master selbst erstellen. Wir empfehlen Ihnen als Alternative, die von der Software angebotenen Vorlagen oder Ihnen z.B. von der Universität zur Verfügung gestellte professionelle Master zu verwenden.

Titelfolie

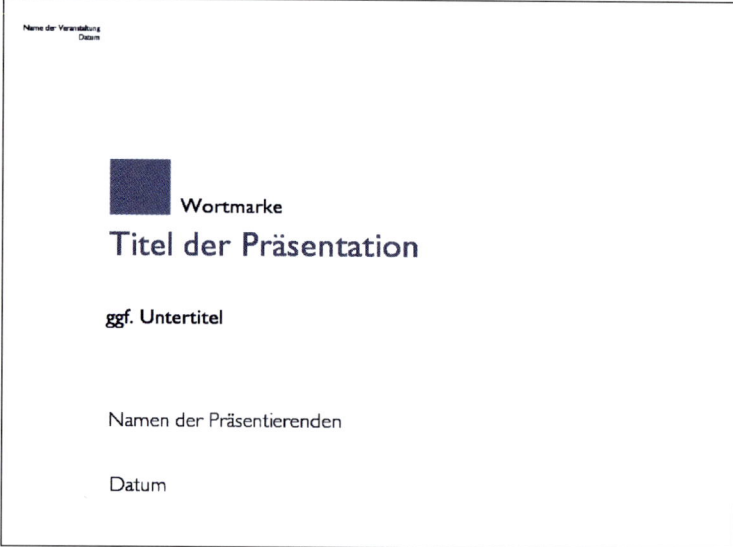

Die erste Folie ist die **Titelfolie**. Die Titelfolie enthält als wichtigste Botschaft den eigentlichen Präsentationstitel, das Datum sowie die Angaben zu den Präsentierenden, also Name und Vorname, eventuell Funktion oder Institution (Universität, Firma, Institut etc.). Daneben kann diese Folie eine Bildmarke oder noch einen Untertitel beinhalten.

Agenda – Folie

```
■ Agenda

    – [Forschungsfrage]
        – [Lücke]
        – [Literatur]
    – [Argumente]
        – [Annahmen]
        – [Thesen]
        – [Methode]
        – [Einschränkungen]
    – [Schlussfolgerungen]
    – [Offene Forschungsfragen]
```

Auf die Titelfolie folgt die **Agenda** (Gliederung, Tagesordnung, Traktandenliste). Die Agenda ist die Richtschnur, welche dem Auditorium den Aufbau und die Struktur der Präsentation vermittelt, wobei sprechende Titel für die in Klammern aufgeführten exemplarischen Punkte zu verwenden sind. Die Agenda enthält allerdings nur die wichtigsten Eckpunkte der Präsentation und sollte übersichtlich gestaltet sein, d.h. nicht mehr als zwei Gliederungsebenen enthalten. Daneben kann die Agenda auch über die geplante Dauer der Präsentation Auskunft geben. Es ist wichtig, dass schon die Agenda ein vernünftiges Zeitmaß für die Vermittlung der Präsentationsinhalte vorgibt. Bei längeren Präsentationen können Sie die Agenda zur Orientierung und Ankündigung eines neuen Abschnitts wiederholt einsetzen.

Inhaltliche Aussagen

```
■ Überschrift als Actiontitel
  Ergänzende Überschrift




        [inhaltliche Aussagen]
     X korreliert positiv mit Y im Fall 1
     X korreliert negativ mit Y im Fall 2




    Quelle:
```

Inhaltsfolien gestalten Sie nach den im vorangegangenen Kapitel aufgestellten Regeln für Text, Konzept und Daten. Achten Sie dabei insbesondere auf Übersichtlichkeit, strukturierte Argumentationsführung und Konsistenz. Entsprechend eignen sich zur Inhaltsdarstellung neben Textfolien Schaubilder bzw. Text/Grafik Kombinationen:

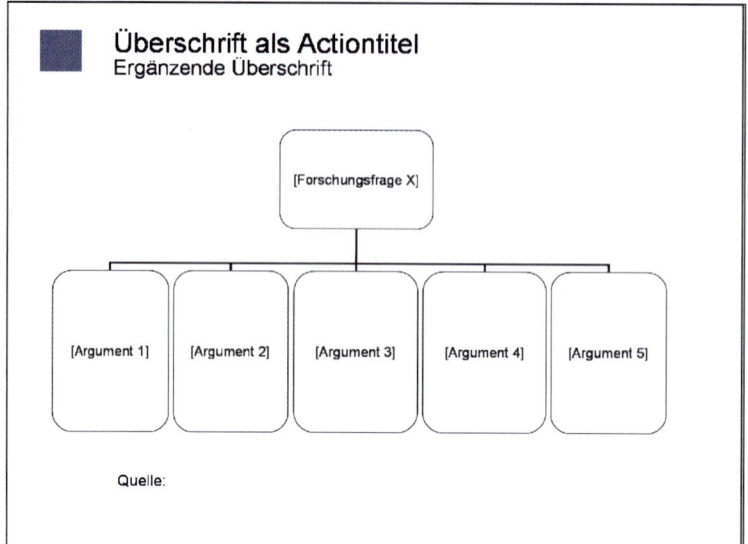

Inhaltsfolien

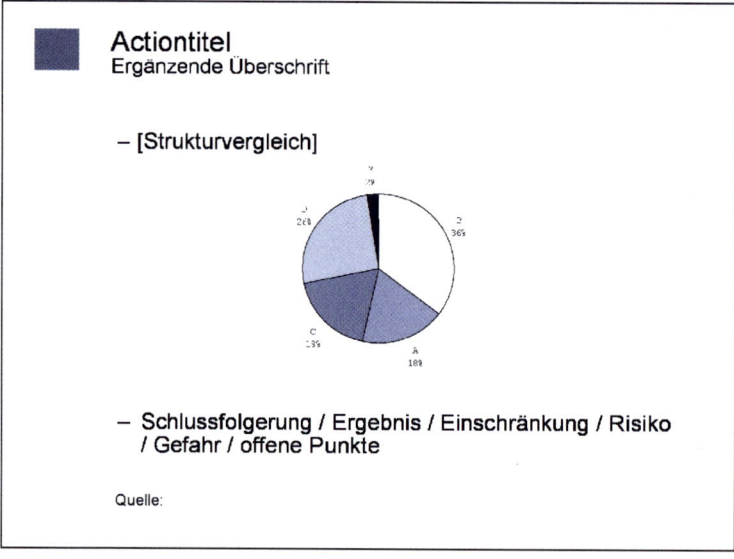

Inhaltsfolien

**Abbildung 4.12:** Präsentationsfolien

Beschränken Sie sich auf die Kernaussagen und planen Sie mindestens zwei Minuten Sprechzeit pro Folie ein. Der Actiontitel ermöglicht Ihnen, diese Vorgaben einzuhalten, denn er präsentiert eine polarisierende, aktive Aussage in knapper Subjekt-Prädikat-Objekt-Stellung. Ein Actiontitel

- beschreibt den Sachverhalt (Analyse),
- zieht Schlüsse aus den präsentierten Inhalten (Schlussfolgerungen),
- fordert zum Handeln auf (Zuordnung der Schlussfolgerung)

Bei der Erstellung von Actiontiteln ist darauf zu achten, dass erstens Inhalt und Titel zueinander passen, letzterer sich also aus ersterem ableiten lässt sowie dass zweitens das verwendete Schaubild nichts Gegenteiliges ausdrückt. Auf der übergeordneten, inhaltlichen Dimension müssen drittens die Actiontitel aller Folien den Verlauf der „Geschichte" (storyline) der Präsentation wiedergeben.

## 4.3 Präsentationen durchführen

Nachdem ein Präsentationskonzept erarbeitet, die Informationen visualisiert und die nötigen Vorbereitungen vor Ort getroffen wurden, kann der Präsentierende in Aktion treten. Ob sich die großen Mühen, die mit der Vorbereitung verbunden waren, auch lohnen und das Präsentationsziel erreicht wird, hängt von der Fähigkeit des Präsentierenden ab, die Botschaft während der Präsentation wirksam zu vermitteln. Diesem Ziel kommt man durch die Beachtung der folgenden pragmatischen Hinweise zur Haltung (4.3.1), zum Verhalten (4.3.2) und zum Umgang mit der Technik (4.3.3), vor allem aber durch Übung näher.

### 4.3.1 Haltung

Zunächst darf sich der Präsentierende nie in den Vordergrund stellen. Im Mittelpunkt jeder Präsentation steht das Publikum. Deshalb versteht es sich von selbst, dass der Präsentierende **Respekt** und Wertschätzung gegenüber seinem Publikum und dem Anlass der Präsentation zeigen muss, um akzeptiert zu werden.[18]

Neben dem Respekt für das Publikum als erster Charakteristik eines guten Redners zeichnet sich die Haltung durch begründetes **Selbstvertrauen**, das eher zur Bescheidenheit denn zum Übermut neigt, aus. Dieses kann man durch Übung gewinnen, wobei hier zwei verschiedene Aspekte angesprochen sind: Zum einen gewinnt der Präsentierende Übung durch jede Präsentation, die er unternimmt. Je häufiger er präsentiert, desto besser lernt er den Umgang mit dieser Situation. Es ist also gerade Neulingen zu empfehlen, vorhandene Ängste abzubauen und möglichst früh und oft zu üben. Zum anderen erlangt die Präsentierende Selbstvertrauen durch das Einüben der jeweiligen Präsentation. Oftmals fehlt eine entsprechende Vorbereitung wegen vermeintlicher Zeitknappheit. Der Erfolg der Präsentation wird aber durch die Vertrautheit mit der Präsentation wesentlich erhöht. Es empfiehlt sich daher dringend, vorher zu proben.

Drittens muss der Präsentierende von den Inhalten, Ergebnissen und Empfehlungen, die in der Präsentation vorgestellt werden, **fachlich überzeugt** sein. Das Publikum spürt in der Regel genau, wenn ihm dieser Inhalt widerspricht. In diesem Fall ist es besser, einen Kollegen präsentieren zu lassen, dessen Einstellung besser mit den Ergebnissen und Empfehlungen übereinstimmt.

Die vierte Eigenschaft, die einen guten Präsentierenden ausmacht, ist dessen **Enthusiasmus**. Eine Präsentation ist immer ein Spiegel des persönlichen Engagements. Der Präsentierende muss persönlich voll hinter der Präsentation stehen, ohne Seriosität und Distanz zur Sache zu verlieren.

---

18 Vgl. Hartmann, Funk und Nietmann 46: „Partneraussage".

## 4.3.2 Verhalten

Einige Grundregeln sind Voraussetzung für eine erfolgreiche und verständliche Präsentation:[19]

1. Ruhige Atmung bis tief in den Bauch hinein reduziert das Lampenfieber.

2. Ruhig hervortreten mit der Redeunterlage in der Hand, d.h. einem in großer Schrift und großen Abständen geschriebenen Text oder Karten mit Stichwörtern. Blätter und Karten sind nummeriert, verschiedene Textteile wie wörtliche Zitate oder ergänzende Informationen allenfalls verschiedenfarbig markiert und der Zeitbedarf festgehalten, um straffen zu können. Die einzusetzende Technik ist vorbereitet.

3. Der Präsentierende sollte zum Publikum sprechen, es manchmal auch direkt ansprechen und möglichst Augenkontakt mit ihm halten. Der Redner sollte nicht wie ein Oberlehrer wirken, der apodiktisch seine Sichtweise der Dinge darlegen will, sondern sich offen und diskussionsbereit, immer den Kontext reflektierend, zeigen.

4. Die Aussprache muss deutlich, laut und natürlich sein, wobei der Redner seinen ganzen Stimmbereich ausschöpft, seine Stimmlage und -stärke variiert. Auf keinen Fall sollte die Stimme monoton wirken. Unterschiedliches Betonen von Haupt- und Nebenpunkten, das Setzen von Pausen oder unterschiedliche Sprechgeschwindigkeit eignen sich zur Gestaltung.

5. Der Vortrag ist abwechslungsreich, wenn man an das Auditorium kurze und eindeutige Fragen richtet oder auflockernde Elemente einsetzt. Hierfür eignen sich Signale (Körpersprache, Stilmittel, Medien), Geschichten, Beispiele (konkret, spannend, gut zugeordnet), Metaphern, Vergleiche (anschaulich, sinnvolle Referenzpunkte, ohne zu viele und langweilende Details), Anknüpfungspunkte, Irritationen, Provokationen, Teilzusammenfassungen sowie Aufgaben. Auch der Einsatz von Stilmitteln wie Alliteration, Reim, Neologismen, Lautmalerei („.... und es wallet und siedet und brauset und zischet ..."), Lautsymbolik (helle und dunkle Vokale), bildhaftes Sprechen (Metaphern nutzen, Deutungsperspektiven nahe legen, unterschiedliche Bereiche verbinden) zur Illustration, Anregungen, Äußerung von Kritik, Übertragung oder Ansprache von Konnotationen bieten sich für eine persönliche, abwechslungsreiche Gestaltung an.

6. Der Präsentierende sollte sein Gewicht auf beide Beine verteilen und die Hände nicht in die Hosentasche stecken, sondern sie vor dem Oberkörper angewinkelt halten, bereit zum gestischen Einsatz. Die Gestik, d.h. Körperbewegungen, und Mimik, d.h. Gesichtsbewegungen, sparsam, passend und gezielt einsetzen. Ansonsten gilt: Ruhe fördert die (eigene) Konzentration.

7. Hat man einen Begriff vergessen, einen Satz falsch gebaut, sich versprochen oder gar einen wichtigen Gesichtspunkt ausgelassen, so kommt man darauf ohne große Erklärung, allenfalls mit einem einleitenden Halbsatz (wie „Zu ergänzen ist noch ...", „Gemeint war ...", „Angesprochen wurde ..."), zu sprechen. Sollten dem Redner sachliche Fehler unterlaufen, die von Zuhörern während der Präsentation bemerkt werden, muss er diese zugeben. Eine gute Strategie ist, sich bei dem aufmerksamen Zuhörer für die Richtigstellung zu bedanken. Das zeigt den Respekt des Präsentierenden vor dem Publikum.

---

19 Für eine ausführlichere Darstellung der Präsentationstechniken siehe auch Zelazny, *Say It with Presentations*, 107-13 und Stickel-Wolf und Wolf 236-39. Eine eingehende Behandlung der Körpersprache findet sich in Christian Püttjer und Uwe Schnierda, *Optimal Präsentieren: So Überzeugen Sie Mit Körpersprache* (Frankfurt/New York: Campus, 2001) und in Stickel-Wolf und Wolf 252-56.

## 4.3.3 Umgang mit der Technik

Medien zur Visualisierung unterstützen den Vortrag – nicht mehr und nicht weniger. Beamer schaffen hervorragende Möglichkeiten einer animierten Präsentation und einer farbigen Gestaltung auch ohne Farbdrucker, doch bei technischen Problemen verlieren sie ihren positiven Effekt völlig. Der Beamer ist so zu positionieren, dass er bequem mit dem PC verbunden werden kann, das Publikum nicht stört und ein optimales Bild auf die Projektionsfläche wirft. Durch geeignete Vorbereitung lassen sich technische Hindernisse zumindest minimieren, wenn auch nicht ganz vermeiden. Ursachen von Problemen sind nicht nur die Funktionen einzelner Teile des Beamers (Lampenausfall, Kühlungsphase etc.), des Laptops (Systemabsturz, Batterieschwäche, Stromstecker passt nicht, Dateiausfall etc.) und der Peripheriegeräte (Batterie der Maus schwach, Kabel zu kurz etc.), sondern vor allem deren Zusammenspiel (Beamer erkennt Signal nicht, Bild verzerrt wegen verschiedener Auflösung, Zugang zum Internet oder zu Datenbanken nicht vorhanden, Ladezeiten via Funk-LAN zu lang etc.). Deshalb muss eine Präsentation ohne Hilfsmittel möglich bzw. ihr Ersatz in Form von Folien vorbereitet sein. Probleme sind nicht auszusitzen, und es ist auch nicht intensiv an einer technischen Lösung zu arbeiten, sondern mit Rücksicht auf das Publikum gilt es, vor allem Zeit zu sparen und schnell zu einer neuen Lösung ohne große Kommentare überzugehen. Nach einer kurzen Entschuldigung, ohne Anschuldigung von Dritten, beginnt man mit der eigentlichen Präsentation oder fährt damit fort. Auch im weiteren Verlauf sollte man nicht mehr auf die leider fehlende Technik verweisen, weil man sich damit nur selbst als einen Vortragenden darstellt, der nicht zu einem vollständig gelungenen Vortrag in der Lage ist.

Sofern kein Beamer zur Verfügung steht, eignen sich – wie früher – Tafelanschriften und Overheadfolien. Auch sie helfen bei der Visualisierung: Sie werden handschriftlich, ggf. mit dem Computer, erstellt und sind übersichtlich. Der Projektor steht an geeigneter Stelle, sodass er weder Publikum noch Redner verdeckt oder stört und ein scharf wie groß projiziertes Bild sichtbar wird. Man sollte die Zuhörer durch die Folien führen, indem man hilft, die darauf dargestellte Information schnell und richtig zu rezipieren. Während der Überleitung von einer auf die nächste Folie bleibt die schon besprochene Folie noch liegen. Beim Folienwechsel legt der Präsentierende eine Sprechpause ein. Sie dient als gedanklicher „Absatz", damit das Publikum die vorgestellte Information aufnehmen und verarbeiten kann. Wenn möglich, wechselt man als Redner die Folien selbst. Zum Deuten werden Zeigeinstrumente (Stift, Pointer, etc.) statt der Finger benutzt. Häufige Bewegungen der Zeigeinstrumente lassen unklar werden, auf was gezeigt werden soll.

Präsentation, häufig Microsoft Power Point, vorführen:

1. Computer (Laptop bzw. Notebook) mit dem Netzkabel an die Steckdose anschließen, um Stromverlust durch eine schwache Batterie zu vermeiden.

2. Das 15-polige Beamerkabel (DVI-Anschlusskabel genannt) mit dem Computer verbinden, wobei sich die entsprechende Muffe an der Rückseite oder der Seite des Laptops befinden kann.

3. Erst den Beamer, dann den Computer hochfahren.

4. Moderne Computer erkennen die externe Quelle von selbst. Ist dies nicht der Fall oder ist der Computer schon gestartet, muss man auf die externe Quelle umschalten. Dies geschieht bei den meisten Windows-Programmen durch gleichzeitiges Drücken der Tasten Funktion (FN) und F5 (gekennzeichnet durch Symbole eines Computers mit einem großen Monitor daneben; alternativ Tasten F6 oder F7).

Sobald Sie die beiden Tasten gleichzeitig gedrückt halten, erscheint ein Menü, das Ihnen ermöglicht a) nur den Notebook-Monitor, b) den Notebook-Monitor sowie den Beamer, c) nur den Beamer, d) Notebook-Monitor und Fernseher sowie e) nur der Fernseher einzuschalten. In der Regel brauchen Sie Funktion b).

5. PowerPoint-Präsentation (PPT) öffnen. Vorzuführende Dateien immer auf der Festplatte abgespeichert haben, weil die Zugriffszeit online manchmal zu lang ist. In den Präsentationsmodus (ganzer Bildschirm zeigt Präsentation) gelangen Sie auf drei Arten: a) durch Anklicken des Präsentationsicons in der unteren Menüleiste, b) über den Menüpunkt Bildschirmpräsentation: Befehl „Bildschirmpräsentation vorführen" oder c) über Drücken der Taste F5.

6. Bei laufender Präsentation können Sie den Beamer durch das Drücken der Taste B auf Schwarz stellen (z.B. wenn Overheadprojektor verwendet wird); mit ESC kommen Sie wieder in den Normalmodus der Ansicht zurück.

**Tafeln** und **Flipcharts** können der ergänzenden Visualisierung dienen und z.B. für zu klärende Begriffe, Fragen und Anregungen aus dem Publikum, für Ideenlisten etc. genutzt werden. Beide Medien sollte man nicht zu voll schreiben, weil das erstens viel Zeit in Anspruch nimmt und zweitens die Schrift in der Regel zu klein ausfällt, sodass Teile des Publikums das Tafelbild nicht mehr lesen können.

Entscheidend für den Erfolg ist, dass Haltung, persönliches Verhalten und eingesetzte Technik zusammenpassen und auf allen Ebenen dieselbe Nachricht transportieren.

## 4.4 In Diskussionen bestehen

Nach dem Schlussteil der Präsentation, in dem gegebenenfalls (nochmals) auf Ergebnisse, Perspektiven, Lösungsalternativen und konkrete Empfehlungen eingegangen wurde, leitet der Präsentierende – wenn dies möglich ist – direkt von der Darstellungsphase in die so genannte Austauschphase über,[20] d.h. zum Gespräch, zur Diskussion. Das kann z.B. mithilfe einer Eröffnungsfrage geschehen, die der Redner an das Publikum stellt. Grundsätzlich sollte zu Beginn der Präsentation geklärt werden, ob Fragen schon während des Vortrags gestellt werden dürfen oder erst am Ende. Eine klar zu favorisierende Alternative gibt es nicht; beide Möglichkeiten haben Vor- und Nachteile. In der Austauschphase erhält der Präsentierende Aufschluss darüber, inwieweit er Informationen verständlich vermitteln konnte und welche Einstellungen die Zuhörer zu den präsentierten Ergebnissen und Empfehlungen haben. Eine Interaktion während oder im Anschluss an den Vortrag des Redners ist die Haupteigenschaft, die die Präsentation von einem reinen Vortrag abhebt. Umso wichtiger ist es, dass sich der Präsentierende auf eventuell aufkommende Fragen vorher gezielt vorbereitet.

Zunächst können in einer Diskussionsrunde Fragen gestellt und beantwortet werden. Dabei können sowohl Verständnisfragen gestellt als auch über die Ergebnisse und Konsequenzen der Präsentation diskutiert werden. Der Vortragende kann sich also einer ganzen Anzahl kritischer Einwände gegenübersehen. Sie sollten sich dementsprechend vorbereiten auf Fragen nach:

- der angewandten Methode,
- den gewählten Theorien,
- den präsentierten Definitionen,

---

20 Vgl. Hartmann, Funk und Nietmann 83ff.

- den getroffenen Annahmen,
- den Gütekriterien,
- den nicht beantworteten Fragen.

Idealerweise liegen dazu Backup-Folien bereit. Die Leitung der Diskussionsrunde übernimmt in der Regel der Präsentierende selbst. Sollte eine andere geeignete Person anwesend sein (z. B. ein Dozent), so kann sie die Moderation übernehmen, was je nach Diskussionsverlauf Vorteile haben kann, wenn z.B. der Präsentierende mehr Zeit für die Ordnung seiner Gedanken oder Vorbereitung der Antworten benötigt. Als Regeln für den Umgang mit Fragen[21] lässt sich festhalten:

- Der Präsentierende sollte geduldig der Frage zuhören.
- Nachdem man die Frage gehört hat, sollte man eine Denkpause einlegen.
- Der Präsentierende sollte nur die gestellte Frage beantworten, nicht mehr und nicht weniger.
- Die Frage kann, muss aber nicht wiederholt werden. Sinnvoll ist es dann, wenn man sich nicht sicher ist, ob man selbst oder jeder im Raum die Frage verstanden hat.
- Die Antworten sollten an das gesamte Publikum gerichtet werden, nicht nur an den fragenden Zuhörer.
- Der Präsentierende sollte so lange bei der Frage verharren, bis sie umfassend beantwortet ist. Gegebenenfalls ist beim Fragesteller nachzufragen, ob die Frage ausreichend beantwortet wurde.

Der Aufbau der Antworten orientiert sich am schon bekannten Schema eines guten Arguments. So sind im wissenschaftlichen Diskurs die größten Erfolge, d.h. eine Veränderung des Denkens bei den Zuhörern, zu erwarten. Zugleich muss man als Redner mit verschiedenen Diskursstilen bzw. Herausforderungen (Provokationen) angemessen umgehen können bzw. als Zuhörer Ausführungen herausfordern:[22]

### Aktualität anzweifeln
- durch Hinweis auf drängendere, hier nicht berücksichtigte Probleme („Wir alle kennen das Z Problem, die große Herausforderung des nächsten Jahres, doch nichts davon wurde hier angesprochen …");
- durch Transfer aktueller, anderer Untersuchungen auf das behandelte Problem („Wenn man die große Untersuchung des bekannten Y Instituts hierzu heranzieht …", „wenn man unter dem Z Blickwinkel den Vortrag ansieht, …")

Als Redner belegt man die Aktualität durch Ansprechen der Bedeutung des Themas bereits in der Einleitung, das Heranziehen aktueller Literatur und eine entsprechende Begründung im Methodenteil des Vortrags. In der Diskussion empfiehlt es sich, die Art der herausfordernden Argumentation aufzudecken und inhaltlich zu entkräften.

### Originalität bezweifeln
- durch Verweis auf bereits bestehende Untersuchungen und Publikationen;

---

21 Vgl. Zelazny, *Say It with Presentations*, 119-24 und Stickel-Wolf und Wolf 259-62.

22 Vgl. Michael Burchardt, *Leichter studieren. Wegweiser für effektives wissenschaftliches Arbeiten*, 3. Aufl. (Berlin: bwv, 2000) 187-204; Norbert Franck, *Fit fürs Studium. Erfolgreich reden, lesen, schreiben*, 6. Aufl. (München: dtv, 2003) 165-192 sowie David Perrin, *Schreiben ohne Reibungsverlust: Schreibcoaching für Profis*, 3. Aufl. (Zürich: Werd, 2001).

- indem man das Ergebnis des Vortrags so einordnet und relativiert, dass es trivial, unwesentlich, vorhersehbar und repetitiv erscheint, ihm also der Erkenntnisgewinn abgesprochen wird;
- indem man darlegt, warum das Ergebnis keinen Nutzen stiftet;
- indem man die angewandte Arbeitsmethode als veraltet, unzureichend, naiv, einseitig, unsystematisch kennzeichnet.

Als Vortragender zeigt man die Originalität seiner Arbeit durch ehrliche Bezeichnung des Neuigkeitsgehalts der eigenen Ergebnisse, z.B. einer neuen Methode, mit der bekannte Forschungsergebnisse bestätigt werden konnten (im Popper'schen Sinne hat die Theorie einer weiteren, härteren Falsifikation standgehalten) oder einer neuen Perspektive, z.B. die Anwendung der H Theorie auf die Frage, oder einem neuen Anwendungsnutzen, z.B. der S Theorie auf die Prognose von Mitarbeiterverhalten etc. In der Einleitung kann ein realistischer Erwartungshorizont abgesteckt werden.

### Unvollständigkeit vorwerfen

- durch Hinweis auf fehlende thematische, praktische, internationale Bezüge und Zusammenhänge in der Forschungsfrage, ungeschickte Themenabgrenzung also;
- indem fehlende wichtige Publikationen, Schulen, Denkrichtungen benannt werden;
- durch Aufzeigen unzureichender Datenerhebung und -auswertung, z.B. „Mit der X Methode wäre deutlich geworden, …";
- durch den Beleg unzureichender Diskussion und Einordnung der Ergebnisse;
- mit dem Hinweis auf fehlende naheliegende oder notwendige Schlussfolgerungen.

Als Präsentierender entkräftet man den Vorwurf durch sorgfältige Planung der Arbeit, gute Begründungen für das Vorgehen im Hinblick auf das jeweilige Ziel, ehrliche Einschränkungen bereits für die Textredaktion bzw. den Vortrag und stichhaltige, auf die eigene Arbeit bezogene, nicht nur allgemeine Begründung in der Diskussion. Allerdings lassen sich Vorwürfe dieser Art selten vollständig ausräumen: semper aliquid haeret ist die betrübliche Erkenntnis. Als geschickt erweist es sich manchmal, den Fragenden selbst um entsprechende Ausführungen zum Füllen der Lücke zu bitten.

### Unterstellungen vornehmen

- indem man dem Vortragenden Aussagen, Annahmen, Bewertungen und Interpretationen unterstellt oder gezielte Fehlschlüsse anbietet, die so explizit gar nicht ausgesprochen wurden, aber naheliegend oder zumindest möglich erscheinen.

Auf diese unfaire Art kann die Glaubwürdigkeit erschüttert werden und sich die Diskussion in Nebensächlichkeiten oder in einer Verteidigung verlaufen, was den Referenten – unabhängig von der sachlichen Richtigkeit – selten gut aussehen lässt. Als Referent muss man derartige Deutungen klar identifizieren können, diese enttarnen und erklären, sie seien nicht Teil der Aussage – ohne sich auf die Details einzulassen. Dies fällt leichter, wenn man sorgfältig, bescheiden, konkret und klar formuliert hat.

### Thema ausweiten bzw. Betrachtungsebene verändern

- indem man die Aussagen auf einen bestimmten Rahmen, eine gewisse Theorie, ein Anwendungsfeld, eine übergeordnete Politik oder Nachbargebiete bezieht und damit zusätzlich viele offene Punkte entstehen;
- durch stillschweigende, aber eigentlich unzulässige Generalisierungen: Schlussfolgerungen werden – vermeintlich unbemerkt – auf zusätzliche Fragen/Themen/

Gebiete ausgedehnt, für die sie eigentlich nicht gedacht waren, und dort widerlegt; aus dieser Widerlegung heraus wird das ursprüngliche Argument infrage gestellt;

- durch spezielle Beispiele, die der eigentlichen Aussage widersprechende Details betreffen, wobei meist die besonderen Bedingungen des erwähnten Falles unausgesprochen bleiben;

- indem man eine bislang theoretische Diskussion auf die empirische Ebene zieht, bzw. theoretische und empirische Argumente auswechselt;

- indem man die Ergebnisse des Referenten übertragen lässt, z.B. auf einen anderen Zeitraum, ein anderes Modell, ein anderes Land, was immer schwierig ist, häufig auch gar nicht die Absicht des Referenten war und ihn dann selten als Kenner der Materie ausweist.

Dieser mögliche Diskussionsverlauf mahnt einen Referenten, die Bezüge und Anwendungen seiner eigenen Aussagen schon vor dem Verfassen sorgfältig zu klären, ggf. auch anzusprechen, in jedem Fall aber den Geltungsbereich seiner Aussagen realistisch abzustecken. Man sollte immer die Reichweite der eigenen Aussagen klar definieren und im Gespräch keine Ausweitungen und Überinterpretationen der eigenen Themen tolerieren, auch nicht, wenn sie positiv gemeint sind, denn dies kann unerwartete Kritik provozieren. Ein weitsichtiger Referent hinterfragt Gegenbeispiele aufgrund von Fällen systematisch auf Annahmen und Kontext und versucht, Theorie und Empirie zu verbinden bzw. von der stärkeren Seite her zu argumentieren. Wer auf einer übergeordneten Ebene klären und benennen kann, auf welcher Ebene argumentiert wird, zeigt Übersicht und Souveränität.

## Aussagen interpretieren

- indem man einzelne Aspekte unabhängig von ihrer Bedeutung besonders stark herausarbeitet, ergänzt, bewertet und kritisiert,

- durch Aufbau vermeintlicher Gegensätze, die nicht zwingend bestehen und sich nicht ausschließen;

- durch Umkehrschlüsse;

- indem man Korrelationen bzw. Kausalitäten unterstellt, obwohl nur Scheinzusammenhänge bzw. Korrelationen bestehen,

- indem man unlogische oder unsichere Schlüsse zieht, die nicht den Regeln von Induktion, Abduktion oder Deduktion entsprechen.

Als Referent erkennen Sie derartige unsaubere Argumentationen und können diese bereits auf der Ebene der Qualität der Argumentation widerlegen, ohne sich auf die Diskussion der in unsicheres Terrain führenden Sachebene einlassen zu müssen.

Kritische Diskussionsbeiträge können sprachlich geschickt verpackt sein, sodass sie zunächst nicht alarmierend wirken, ihr destruktiver Effekt jedoch schnell allen deutlich wird. Seien Sie auf der Hut, wenn Sie folgendes hören:

- sondierende Fragen: „Weiss man nicht ...?", „Sie sprechen doch ... an?";

- kurze anekdotische Geschichten;

- Berufung auf Dritte, allenfalls auf Autoritäten, deren [vermeintliche] Kritik formuliert wird, um die eigene Person aus der Schusslinie zu bringen;

- wörtliche Zitate bekannter Autoren mit genauen Referenzangaben, sodass Staunen über die Gedächtnisleistung des Sprechers entsteht;

- einen ironischen oder zynischen Unterton in Sätzen wie: „man gehe doch davon aus, dieser wenngleich weitreichende Fehler sei der einzige und spreche nicht für die gesamte Arbeit/Leistung …";

- einleitende Freundlichkeit, die rasch umschlägt: „An vielen Stellen zeigt der Referent einiges Positives, aber …";

- eine mitfühlende Einleitung, wie „Bedauerlicherweise konnte der Vortragende nicht deutlich machen …";

- eine harsche Einleitung, in der dem Referenten ideologische Verblendung, veraltetes Theorieverständnis nutzlose Modellbildung, opportunistisches Verhalten, beliebige Interpretation, Effekthascherei, elitäre Abgehobenheit, mangelnde Praxisrelevanz oder fehlende methodische Rigorosität vorgeworfen wird, dann aber – nach der brutalen Zerstörung – ein allseits leicht einsichtiger Aspekt angeführt wird, der Gemeinsamkeit aufbaut;

- eine Bezugnahme auf die Reaktion des Publikums: „man hätte angesichts der staunenden, verwunderten, fragenden, gelangweilten Gesichter im Publikum den Eindruck, dass …";

- eine Schilderung seines eigenen Lernprozesses, wie „Früher dachte ich auch …, heute aber weiß ich …".

Dem Referenten stehen zur Gegenwehr einige Strukturierungsmöglichkeiten offen. Man kann:

- bereits in den Ausführungen bzw. in den Antworten Einwände explizit vorwegnehmen („aus früheren Diskussionen weiß ich, dass hier die Frage zu XY kommt"; „einige von Ihnen werden sich wundern … „) oder Aspekte zurückstellen („Ihre Frage spricht den X Aspekt an, auf den wir bei Y zu sprechen kommen …"; „Ihrer Frage liegt die Sorge um Q zu Grunde"). Ebenso kann man jederzeit Fragen umformulieren, um ihnen die Schärfe zu nehmen oder auf zentrale Punkte fokussieren („Ihre Frage verstehe ich so: …"; „mit Ihrem Anliegen sprechen Sie X an, das sich wie folgt darstellt … „); Gegenfragen stellen und Einordnungen vornehmen, d.h. Aspekte als unbedeutend qualifizieren oder zum zentralen Punkt erheben; oder man fragt nach Beispielen oder Referenzen, um die Diskussion auf eine andere Ebene zu ziehen;

- den störenden Diskussionsverlauf ansprechen, indem man auf das Ziel der Diskussion, die noch zur Verfügung stehende Zeit, die vielen noch offenen Fragen oder die Wünsche anderer Teilnehmer verweist. Je nach eigener Position und Rolle kann dies deutlicher und bestimmter oder muss vorsichtiger und als Vorschlag erfolgen;

- unangenehme Diskutanten ansprechen, indem man auf die Usancen guter Diskussionskultur und auf die Einseitigkeit von Beiträgen verweist und selbst Fragen stellt nach Definitionen, Vorschlägen oder dem Interesse des Fragenden;

- verbal und non-verbal Sicherheit und Fachkompetenz ausstrahlen, das bedeutet ruhiges Verhalten, kein Konjunktiv in eigenen Formulierungen (würde, könnte), nicht auf Zustimmung aus dem Publikum warten, selbstbewusst sein Rederecht wahrnehmen, d.h. nicht mit „Ich würde auch mal gerne wieder zu Wort kommen …" einleiten und nicht seine eigene Rolle und Position kleinreden, wie „Ich bin zwar kein Fachmann auf X Gebiet …".

Zum Abschluss kann aus der Diskussionsrunde ein Frage- und Maßnahmenkatalog abgeleitet werden, der als Grundlage für die Planung der einer Präsentation folgenden

Schritte dient, sei es eine schriftliche Ausarbeitung oder ein Projekt in der Praxis. Will man mit den Zuhörern in Kontakt bleiben, so dienen dazu:

- der Versand des Präsentationsmanuskripts, des Foliensatzes, eines Handouts oder einer Seminararbeit mit der Bitte um Feedback und Verbesserungsvorschläge,
- Gespräche mit einzelnen Teilnehmern der Präsentation (z.B. den Entscheidungsträgern),
- standardisierte Umfrage unter den Zuhörern.

Will man Feedback über seine Präsentationsleistung, so kann man dies am besten in zwei Schritten gewinnen: Zunächst identifiziert man im Sinne einer Selbstreflexion die Stärken und Schwächen der Präsentation. In einem zweiten Schritt spricht man mit einzelnen Teilnehmern, von denen offenes und konstruktives Feedback zu erwarten ist.[23]

## 4.5 Checkliste

### Die Präsentation konzipieren

**Adressatenanalyse**

- Welche Interessen, Einstellungen und Reaktionen sind von Ihrem Publikum zu erwarten?
- Welches Vorwissen haben die Zuhörer? Welche Relevanz hat das Thema für sie?
- Auf welcher Ebene soll das Publikum angesprochen werden?

**Zielfestlegung**

- Welche Ziele wollen Sie mit Ihrer Präsentation erreichen?
- Handelt es sich um eine informationsorientierte oder eine überzeugungsorientierte Präsentation?

**Situationsanalyse**

- Zeitplanung: Haben Sie die für die Präsentation zu Verfügung stehende Zeit eingeteilt?
- Medienwahl: Welche Medien eignen sich zur Erreichung des Präsentationsziels am besten?
- Räumliche Rahmenbedingungen: Haben Sie die Grenzen und räumlichen Gegebenheiten bei der Konzeption der Präsentation berücksichtigt?

**Struktur**

- Einleitung:
    - Wie können Sie die Aufmerksamkeit des Publikums für Ihre Präsentation gewinnen?
    - Wie orientieren Sie das Publikum über das weitere Vorgehen?
- Hauptteil:
    - Welche Untergliederung ist die sinnvollste, um die Inhalte logisch zu strukturieren und stringent zu argumentieren?

---

23 Vgl. Hartmann, Funk und Nietmann 53-56.

- – Welcher Ablaufplan sollte gewählt werden, um das Präsentationsziel zu erreichen?
- – Wie sind die einzelnen Argumente anzuordnen?
- ■ Schluss:
  - – Welches sind die Kernaussagen, die Sie zusammenfassen wollen?
  - – Welche Handlungsempfehlungen und Lösungsalternativen wollen Sie vorstellen?
  - – Greifen Sie Leitfragen auf und leiten Sie über in die Diskussion!

### Verständlich visualisieren

- ■ Gestalten von Textfolien
  - – Halten Sie Ihre Folien übersichtlich: keine Spielereien!
  - – Die Schriftgröße sollte 12 Punkt nicht unterschreiten.
  - – Setzen Sie nur eine, möglichst lesbar geschnittene, Schriftart ein. Vermeiden Sie Auszeichnungsschriftarten.
  - – Gehen Sie sparsam mit Farbe um. Verwenden Sie kontrastreiche Farben!
  - – Wählen Sie Aussagetitel. In manchen Fällen eignen sich auch Stichworttitel.
  - – Verwenden Sie ein einheitliches Layout, dem Sie in der gesamten Präsentation folgen.
  - – Passen Sie Ihre Texte dem Adressatenkreis an.
  - – Destillieren Sie eine Kurzversion aus der ausführlichen Variante heraus: Trennen Sie Informationen, die nur vorgetragen werden, von solchen, die ebenfalls gezeigt werden.
- ■ Darstellen konzeptioneller Zusammenhänge
  - – Beschriften Sie Konzeptschaubilder immer.
  - – Wählen Sie eingängige, leicht verständliche Schaubilder, die sich intuitiv erschließen.
- ■ Umsetzen von quantitativen Daten in Graphiken
  - – Unterscheiden Sie abhängige von unabhängigen Elementen.
  - – Welche Daten wollen Sie vermitteln bzw. darstellen?
  - – Welche Aussagen und Schlüsse sollen visualisiert werden?
  - – Finden Sie das passende Schaubild um Vergleiche anschaulich darzustellen.

### Die Präsentation durchführen

- ■ Haltung
  - – Bringen Sie dem Publikum Respekt entgegen: Die Zuhörer stehen im Mittelpunkt Ihres Vortrags, nicht Sie!
  - – Bereiten Sie die Präsentation gut vor, um begründetes Selbstvertrauen zu erlangen.
  - – Nach der Begrüßung schweigen Sie einen Moment – die gedankliche Pause lenkt die Aufmerksamkeit Ihrer Zuhörer auf die erste Folie.
- ■ Verhalten
  - – Sprechen Sie deutlich, laut und natürlich.
  - – Sprechen Sie zum Publikum.
  - – Schöpfen Sie den ganzen Stimmbereich aus.

- Stecken Sie nie die Hände in die Hosentasche, verteilen Sie das Gewicht auf beide Beine.
- Geben Sie sachliche Fehler zu und bedanken Sie sich beim Zuhörer für die Richtigstellung.

■ Umgang mit der Technik
  - Overheadfolien: Fügen Sie beim Folienwechsel gedankliche Pausen ein.
  - Anstatt mit dem Finger auf einen Punkt zu deuten, nutzen Sie Zeigeinstrumente.
  - Beamer: Testen Sie Beamer und Laptop rechtzeitig vor Präsentationsbeginn auf Funktionstüchtigkeit. Haben Sie immer eine Alternativlösung (z.B. Overheadfolien) parat.

■ Diskussion
  - Leiten Sie noch am Ende des Vortrags zur offenen Diskussion über.
  - Moderieren Sie die Frage- und Antwortrunde im Anschluss an die Präsentation gegebenenfalls selbst.
  - Bereiten Sie sich gezielt auf eventuelle Fragen vor.
  - Halten Sie Material, z.B. Back-up-Folien, mit Hintergrundinformationen bereit.

## 4.6 Literatur

Booth, Wayne C., Gregory G. Colomb and Joseph M. Williams. *The Craft of Research. Chicago Guides to Writing, Editing, and Publishing.* Chicago: University of Chicago Press, 1995.

Burchardt, Michael. *Leichter studieren. Wegweiser für effektives wissenschaftliches Arbeiten.* 3. Aufl. Berlin: bwv, 2000.

Covino, William A. and Brian Vickers. *In Defence of Rhetoric.* Oxford: Oxford University Press, 1989.

Franck, Norbert. Fit fürs Studium. Erfolgreich reden, lesen, schreiben. 6. Aufl. München: dtv, 2003.

Hall, G. „Aufbau einer wissenschaftlichen Veröffentlichung". *Publish or Perish: Wie man einen wissenschaftlichen Beitrag schreibt, ohne die Leser zu langweilen oder die Daten zu verfälschen.* Hrsg. George M. Hall. Bern: Hans Huber, 1998, 9-14.

Hartmann, Martin, Rüdiger Funk und Horst Nietmann. *Präsentieren: Zielgerichtet und Adressatenorientiert.* 3. Aufl. Weinheim und Basel: Beltz, 1995.

Hedley, Bruce. „*Strategy and the business portfolio*". Long Range Planning 10 (1977): 9-15.

Joliffe, David A., Ed. *Rhetoric: Concepts, Definitions, Boundaries.* Boston: Allyn and Bacon, 1995.

Minto, Barbara. *The Pyramid Principle: Logic in Writing and Thinking.* 3rd ed. London: Financial Times Prentice Hall, 2002.

Perrin, Daniel. *Schreiben ohne Reibungsverlust: Schreibcoaching für Profis.* Zürich: Werd, 1999.

Porter, Michael. *Competitive Strategy. Techniques for analyzing industries and competitors.* New York: Free Press, 1980/1998.

Püttjer, Christian und Uwe Schnierda. *Optimal Präsentieren: So Überzeugen Sie Mit Körpersprache.* Frankfurt/New York: Campus, 2001.

Schulz von Thun, Friedemann. *Miteinander reden.* Bd. 1. Reinbek bei Hamburg: Rowohlt, 1981/1990.

Stelzer-Rothe, Thomas. *Vortragen und Präsentieren im Wirtschaftsstudium: Professionell Auftreten in Seminar und Praxis.* Berlin: Cornelsen, 2000.

Stickel-Wolf, Christine und Joachim Wolf. *Wissenschaftliches Arbeiten und Lerntechniken.* 2. Aufl. Wiesbaden: Gabler, 2002.

Ueding, Gert, Hrsg. *Historisches Wörterbuch der Rhetorik.* Tübingen: Niemeyer, 1992-.

Ueding, Gert und Bernd Steinbrink. *Grundriß der Rhetorik. Geschichte, Technik, Methode.* 3. Aufl. Stuttgart: Metzler, 1994.

Zelazny, Gene. Say It with Presentations: How to Design and Deliver Successful Business Presentations. New York: McGraw-Hill, 2000.

---. *Wie aus Zahlen Bilder werden: Der Weg zur Visuellen Kommunikation.* 5. Aufl. Wiesbaden: Gabler, 1999.

# Register

## A

Abstract 52, 84, 88–90
Aktualität 105, 148, 195
Allsatz 118
Alltagserfahrung 69
Analysieren 33, 68, 71, 137, 173
Anschlussfähigkeit 83, 100, 105, 153
Arbeitshaltung 130, 134
Arbeitsplatz 27, 34
Argument 97, 99
Argumentation 101, 132
Argumentationsfolge 98
Argumentationskette 131
Argumentieren 131
Aufgabenanalyse 44

## B

Basissatz 118
Beamer 176, 193, 194
Begründung 53, 59, 97, 107, 108, 111,
115, 116, 135, 145–148, 151, 152, 157,
161, 162, 166, 172, 195, 196
Beschreiben 71, 114
Beweis 131, 135, 145, 147, 148
Bewerten 58, 71, 147, 158
Bewertungskriterien 160, 161
Beziehungsebene 42
Bibliotheksbestand 85
Bildgestaltung 177
boolescher Operator 86

## C

Choreographie 157

## D

Deckblatt 163
Declamatio 171
Deduktion 73, 74, 197
Diskursebene 172
Dispositio 171

## E

Eidesstattliche Erklärung 164
Eigenbeobachtung 21
Einleitung 24, 84, 133, 138, 143,
144, 154–156, 162, 165, 177, 195, 196,
198, 199
Einschränkung 97, 145, 149, 151, 158
Einstellung 27, 37, 53, 68, 101, 130, 150,
158, 173
Elocutio 171
Emotion 25, 28
Emotional 171, 175
Emotionalität 43
Empiriker 73
Entdeckung 68, 69
Erfolg 191, 194, 195
Erfolgsbedingung 109
Erkenntnisgewinn 68, 74, 105, 196
Erkenntnisstreben 113
Erklärung 62, 115, 116, 133, 160
Ermessensspielraum 146, 160
European Credit Point Transfer System
(ECTS) 15
Exzerpieren 52, 98, 135

## F

Fachterminologie 138, 161
Falsifikation 69, 117, 119, 196
Falsifikationismus 115
Flipchart 176, 177, 194
Formebene 172
Forschergemeinschaft 70, 105, 119
Forschung 70, 71, 73
Forschungsarbeit 71, 72
Forschungsbegriff 70
Forschungsdebatte 78
Forschungsdesign 104, 112, 148
Forschungsergebnis 72, 76
Forschungsfrage 71, 74
Forschungsgegenstand 70
Forschungsgemeinschaft 79
Forschungsproblem 69, 95, 153
Forschungsprozess 75
Forschungsschritt 70
Fünf-Punkte-Lese-Methode 51

## G

Geisteswissenschaft  59, 62, 122
Geisteswissenschaftler  105
Gesprächsleitung  46
Gliederung  132, 154, 157, 162, 173, 189
Grammatik  138, 142, 163, 164
Grobdisposition  131
Grobgliederung  153
Grundannahme  26, 117
Gruppenverhalten  43
Gültigkeit  113, 149
Gültigkeitskriterium  115, 116
Gütekriterium  113, 195

## H

Habitus  14, 15, 68
Haltung  69, 97, 98
Häufigkeitsvergleich  185, 186
Hauptteil  199
Hermeneutik  51, 58–60
Hippocampus  29
Hypothese  115, 116

## I

Indexsuche  85, 86
Induktion  73, 74, 118, 197
Informationsdatenbank  88, 91, 92
Inhaltsebene  172
Interesse  103–105, 111, 119, 145
Internet  30, 51, 76, 78, 177, 193
Interpretation  59, 60, 71, 106, 113, 120, 160, 196, 198
Intersubjektivität  62
Intertextualität  100
Inventio  171

## J

Journal  14, 22–24, 79, 80, 135

## K

Kategorisierung  71, 95, 108, 155
kausale Begründung  114
Kausalität  106, 120, 147, 197
Kompilieren  71
Komplexität  40, 47, 71
Konstruktivismus  120, 121, 151
Kontrastieren  71
Konzentration  25–28, 53, 54, 135, 192

Konzeptschaubild  179
Korrelation  113, 115, 182
Kreativitätstechnik  111, 178
Kurzzeitgedächtnis  27

## L

Layout  163, 164, 178, 200
Leerzeit  28, 30, 33
Leistungsbeeinträchtigung  27
Leistungskurve  33
Lerngegenstand  25, 35, 37–39
Lernmanagement  25
Lernprozess  30, 35, 37, 51, 131, 198
Lernstrategie  27, 37
Lernverlauf  25
Leseeinstieg  51, 52
Lesegeschwindigkeit  53–56
Lesen  52, 54, 55, 56, 60
Lesepensum  52
Lesetechnik  54, 55, 57
Lichtverhältnis  177

## M

Matrix  180
Medienwahl  176, 199
Memoria  171
Memotechnik  38
Methode  30, 194, 196
Minderheitsmeinung  75
Mindmap  22
Moderation  48, 195
Motivation  22, 25, 59, 134, 136, 153, 159, 174

## N

Nachbereiten  137
Naturwissenschaft  59, 62, 116, 122
Nervosität  170
Niveau  45, 172
Nominalstil  144
Normalwissenschaft  119, 120
Nummerierungssystem  132

## O

Objektivität  60, 62, 72, 120, 123
Operationalisierung  72, 113
Orientierungswissen  115
Overheadfolie  176, 193, 201

## P

Paradigma 69, 119, 120
Pause 33, 192, 200
Perspektive 33, 39, 52, 62, 84, 97, 196
Planerstellung 31
Planungsmethode 25, 30
Portfolio 49, 180
Positionierung 46, 182
Positivismus 61, 62, 120
Positivismusstreit 122, 123
Präsentation 95, 152, 155–158, 172
Präsentationsmedium 175
Präsentationsziel 175, 191, 200
Präsentieren 169, 170, 175
Präzision 148, 187
Problembezogenheit 148
Problemlösung 42, 69, 119, 131,
147, 174
Produktivitätsgewinn 41, 43
Proposition 115
Prüfungsvorbereitung 29, 31, 33, 52, 58
Publikation 75, 76, 78, 79
Publikationsort 75, 78, 84

## Q

qualitative Forschung 74
Quelle 75, 77, 80, 91, 96
Quellenauswertung 95–97, 99, 135
Quellensuche 83, 85, 97
Quellentyp 77

## R

Rangfolgevergleich 184
Rationalismus 101, 117, 120
Rätsel 69, 154
Realität 16, 28, 120, 149, 155
Recherchieren 97, 99, 136
Reflexion 46, 47, 113, 130, 135
Reichweite 133, 197
Relevanz 16, 17, 97, 104, 105, 110, 111,
154, 159, 172, 173, 199
Repetieren 29, 30
Repräsentativität 148, 149
Reputation 78, 79, 83
Revision 131, 136
Rhetorik 47, 171
Richtigkeit 78, 115, 116, 196
Rolle 15, 20, 25, 30, 42, 44, 45, 171, 198

## S

Schlaf 22, 28–30, 33
Schluss 39, 73, 133
Schreibfluss 99, 135, 136
Schreibprozess 22, 68, 98, 130, 135, 137
Schreibstil 137
Schriftart 136, 163, 178, 188, 200
Schule 14, 20, 38, 70, 78, 84, 85, 96,
101, 196
Selbstorganisation 14–17, 21
Selbstreflexion 14, 15, 20, 39, 199
Selbstverantwortung 14–16
Selbstvertrauen 38, 191, 200
Skeptizismus 120
Sophisten 171
Spannungskurve 157
Sprachebene 172
Standard 62, 163, 165, 170
Stimmbereich 192, 200
Struktur 37–39, 47, 53, 78, 84, 106, 112
Strukturieren 35, 46
Strukturvergleich 183, 184
Studienplan 19, 20
Suchkategorie 86
Syllogismus 73
Synonym 142, 146, 147, 150
Systematisieren 71, 171

## T

Teamarbeit 14, 40–48
Teambildung 43, 44
Technik 53, 56, 88, 110, 111
Textlektüre 51, 52
Textschaubild 177, 179
Textstruktur 132, 133
Texttabelle 187
Textverständnis 51, 55, 58, 60, 143, 164
Themenbearbeitung 96, 165
Theoretiker 73, 122
Theorie 26, 51, 59, 62
These 26, 47, 75, 97, 99, 100, 109,
115, 120
Titel 52, 55, 80, 86, 88, 89, 98, 133, 152,
159, 162, 163, 178, 182, 189, 191
Typologisierung 27

## U

Überzeugungspräsentation 157, 158, 175
Umgangssprache 139, 142
Unterschleif 100
Untersuchungsgegenstand 16, 59,
72, 104

## V

Valenzentheorie 26
Variable 105, 106, 113, 115, 147, 181,
182, 186
Verantwortung 44, 50
Verfügungswissen 115, 116
Vergleichbarkeit 62, 72
Vergleichen 71, 141
Verhalten 151, 191, 192, 194, 198, 200
Verkaufserfolg 139
Verlässlichkeit 148, 149, 172
Verständlichkeit 105, 158, 172, 177, 178
Verzeichnis 159, 163, 164
Verzerrung 148
Visualisieren 53, 170, 177, 200
Vollständigkeit 33, 75, 98, 106
Vorverständnis 60, 62

## W

Wahrheit 16, 73, 105, 114–116, 118, 121
Warum-Frage 113–115
Weltbild 24, 112, 114
Weltsicht 59, 72, 148, 150–152
Werturteilsstreit 62, 121–123
Wiederholungsrunde 38, 39
Wie-Frage 113
Wirkungszusammenhang 115, 116
Wissenschaftstheorie 62, 69, 83, 113,
116, 117, 119–121

## Z

Zeilenschaltung 163
Zeitanalyse 30
Zeitplanung 14, 17, 20, 21, 175, 199
Zeitreihenvergleich 185
Zeitschriftenbestand 85
Zeitschriftenbibliographie 88
Zirkel 40, 60, 61
Zitieren 83, 97, 99, 101, 148
Zitiersystem 100
Zufall 29, 68, 115